MÜNCHEN
Starnberger See
Isar
Bad Tölz
Kochel
Kochelsee
Walchensee
Tegernsee
Rosenheim
Wendelstein 1838
Rottach-Egern
Bernau
Chiemsee
Bad Reichenhall
Salzburg
Salzach
Attersee
Gmunden
Traunsee
Bad Ischl
Grundlsee
Enns
ÖSTERREICH
Berchtesgaden
Reit im Winkl
Schönau
Kufstein
Wörgl
Inn
Mittenwald
Innsbruck
Saalfelden am Steinernen Meer
Bischofshofen
Zell a. See
Mittersill
Salzach
St. Johann i. Pongau
Schladming
Liezen
Bruck a. d. Mur
Leoben
Mur
Zell a. Ziller
Mauterndorf
Murau
Judenburg
Graz
Muhr
Ligist
Schilcherstraße
Sausaler Weinstraße
Südsteirische Weinstraße
Klapotetz Weinstraße
Straß in Stmk.
Bad Radkersburg
Spielfeld
Langegg
Eibiswald
Winkl
St. Lorenzen
Millstätter See
Radenthein
Ossischer See
Lienz
Drau
Bruneck
Brixen
Dobbiaco Nuovo/ Neu-Toblach
Meran
Corvara/ Corvara in Badia
Cortina d'Ampezzo
Bozen
Canazei
Arabba
Wörthersee
Klagenfurt
Villach
Gail
Velden a. Wörthersee
Maribor
Kranjska Gora
Jesenice
Trenta
Triglav 2864
Resiutta
Žaga
Pieve di Cadore
Auer
Venzone
Longarone
Trient
Udine
Sava
Ljubljana
SLOWENIEN
Zagreb
Vittório Véneto
Codróipo
Conegliano
Portogruaro
Treviso
Triest
Brenta
ITALIEN
V. Mestre
Venedig
Rijeka
Padua
Golf von Venedig
KROATIEN
Chioggia
Adige
Po
Ferrara
Reno
Bologna
Ravenna
Adriatisches Meer
N
0 30 km
SAN MARINO
Florenz

ROADTRIPS
ALPEN

Unvergessliche Traumrouten für den perfekten Urlaub
mit Auto, Camper & Motorrad

Georg Weindl

ROADTRIPS
ALPEN

Unvergessliche Traumrouten
für den perfekten Urlaub
mit Auto, Camper & Motorrad

BRUCKMANN

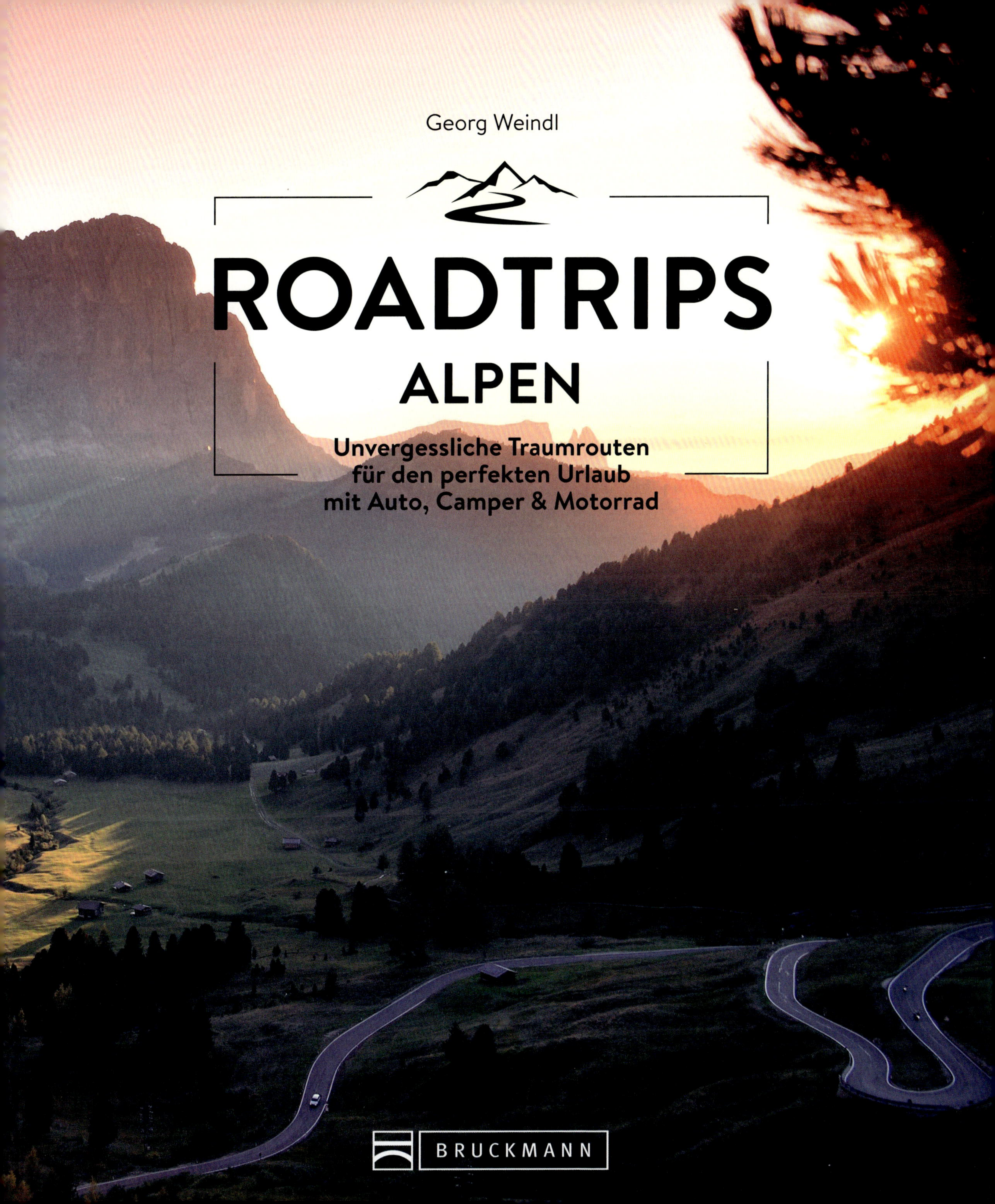

Oben: Weinberge in der Nähe von Gamlitz (Südsteiermark)

Inhalt

Unten von links: Livigno (Lombardei), Minimundus-Park in Klagenfurt, Polospieler im winterlichen Livigno, Stadtansicht von Treviso, Sonnenuhr in Briançon, die highline 179 in der Nähe der Burgruine Ehrenburg in Tirol

Oben: Das Wettersteingebirge mit Alpspitze und Zugspitze

Unten von links:: Linienschiff im Malerwinkel bei Rottach-Egern, Schloss Hohenschwangau, die Altstadt von Innsbruck, Marktstand in Bozen, die Gornergratbahn mit dem Matterhorn im Hintergrund, Strandbad in Pörtschach am Wörthersee

Spektakuläre Aussichtsplattform über dem Tiefenbachgletscher
Rechts: Riviera Garibaldi und Universitätspalast in Treviso (oben) und dramatische Wetterstimmung am Furkapass

Das Höchste der Gefühle

Wer eine Fahrt in die Alpen vorhat, dem geht es im Prinzip wie Bergwanderern. Sie freuen sich auf ein schönes Urlaubserlebnis, das vor allem dann ein voller Erfolg wird, wenn man sich ein wenig darauf vorbereitet und wenn man sich vorher Gedanken macht, was man tun sollte und was nicht.

Warum gerade in die Berge?

Das Reisen in den Alpen übt auf die Menschen seit vielen Jahrhunderten eine ganz ungewöhnliche Faszination aus. Offensichtlich schaffen der Anblick mächtiger Berge, die Verspieltheit alpiner Topografie und die Herausforderung vieler unregelmäßiger Kurven ein intensives Spannungsfeld. Hinzu kommt das außergewöhnliche Fahrerlebnis bei jenen, die gerne mit dem Auto oder dem Motorrad unterwegs sind. Dabei spielt die Geschwindigkeit eine Nebenrolle. Gerade in den Bergen spürt man den Fahrgenuss auch bei langsamer Fahrt; kann man hinter scheinbar belanglosen Kurven mit schönen Überraschungen und bezaubernden Plätzen rechnen.

Warum gerade diese Touren?

Die 14 in dem Buch vorgestellten Touren sind absichtlich recht unterschiedlich in Länge, Beschaffenheit und Lage. Damit sollen möglichst viele Menschen und Geschmäcker angesprochen werden. Da sind populäre Routen dabei wie die Sella Ronda in den Dolomiten, aber auch weniger bekannte wie die historische Alemagna im Veneto oder die Fahrt vom Chiemsee zum Wörthersee auf Nebenstrecken. Es gehören kurze Fahrten ebenso dazu wie lange Touren, zum Beispiel die Route des Grandes Alpes vom Genfer See bis ans Mittelmeer bei Menton.
Es gibt ja in jeder Region bekannte und unbekannte Strecken. Selbst in Südtirol kann man auf unbekannte Ecken wie Deutschnonsberg

Kapelle vor dem Monte Cristallo in den Sextener Dolomiten
Rechts: Die Grazer Insel in der Mur verbindet als schwimmende Plattform Kunst mit dem Erlebnis Wasser.

ausweichen. Und Regionen wie Friaul, Julisch Venetien oder die Berge südlich von Cuneo und die französischen Seealpen sind voller traumhafter Strecken ganz ohne Trubel und mit wirklich authentischen Dörfern.
Egal wo man fährt, wichtig ist, dass man die Fahrtzeiten nur als Orientierungshilfe sieht. Nehmen Sie sich Zeit, bleiben Sie stehen, wenn Sie etwas Interessantes sehen und genießen sie die Fahrt unterwegs und denken Sie nicht andauernd daran, wann Sie ankommen werden. Besser, man setzt die Tagesetappen eher bescheiden an oder noch besser, man plant so gut wie gar nichts und fährt einfach drauf los.

So hält man sich Stress vom Leib

Die Idee, mit dem Auto in die Berge zu fahren, gefällt vielen Menschen. Kein Wunder also, dass schöne und bekannte Straßen oft überlastet sind, dass man dort schnell in den Stau gerät. Das kann man sich ganz einfach ersparen, denn erstens gibt es auch schöne Strecken, die wenig bekannt sind, und zweitens umkurvt man mit etwas Geschick und zeitlicher Flexibilität den Stau. Man muss die Sella Ronda in den Dolomiten nicht unbedingt an einem Sonntag Mitte August fahren, wenn halb Italien zum Ferragosto unterwegs ist und sich Wohnmobile über das Sellajoch quälen. An einem Wochentag sieht das schon ganz anders aus.
In den Bergen sind Wetter und Straßenzustand natürlich ein wichtiges Thema. Vor allem bei Touren mit hohen Pässen sollte man sich vorher genau informieren, wie die Wettervorhersage ist und ob die Straßen befahrbar sind. Das gilt ganz besonders bei der Fahrt von Davos zum Stilfser Joch und bei der Route des Grandes Alpes, wo Übergänge mit mehr als 2700 Metern dabei sind.

Warum die Berge für E-Autos eine echte Herausforderung sind und weshalb das Spaß macht

Wer Elektroautos und deren spezielle Qualitäten erleben will, der muss in die Berge. Dafür gibt es zwei gute Gründe. Einmal schafft die Kombination aus extrem leisem Motor und bärenstarkem Drehmoment enorm viel Fahrspaß – das geht auch schon mit kleineren Modellen dank der Leistungscharakteristik des Elektromotors. Die erste Fahrt des Autors mit einem Elektroauto fand auf der Bielerhöhe im Montafon statt, mit einem Prototyp eines Elektro-Golfs mit 115 PS, und es war ein sportliches Vergnügen und ein echtes Schlüsselerlebnis.
Die Bergfahrt mit dem Elektroauto hat aber auch Tücken. Zum einen sollte man sich auf

das Fahrverhalten einstellen, das durch das höhere Gewicht beeinflusst wird. Viele Elektroautos haben die schweren Batterien im unteren Bodenbereich, was den Schwerpunkt verändert und die Straßenlage spürbar verbessert. Großes Thema ist natürlich die Reichweite. Wer schnell bergauf fährt, kann zuschauen, wie der Ladezustand der Batterien rapide sinkt. Auf der anderen Seite kann man beim Bergabfahren mit etwas Geschick dank Rekuperation wieder prächtig aufladen. Das erfordert eine völlig neue Fahrweise und die will geplant sein. Denn wenn der Wagen steht, dann steht er. Dafür gibt es auch keinen Reservekanister.

Alpine Nostalgie, die perfekte Entschleunigung

Es wird wohl seine Gründe haben, warum man an Wochenenden und in den Ferien so viele klassische Fahrzeuge in den Bergen sieht. Gut, mit dem Oldie auf der Autobahn zu fahren, ist pure Langeweile. Wer das Auto erleben und spüren will, braucht Kurven und wechselnde Fahrbedingungen. Und das gibt es *en gros* in den Bergen. Das kann man mit dem eigenen Klassiker machen. Es gibt aber auch Oldtimer-Verleiher und Organisatoren von Klassikreisen, die die alten Autos mit im Angebot haben. Wer mit der Materie nicht so vertraut ist, sollte bedenken, dass alte Autos, je nach Typ und Baujahr, bei Straßenlage und Bremsverhalten mit modernen Fahrzeugen nicht zu vergleichen sind. Bergauf kann der »Oldie« schon mal heißlaufen. Früher waren die Autos leichter, die Motoren aber auch wesentlich schwächer und weniger belastbar. Und bergab sollte man vorausschauend bremsen, dabei auch die Motorbremse einsetzen, damit die Bremsen nicht heiß werden und die Wirkung dank Fading-Effekt nicht drastisch nachlässt. Ansonsten hat die Kombination Berge und Oldtimer eine besondere Faszination, man erlebt auch bei geringeren Geschwindigkeiten Fahrspaß und fährt viel entspannter als in hochgezüchteten modernen Autos. Es gibt ja auch Leute, die mit nostalgischen Mopeds und Rollern durch die Alpen fahren und dabei jede Menge Spaß haben. Und denen sieht man das Vergnügen schon am Gesichtsausdruck an.

Blick auf Bozen im Herbst – mit Weingärten und dem Magdalenahügel

Die Kirche St. Bartholomä am Königssee ist ein Klassiker der bayerischen Ausflugsziele. Unten: Neuschwanstein, das wahrscheinlich berühmteste Schloss in den Alpen

Von Neuschwanstein zum Königssee

Zu den Lieblingsplätzen des bayerischen Hochadels

Die Reise auf der Deutschen Alpenstraße zwischen zwei der berühmtesten Sehenswürdigkeiten in den bayerischen Bergen ist ein absoluter Klassiker. Eine kurvenreiche Fahrt quer durch die Berge mit kurzen Abstechern ins Alpenvorland von einem Highlight zum nächsten.

Wer die bayerischen Berge kennenlernen und ihre zahlreichen Attraktionen erleben will, der kann auf sie nicht verzichten: Die Deutsche Alpenstraße ist das ideale Programm für eine abwechslungsreiche Reise von West nach Ost, vom legendären Königsschloss Neuschwanstein vorbei an der Zugspitze und weiter über Tegernsee und Schliersee Richtung Chiemgau und Berchtesgadener Land mit dem Königssee als spektakulärem Ziel. Die Reise beginnt bei Füssen am Forggensee direkt vor den beiden Prachtschlössern **1 Hohenschwangau und Neuschwanstein**. Auf gut ausgebauten Straßen ohne große Höhenunterschiede rollt man entspannt ostwärts durch die Ammergauer Alpen, durch den Passionsspielort Oberammergau, vorbei am Kloster Ettal und schließlich kurz vor der nächsten Station bergab Richtung Oberau und dort rechts ab und geradeaus nach Garmisch-Partenkirchen bis direkt vor Alpspitze und **2 Zugspitze**.

Von See zu See

Die nächste Etappe führt durch Partenkirchen, vorbei an der Olympia-Sprungschanze und dem Krankenhaus, dann sanft bergauf Richtung Karwendel. Schöne breite Straßen führen bis zum Ufer des Walchensees, wo es wieder kurvi-

Toureninfo

Start: Füssen
Ziel: Schönau am Königssee
Länge: 351 Kilometer
Dauer: 1 Tag
Beste Reisezeit: Mai bis Oktober

ger wird und man auf dem Kesselberg, einst eine berühmte Strecke für Bergrennen, hinunter zum Kochelsee rollt. Auf dem Weg nach Bad Tölz mit seiner sehenswerten Altstadt direkt über dem Isarufer wird es wieder flacher, bevor es rechts in das obere Isartal hinein geht bis nach Lenggries und dem Hausberg Brauneck auf der rechten Seite. Die Tour folgt auf der gut ausgebauten Straße weiter der Isar sanft bergauf bis zum ebenso berühmten wie fotogenen Sylvenstein-Stausee. Eine Fotopause ist auch hier ein Muss. Danach zieht die Alpenstraße links weiter Richtung Achenpass. Nun geht es aus den Bergen wieder heraus, vorbei am berühmten Wildbad Kreuth, bis zum Südufer des 3 **Tegernsees**. Zuerst Rottach-Egern, dann Tegernsee mit dem königlichen Schloss und dem legendären Bräustüberl. Zeit auch, um sich am Seeufer die Beine zu vertreten. Dafür ist ein Spaziergang vom Schloss zum

Oben: Die Straße am Sylvenstein-Stausee ist eine der schönsten Bergstrecken in Bayern. Unten: Der historische Teil von Füssen mit Schloss und Kloster

Strandbad Point wie geschaffen. Ein Platz mit Blick auf See und Wallberg – und das alles fast kitschig schön.

Über das Inntal in den Chiemgau

Die Fahrt geht nun weiter am Seeufer nordwärts bis kurz vor Gmund, dort rechts bergauf über Ostin Richtung Schliersee. Nach der Ortschaft Schliersee folgt der Weg dem Seeufer, das ein beliebtes Terrain für Spaziergänge und Badeausflüge ist. Nach Neuhaus nimmt die Alpenstraße geradeaus Kurs Richtung Wendelstein bis Bayrischzell. Nun wird es etwas alpin, der Weg führt mit einigen Serpentinen bergauf zum Sudelfeld, das im Winter ein populäres Skigebiet ist und wo im Sommer viele Biker unterwegs sind. Kein Wunder, bei den Kurven!

Hinunter ins Inntal geht es teils steil bergab und kurvenreich auf der recht engen Straße über den Tatzelwurm bis Niederaudorf. Auf der Bundesstraße B15 fährt man nun nordwärts bis Brannenburg, dann wechselt man auf die andere Seite des Inntals ins schöne Nussdorf und vorbei an Neubeuern mit seinem malerischen Dorfzentrum über Rohrdorf und Frasdorf bis Aschau im Chiemgau und an den **4 Chiemsee**. Direkt unter der Kampenwand mit ihren zackigen Felsgipfeln biegt man links ab nach Bernau und fährt über Grassau und Marquartstein wieder südwärts in die Berge hinein.
Die Straße ist breit und bequem, die einzige Passhöhe am Masererpass eine sehr sanfte Anhöhe. Direkt am Ortseingang nach Reit im Winkl zweigt die Alpenstraße links ab. Man kann hier natürlich auch einen kurzen Abstecher ins Dorfzentrum machen. Die Alpenstraße passiert das Seegatterl und die Talstation der Seilbahn auf die Winklmoosalm und nimmt Kurs auf Ruhpolding, vorbei an herrlich gelegenen Bergseen. Danach lässt die Alpenstraße Ruhpolding links liegen, absolviert einige Kurven bergauf und bergab nach Inzell, bevor die letzte Etappe über Schneizlreuth ins Berchtesgadener Land beginnt. Eine populäre Ausflugsstrecke vorbei an mächtigen Bergen. Vor Ramsau wäre ein Abstecher zum romantischen Hintersee noch ein lohnenswerter Zwischenstopp. Und nicht zu vergessen ein Fotostopp bei der Kirche in Ramsau, ein legendäres Postkartenmotiv.
Nach Ramsau schlängelt sich die Alpenstraße entlang der Ramsauer Ache bis zum Bahnhof von Berchtesgaden, wo es nun beim Kreisverkehr rechts Richtung Schönau geht. Rechts baut sich das mächtige Watzmannmassiv auf, links sieht man zum Hohen Göll hinauf. Das letzte Stück ist eine echte Zielgerade schnurstracks zum großen Parkplatz vor dem **5 Königssee**. Dort kann man parken und sich zur Belohnung mit dem Elektroboot über den spektakulären See bis zum berühmten St. Bartholomä chauffieren lassen.

EINKEHREN

★ FORELLENHOF WALGERFRANZ, BAD TÖLZ

Etwas nördlich von Bad Tölz steht das idyllische Restaurant mit eigener Forellenzucht mitten im Grünen. Schöner Gastgarten
www.forellenhof-walgerfranz.de

★ ALTES BAD

Historisches Gasthaus direkt neben dem Wildbad Kreuth südlich des Tegernsees. Klassische bayerische Küche und gemütlicher Biergarten auf der Rückseite
www.altesbad.de

★ FORSTHAUS ADLGASS

Etwas abseits von Inzell steht das historische Gasthaus mit malerischem Biergarten. Gute bayerische Küche mit Wildspezialitäten und Schwerpunkt auf regionalen Zutaten
www.forsthaus-adlgass.de

★ GASTHOF AUZINGER

Klassisches bayerisches Wirtshaus am romantischen Hintersee und direkt beim Nationalpark mit schönen Stuben und ebensolchen Gästezimmern. Bekannt für gute regionale Küche und vor allem für den Schweinebraten
www.auzinger.de

ÜBERNACHTEN

★ KÖNIG LUDWIG RESORT

Nur wenige Fahrminuten von Neuschwanstein entfernt steht Das König Ludwig Wellness & Spa Resort in Schwangau. Adults-only-Resort mit Alleinlage und 6600 Quadratmeter großem Ludwig Spa inklusive Schwanensee
www.koenig-ludwig-hotel.de

★ FEURIGER TATZLWURM

Viersternehotel im Chaletstil in romantischer Alleinlage auf der Ostseite des Sudelfelds direkt an der Straße ins Inntal. Bayerische Küche und gutes Wellnessangebot
www.tatzlwurm.de

★ AJA RUHPOLDING

Neues Hotelresort in ruhiger Lage am östlichen Ortsrand von Ruhpolding mit gutem Wellnessangebot und schönem Außenpool
www.aja.de

★ HOTEL EDELWEISS

Das Viersternehaus im Zentrum von Berchtesgaden ist eine gute Adresse, bietet standesgemäßen Komfort, gute Küche und einen sehenswerten Pool im Dachgeschoss. Große Tiefgarage
www.edelweiss-berchtesgaden.com

Schloss Neuschwanstein bei Füssen, das unvollendete Prachtschloss von Ludwig II. Rechts: Ruderer auf dem Hopfensee, im Hintergrund der Säuling

1 Die Märchenschlösser Neuschwanstein und Hohenschwangau

Traumschlösser und Traumaussichten

Ein geradezu märchenhafter Anblick sind die beiden Königsschlösser Neuschwanstein und Hohenschwangau. Dass sie direkt nebeneinander am Rand der Berge stehen, macht einen Besuch und eine Begegnung mit der ungewöhnlichen Geschichte der sehr unterschiedlichen Bauwerke noch reizvoller.

Neuschwanstein gehört zu den beliebtesten und bekanntesten Sehenswürdigkeiten in ganz Deutschland. Die Lage und die prachtvolle Ausstattung, dazu die mystische Geschichte von König Ludwig II. sorgen auch heute für weltweites Interesse. Einzigartig macht diesen Ort auch, dass Schloss Neuschwanstein und Schloss Hohenschwangau nur wenige hundert Meter voneinander entfernt sind. Begonnen hat die Geschichte Neuschwansteins im Jahr 1869, als der Grundstein für ein Bauwerk gelegt wurde, das laut Ludwig im Stil einer alten deutschen Ritterburg gestaltet werden sollte. Gebaut wurde im Stil der Romanik des 13. Jahrhunderts, bei den Wandmalereien bezog man sich auf die Opern Lohengrin und Tannhäuser von Richard Wagner. Der königliche Bauherr ließ sich auf verschiedene Weise inspirieren. So ist der prachtvolle Thronsaal nach dem Vorbild der Hofkirche der Münchner Residenz gestaltet worden. Beim Sängersaal orientierte man sich am Festsaal auf der Wartburg in Eisenach. Es wurde, wie man sich gut vorstellen kann, ein ziemlich langwieriges und komplexes Bauprojekt und erst im Jahr 1880 konnte das Richtfest stattfinden, vier Jahre später wurden die ersten Räume bezogen. Ludwig II. verbrachte viel Zeit auf Neuschwanstein. Heute zieht das Schloss Besucher aus aller Welt an, darum müssen Führungen lange vorher gebucht werden. Ein schöner Aussichtspunkt ist auch die Marienbrücke, die etwas südlich und oberhalb des Schlosses ist, und von der man einen herrlichen Blick auf Neuschwanstein und das Alpenvorland, aber auch auf die nahe Pöllatschlucht hat.

Gotik und Biedermeier

Das benachbarte Schloss Hohenschwangau ist nicht etwa, wie man meinen könnte, ebenfalls im Auftrag von Ludwig II. gebaut worden. Es gab bereits im 12. Jahrhundert eine Burg Schwanstein an dieser Stelle, von der sich auch der Name Neuschwanstein ableitete. Das war eine echte Ritterburg, deren Ruine König Maximilian II. im gotischen Stil neu errichten ließ. Die Burg, deren Innenleben von der mittelalterlichen Sagenwelt inspiriert war, diente der Königsfamilie als Sommerresidenz. Hier verbrachten Ludwig und sein Bruder Otto einen großen Teil ihrer Kindheit. Später richtete sich Ludwig II. während des Baus von Neuschwanstein eine Unterkunft in Hohenschwangau ein, ein Schlafzimmer mit einem Felsen mit Wasserfall. Die Inneneinrichtung im Biedermeierstil ist weitgehend original. Dazu gibt es 90 Wandgemälde mit Motiven aus der Geschichte und mittelalterlichen Heldensagen. Auch Schloss Hohenschwangau kann nur im Rahmen einer Führung besichtigt werden.
Rund um Neuschwanstein und Hohenschwangau hat sich eine weitläufige Infrastruktur mit Parkplätzen, Gaststätten und Hotels etabliert. Wer etwas mehr Ruhe sucht, kann auch zu den benachbarten Seen wie dem Forggensee und dem Hopfensee wechseln.

TOP ★ ERLEBNISSE

★ MUSEUM DER BAYERISCHEN KÖNIGE

Rund um Neuschwanstein kann man intensiv eintauchen in die bayerische Monarchie. Dazu gehört das Museum der bayerischen Könige im ehemaligen Grand Hotel Alpenrose direkt am Alpsee. Dort kann man einen Streifzug durch die Geschichte der Wittelsbacher machen, im Restaurant einkehren oder im angrenzenden Ameron Hotel nächtigen.
www.hohenschwangau.de

★ TEGELBERGBAHN

Schöne Aussichten hat man auch bei einem Ausflug auf den benachbarten Tegelberg. Von der Talstation der Tegelbergbahn fährt man bis zur Bergstation auf 1730 Metern. Oben ist es ein kurzer Fußweg zum Tegelberghaus, dem ehemaligen Jagdhaus von König Maximilian, wo man heute einkehren und übernachten kann. Dabei handelt es sich um schlicht eingerichtete Zimmer. Dazu gibt es hier oben umfangreiche Wanderwege von leicht bis anspruchsvoll. Eine aussichtsreiche Runde ist der etwa einstündige Panoramaweg direkt von der Bergstation aus.
www.tegelbergbahn.de

2 In Deutschland ganz oben

Von Garmisch-Partenkirchen auf die Zugspitze

Ein Besuch bei Deutschlands höchstem Berg lässt sich gut mit einer Visite in Garmisch-Partenkirchen verbinden. Neben der Zugspitze gibt es noch einige andere Attraktionen, die meist mit Natur und Sport zu tun haben. Ein spektakulärer Höhepunkt ist die Fahrt mit der neuen Seilbahn auf die Zugspitze.

Die Deutsche Alpenstraße ist gut bestückt mit außergewöhnlichen Sehenswürdigkeiten. Dazu gehört vor allem auch Deutschlands höchster Berg, die 2962 Meter hohe Zugspitze bei Garmisch-Partenkirchen. Für einen Stopp in Garmisch-Partenkirchen gibt es aber auch noch etliche andere gute Gründe. Die Lage direkt an Alpspitze und Zugspitze macht den Ort zu einem idealen Ausgangspunkt für Bergtouren in der Sommersaison und für Tage auf der Skipiste im Winter. Dabei hat Garmisch-Partenkirchen zwei voneinander getrennte Skigebiete. Da ist einmal das Gebiet um den Hausberg und Kreuzeck. Und dann gibt es noch das kleine Skigebiet am Gletscher oben auf der Zugspitze. Doch zunächst etwas zur Geschichte des Ortes, der eigentlich aus zwei Orten besteht.

Gestern und heute Nobelort

Garmisch und Partenkirchen waren bis in die 1930er-Jahre getrennt, und man pflegte eine innige Rivalität. Jeder Ort hatte seinen eigenen Skiclub, seinen eigenen Trachtenverein, ja sogar seine eigene Tracht. Im Vorfeld der Olympi-

Das gesamte Zugspitzmassiv teilen sich Bayern und Österreich.
Rechts: Die neue Seilbahn zum Zugspitzgipfel startet beim Eibsee.

schen Winterspiele 1936 wurden die beiden Gemeinden vom Naziregime zwangsfusioniert. Ungewöhnlich ist heute noch, dass Garmisch-Partenkirchen zwar ein eigener Landkreis, der Ort aber eine Marktgemeinde und keine Stadt ist. Einen Besuch könnte man damit beginnen, dass man beim Kurpark das Auto abstellt und einen Spaziergang durch die Fußgängerzone macht. Neben vielen internationalen Geschäften gibt es hier noch Traditionsunternehmen wie das Trachtenhaus Grasegger. Viele prominente Bewohner zog es nach Garmisch-Partenkirchen. Dazu gehörte Richard Strauß, der sich 1908 eine Villa in Partenkirchen bauen ließ und dort bis zu seinem Tod 1949 lebte. Der Schriftsteller Michael Ende und der Winnetou-Darsteller Pierre Brice lebten viele Jahre in Garmisch-Partenkirchen.

Wo Bayerns Berge orientalisch sind

Rund um Garmisch-Partenkirchen gibt es zahlreiche attraktive Ausflugsziele. Dazu gehören Richtung Westen das Bergsteigerdorf Grainau ebenso wie der romantisch gelegene Eibsee direkt unter der Zugspitze. Beide Ziele kann man auch bequem mit der Zahnradbahn erreichen, die beim Bahnhof startet und unterwegs mehrere Stationen anfährt. Zwischen Grainau und Eibsee fanden in den 1930er-Jahren viele Bergrennen statt, bei denen Hans Stuck sen. einer der Protagonisten war. Praktisch war, dass er in Grainau wohnte. Einen besonders schönen Blick auf Garmisch-Partenkirchen und die Zugspitze hat man vom Wank aus. Der Berg am Ostrand von Garmisch-Partenkirchen ist mit der Wankbahn bequem erreichbar. Oben gibt es auch eine Gastronomie und schöne Wanderwege. König Ludwig hat auch rund um Garmisch-Partenkirchen Spuren hinterlassen. Einer seiner Lieblingsplätze war das Schachenhaus, ein orientalisch gestaltetes Berghaus auf 1866 Metern Höhe, das man mit einer längeren Wanderung von der Bergstation der Eckbauerbahn aus erreichen kann.

TOP★ERLEBNISSE

★ DIE NEUE ZUGSPITZBAHN

Neben der Zahnradbahn von Garmisch-Partenkirchen und der Seilbahn auf der Tiroler Seite ist die neue Seilbahn von Grainau aus die spektakulärste Option, um auf die Zugspitze zu kommen. 2017 wurde sie eröffnet, und sie hat die mit 127 Metern die höchste Seilbahnstütze Europas. Die Fahrt dauert knapp 8 Minuten und endet auf 2943 Metern direkt beim Gipfel.
www.zugspitze.de

★ PARTNACHKLAMM

Wo sich die Partnach ihren Weg durch die Berge nach Garmisch-Partenkirchen und in die Loisach sucht, entstand über Jahrtausende eine Klamm. Die Partnachklamm ist ein rund 700 Meter langer, steiler und enger Einschnitt. Seit über 100 Jahren gibt es den Weg durch die Klamm. Vom Olympiastadion ist es ein kurzer Spaziergang zum Einstieg. In der Klamm läuft man bergauf. Der Rückweg geht über Vordergraseck.
www.partnachklamm.de

Der Tegernsee bietet sich für einen Schiffsausflug geradezu an.
Rechts: Ein Ausflugsschiff vor dem Schloss Tegernsee mit der Klosterkirche St. Quirin

3 Tegernsee und Schliersee, zwei ungleiche Nachbarn

Zu Besuch bei zwei bayerischen Ausflugszielen

Es sind beides beliebte Ausflugsziele und wegen der Freizeitangebote und Lebensqualität als Wohnort begehrt. Ansonsten sind der eher glamouröse Tegernsee und der bodenständig-bayerische Schliersee vom Charakter her sehr unterschiedlich. Viel los ist an Wochenenden dennoch bei beiden.

Eine wahrhaft noble Adresse ist der Tegernsee, der nur rund 50 Kilometer südöstlich von München am Rande der Alpen liegt. Mit rund 9 Quadratkilometern Fläche ist er nicht übermäßig groß, hat aber mit Gmund, Tegernsee, Rottach-Egern und Bad Wiessee gleich mehrere größere Orte. Ein See, die Nähe zu den Bergen, das sind natürlich Faktoren, die die Lebensqualität deutlich beeinflussen. Deshalb ist der Tegernsee seit jeher eine gefragte und auch exklusive Wohnadresse. Die Prominenz ist hier reichlich vertreten, bevorzugt entweder Lagen direkt am See in Rottach-Egern oder etwas erhöht in Tegernsee oder Bad Wiessee. Dazu gehören Filmstars, Politiker, Verleger, Manager und Fußballer des FC Bayern.

Nobel war der Tegernsee immer schon

Für die Entwicklung des Tegernsees besonders wichtig war das ehemalige Kloster der Benediktiner in Tegernsee, das später vom bayerischen Königshaus der Wittelsbacher zu ihrem Schloss umfunktioniert worden ist, was es bis heute blieb. Das Schloss beherbergt unter anderem ein Gymnasium und das berühmte Bräustüberl. Einen ersten guten Eindruck vom Tegernsee

bekommt man mit einer Fahrt rund um den See. Der erste Ort ist Gmund am Nordufer mit einem kleinen, dicht bebauten Ortszentrum und einem weitläufigen Strandbad etwas weiter südlich Richtung Rottach-Egern. Der nächste Ort am Ostufer ist Tegernsee, wo man auf der Hauptstraße direkt am Schloss vorbeikommt. Von Tegernsee nach Rottach-Egern gibt es einen fließenden Übergang. Besonders reizvoll ist die Egerner Bucht, auf die man von der Halbinsel Point am Südrand von Tegernsee einen sehr schönen Blick hat. Rottach-Egern ist auch bekannt für die gut bestückte Luxushotellerie, in die gerade in jüngster Vergangenheit kräftig investiert worden ist. Etwas ruhiger geht es am südöstlichen Winkel des Tegernsees, am Ringsee, zu, wo man schöne und auch versteckte Badeplätze findet. Nun geht es am Westufer wieder Richtung Norden durch Bad Wiessee, einen traditionsreichen Kurort, der etwas in die Jahre gekommen ist. Kurz nach Bad Wiessee sieht man links an der Straße den Neubau des Spielcasinos. Ganz im Norden streift die Straße noch eine der schönsten Aussichtsplätze am See, das Gut Kaltenbrunn, das einst zum Kloster gehörte und heute Teil des noblen Gastroimperiums von Feinkost Käfer ist. Zwischen den Hauptorten verkehrt auch die Tegernseer Schifffahrt, eine reizvolle Alternative zu den häufig doch sehr überlasteten Straßen am See.

Strandbad und Skihelden

Nur wenige Kilometer weiter östlich liegt der Schliersee. Mit dem Auto sind es rund 12 Kilometer bis zum Seeufer. Der Schliersee ist mit 2,2 Quadratkilometern deutlich kleiner als der Tegernsee und vor allem wesentlich bodenständiger. Im Ort Schliersee sind Heimatmuseum und Bauerntheater die bekanntesten Sehenswürdigkeiten. Am Westufer gibt es ein schönes Strandbad, und am Südostufer bei Neuhaus versteckt sich das Bauernhausmuseum des ehemaligen Skistars und Olympiasiegers Markus Wasmeier hinter einigen Hügeln. Im Schliersee gibt es eine kleine Insel mit Gaststätte, die von den Einheimischen auch Bierinsel genannt wird.

TOP ★ ERLEBNISSE

★ GUT KALTENBRUNN

Der herrschaftliche Gutshof am Nordufer bei Gmund geht bis auf das 14. Jahrhundert zurück und wurde vom Kloster Tegernsee bewirtschaftet. Heute befindet sich hier ein nobles Restaurant mit einer außergewöhnlich aussichtsreichen Terrasse. Außerdem finden dort zahlreiche Veranstaltungen statt.
www.feinkost-kaefer.de

★ SPITZINGSEE

Auf knapp 1100 Metern Höhe versteckt sich dieser kleine Bergsee ein paar Kilometer südlich des Schliersees. Dorthin führt eine gut ausgebaute Straße bergauf bis zum Spitzingsattel. Der See ist im Sommer ein beliebtes Wandergebiet, im Winter gibt es ein Skigebiet, das auch eine Verbindung zum Tegernsee hat. Eine gute Adresse zur Einkehr ist die Albert-Link-Hütte (eine Viertelstunde zu Fuß südlich des Sees).

4 Ausflug zum Bayerischen Meer

Wo man gerne mal auf das Auto verzichtet

Eine Fahrt durch den Chiemgau ohne einen Schlenker zum Ufer des Chiemsees, das wäre fast eine Todsünde. Und der Umweg lohnt sich wegen der Aussichten und der Option, sich mit dem Schiff chauffieren zu lassen.

Den inoffiziellen Titel »Bayerisches Meer« trägt der Chiemsee nicht zu Unrecht. Immerhin ist er mit rund 80 Quadratkilometern der größte See in Bayern, zumindest als kompletter See, denn Bayern hat auch einen Anteil am Bodensee, allerdings nur einen relativ kleinen. Unsere Tour streift zwar nur den Chiemsee, aber der kleine Abstecher zum Südufer ist es allemal wert. Von Bernau sind es nur zwei oder drei Minuten mit dem Auto bis nach Felden mit einer weitläufigen Freizeitanlage mit Badestrand, eingerahmt von mehreren Privatkliniken.
Dort gibt es reichlich Parkplätze, man kann Spaziergänge unternehmen, baden, sich ein Rad ausleihen und auf dem sehr beliebten Chiemsee-Radweg eine Tour machen oder einfach nur einkehren und den Blick auf den See genießen. Wo heute ganz am östlichen Rand ein moderner Klinikneubau steht, war früher ein Recreation Center der amerikanischen Armee.

Strandbad und Naturschutzgebiet

Vom Strandbereich in Felden hat man einen sehr guten Blick auf fast den gesamten See. In der Mitte sieht man die Wälder auf Herrenchiemsee, hinter denen sich das königliche Schloss versteckt. Neben Herrenchiemsee liegt die kleinere Fraueninsel. Schräg links er-

Die Feldwieser Bucht am Chiemsee ist ein beliebtes Seglerrevier.
Rechts: Die Fraueninsel ist die zweitgrößte Insel im Chiemsee und das ganze Jahr über mit dem Schiff zu erreichen.

kennt man Prien am Chiemsee, die größte Ortschaft am See. Rechts im östlichen Uferbereich liegen Chieming und die Feldwieser Bucht. Dazwischen ist das Mündungsgebiet der Tiroler Ache, das unter strengem Naturschutz steht.

Der Chiemsee ist zum großen Teil ein Erholungs- und Urlaubsgebiet. In den meisten Bereichen ist der Zugang zum See möglich. Lediglich im nordwestlichen Teil des Sees bei Gstadt und Gollenshausen und auf der Halbinsel Sassau sind größere private Uferbereiche. In der Feldwieser Bucht am Südosten des Sees hat sich in den letzten Jahren ein deutlicher Ausflugstourismus entwickelt, was mit neuen Lokalen direkt am Wasser und der Nähe zur Autobahn zusammenhängt, die von der Ausfahrt Feldwies-Übersee nur einige hundert Meter entfernt ist.

Mit dem Schiff zum Schloss

Für ein intensiveres Kennenlernen des Chiemsees ist eine Fahrt um den See mit dem Auto nicht die beste Methode. Das liegt daran, dass es in Teilbereichen viel Verkehr gibt und man oft abseits des Sees unterwegs ist. Schöner und komfortabler ist es, sich von der Chiemsee-Schifffahrt über den See fahren zu lassen. So kann man nicht nur einen herrlichen Blick über den See genießen, sondern auch an den bekannten Orten und an den beiden Inseln individuell Station machen. Eine Attraktion ist eine Fahrt mit dem nostalgischen Raddampfer Ludwig Fessler, der mittlerweile rund 100 Jahre alt ist. Station machen die Schiffe in Prien am Chiemsee, in Felden, in Feldwies-Übersee, in Chieming und Seebruck sowie auf Herrenchiemsee und an der Fraueninsel.

TOP ★ ERLEBNISSE

★ HERRENCHIEMSEE

Die mit Abstand größte Insel im Chiemsee ist Herrenchiemsee. Die 2,4 Quadratkilometer große Insel ist vor allem für das Königsschloss bekannt, das sich Ludwig II. nach dem Vorbild von Versailles erbauen ließ. Es wurde nie vollendet. Trotzdem ist es ein sehr beliebtes Ausflugsziel, das bei Führungen besichtigt werden kann. Die Schiffsanlegestelle ist beim Alten Schloss, einem ehemaligen Augustiner Chorherrenstift. Typisch für Herrenchiemsee sind die weitläufigen Wälder und die langen Spazierwege. Es gibt dort auch einen Jäger, der extra für die Insel tätig ist.

★ FRAUENINSEL

Rund 15 Hektar groß ist die Fraueninsel, die aber im Unterschied zu Herrenchiemsee relativ gut besiedelt ist mit Privathäusern und einigen Lokalen. Im 8. Jahrhundert gründete Herzog Tassilo das Kloster, das es auch heute noch gibt und von Benediktinerinnen bewirtschaftet wird. Bekannt ist die Fraueninsel für die Fischertradition und für das Töpferhandwerk. Hier kann man schöne Spaziergänge am Uferbereich machen und in einigen Gasthäusern und bei Fischern einkehren.

Von St. Bartholomä am Königssee gibt es Wanderwege Richtung Watzmann. Rechts: Ein beliebtes Fotomotiv ist der traditionelle Almabtrieb von der Saletalm, die nicht zu Fuß zu erreichen ist. Die Kühe werden mit den Landauern übers Wasser transportiert.

5 Das königliche Ziel im Hochgebirge

Ein See wie ein Fjord

Der Königssee ist ein stilvolles Ende dieser Tour. Rund um den malerisch gelegenen See und Berchtesgaden gibt es noch genug zu entdecken und zu erleben. Viel Historie und vor allem viel Natur und – typisch für die Berchtesgadener – viel alte Traditionen und schöne Gasthäuser.

Der östliche Winkel Bayerns ist auch das Ziel der Deutschen Alpenstraße. Sie endet direkt vor dem Königssee, den man allerdings nicht direkt ansteuern kann. Man sollte sein Fahrzeug auf dem Parkplatz vor dem Uferbereich abstellen, um die restlichen Meter zu Fuß zu gehen. Der Königssee zwängt sich wie ein skandinavischer Fjord zwischen die steilen Berge, rechts das Watzmann-Massiv, links das Hagengebirge. Der See ist knapp 8 Kilometer lang und bis zu 190 Meter tief. Dass das Wasser von besonders hoher Qualität ist, liegt auch daran, dass hier nur Elektroboote verkehren und der See vom Nationalpark Berchtesgadener Land umgeben ist. Um den See näher kennenzulernen, muss man sich auf eines der Schiffe begeben, die Richtung St. Bartholomä fahren. Wanderwege und Fahrstraßen gibt es entlang des Sees nicht. Ein beliebtes Ausflugsziel ist der Malerwinkel am Nordostufer, der auch ein schöner Badeplatz ist. Nur sollte man wissen, dass die Wassertemperaturen eher kühl sind. Dass der Königssee zufriert und begehbar wird, kommt aber sehr selten vor. Eine Kuriosität ist ein VW Käfer, der im Januar 1964 hier versank. Sein Besitzer war unerlaubterweise über den gefrorenen See gefahren. Heute steht der Wagen noch in 120 Metern Tiefe. Bei der

Saletalm ist die südlichste Anlegestelle der Schiffe auf dem Königssee. Dort kann man auf einem relativ einfachen Weg einen Ausflug zum kleinen Obersee und weiter zum mächtigen Röthbachwasserfall machen. Die nahe Wasseralm ist eine recht rustikale Alpenvereinshütte mit einfachen Übernachtungsmöglichkeiten im Schlaflager.

Zwischenstopp in Berchtesgaden

Berchtesgaden ist der größte Ort in der Nähe des Königssees. Wie an vielen Orten in Bayern, an denen es besonders schön ist, begegnet man wieder dem ehemaligen Königshaus der Wittelsbacher. Sie übernahmen Anfang des 19. Jahrhunderts nach der Säkularisation das einstige Augustiner Chorherrenstift und bauten es zum königlichen Schloss um. Für die Wittelsbacher waren die Wälder rund um den Königssee ein gefragtes Jagdrevier. Vor allem Prinzregent Luitpold von Bayern war viel im Berchtesgadener Land zur Jagd unterwegs. Davor erlebten die Berchtesgadener eine wechselvolle Geschichte, waren in der Zeit zwischen 1803 und 1810 mal unter österreichischer, mal unter bayerischer Regentschaft, blieben ab 1810 dann bei Bayern. König Maximilian II. ließ mit der Königlichen Villa einen wegweisenden Prachtbau errichten, auf den etliche private Villen folgen sollten, die heute noch an diese Zeit erinnern. Sogar die Berchtesgadener Polizei residiert in einer historischen Villa. Auch der alte Ortskern mit der Fußgängerzone ist einen Spaziergang wert. Und am südlichen Rand öffnet sich immer wieder der geniale Ausblick auf den Watzmann. Brauchtum und Tradition spielen auch heute im Berchtesgadener Land eine wichtige Rolle. Dazu gehören vor allem die winterlichen Bräuche Böllerschützen und die Buttnmandl.

TOP ★ ERLEBNISSE

★ KÖNIGSSEE UND ST. BARTHOLOMÄ

Die Fahrt mit den Elektroschiffen über den Königssee bis zur romantischen Kirche in St. Bartholomä und weiter zur Station Saletalm im Süden des Sees ist fast kitschig-schön. In St. Bartholomä kann man im Gasthaus neben der Kirche einkehren oder einen Wanderausflug zur Eiskapelle unter der berüchtigten Watzmann-Ostwand machen. Fahrzeit bis St. Bartholomä ½ Stunde, bis zur Saletalm 1 Stunde
www.seenschifffahrt.de

★ HAUS DER BERGE

Das Nationalparkzentrum am Südrand von Berchtesgaden bietet eine perfekte Aussicht auf Watzmann und Jenner. In dem modernen Bau gibt es die Ausstellung »Vertikale Wildnis«, dazu wechselnde Ausstellungen, ein Kino mit Naturfilmen und Informationen zum Nationalpark. Im Außenbereich ist ein Panoramaweg angelegt.
www.haus-der-berge.bayern.de

★ HINTERSEE

Der Hintersee am Rand des Nationalparks, ist immer noch ein Geheimtipp und wurde früh von Kunstmalern entdeckt. Mit dem »Auzinger« gibt es ein bayerisches Bilderbuchwirtshaus, das vor über hundert Jahren schon Künstlerlokal war.
www.auzinger.de

Unterwegs in der Altstadt von Meran
Unten: Malcesine mit der Scaligerburg liegt am Ostufer des Gardasees.

Von München an den Gardasee

Der bayerisch-italienische Klassiker

Der Sehnsuchtsort von Millionen italienverliebten Deutschen ist der Gardasee. Diese Tour verzichtet auf Autobahnen, bevorzugt schöne Nebenstraßen und macht die Fahrt dorthin zum Genuss. Prominente Stationen gibt es unterwegs mehr als genug – von der Zugspitze über das Ötztal mit dem Timmelsjoch bis zum italienischen Nobelort Madonna di Campiglio.

Gewöhnlich braucht es gerade mal fünf Stunden, wenn viel Verkehr ist, vielleicht auch mal sechs, bis man von München aus den Gardasee erreicht hat. Auf der klassischen Route über die Inntal- und Brennerautobahn sind das insgesamt 380 Kilometer reine Autobahn. Es geht aber auch anders. Gemütlicher, genussvoller und um einiges länger. Diese Variante ist rund 450 Kilometer lang, und ohne spezielle Pausen, ohne die man kaum auskommen wird, wären das etwa neun Stunden Fahrtzeit. Dazwischen liegen auch deutlich mehr Höhenmeter und viele herrliche Aussichten.

Entlang der Isar Richtung Süden

Die Reise beginnt ganz entspannt von München aus entlang der Isar nach Süden durch die Nobelvororte Grünwald und Straßlach, dann weiter bis Egling und durch die Isarauen bis nach **1 Bad Tölz**. Hier wechselt die Fahrt nun auf die andere Seite der Isar und folgt der gut ausgebauten Bundesstraße B472 vorbei am Blomberg Richtung Westen, dann durch den Kurort Bad Heilbrunn bis Bichl, wo wir links abbiegen und Kurs Richtung **2 Kochelsee** nehmen. Eine gemütliche Landpartie durch Benediktbeuern vorbei am berühmten Kloster und dann weiter bis zum Kochelsee, wo es erstmals steil bergauf geht. Eine berühmte Strecke ist der Kesselberg, früher eine legendäre Strecke für Bergrennen mit Autos und Motorrädern. Oben bleibt es alpin, nicht mehr steil, dafür aber sehr kurvig bis zum Walchensee. Die gut ausgebaute Straße bringt uns dann nach

Toureninfo

Start: München
Ziel: Riva del Garda
Länge: 460 Kilometer
Dauer: 8 Stunden
Beste Reisezeit: Mai bis Oktober

München
Memmingen
Kempten (Allgäu)
Rosenheim
Bad Tölz
Wolfratshausen
Starnberg
Starnberger See
Ammersee
Weilheim
Penzberg
Murnau
Garmisch-Partenkirchen
Mittenwald
Füssen
Reutte
Kochelsee
Walchensee
Achensee
Fernpass
Ehrwald
Nassereith
Imst
Telfs
Innsbruck
Hall i. Tirol
Schwaz
Kufstein
Kitzbühel
Kitzbüheler Alpen
Tuxer Alpen
Zillertaler Alpen
Venediger-gruppe
Ötztal
Pitztal
Stubaier Alpen
Sölden
Zwieselstein
Obergurgl
Ötztaler Alpen
Brennerpass
Sterzing
Timmelsjoch
Jaufenpass
Merano/Meran
Bolzano/Bozen
Bressanone/Brixen
Brunico/Bruneck
Lana
Gampenjoch/Passo delle Palade
Cles
Ortler-Gruppe
Parco Nazionale dello Stelvio
Parco Naturale Adamello Brenta
Tirano
Sondrio
Cortina d'Ampezzo
Marmolada
Belluno
Feltre
Trento
Gárdolo
Pergine Valsugana
Rovereto
Riva del Garda
Lago di Ledro
Arco
Torbole
Conegliano
Vittorio Veneto
Davos Platz
Klosters-Platz
Scuol/Schuls
Bludenz
St. Anton am Arlberg
Landeck
Livigno
Bormio
Dolomiti
1
2
3
4
A7
A12
A13
A22
A27
A28
8
93
94
95
96
99
0
10 km

In den engen Gassen der Trentiner Bergdörfer ist der alte Fiat 500 ideal.

Wallgau und weiter bis Krün mit Blick auf die mächtige Karwendelspitze links und das Wettersteingebirge rechts. Wir sind nun auf der Deutschen Alpenstraße und folgen ihr bis Garmisch-Partenkirchen, wo wir allerdings abzweigen und Richtung Grainau fahren, das direkt unterhalb der Zugspitze, Deutschlands höchstem Gipfel mit 2962 Metern, liegt. Wir lassen Grainau links liegen, machen einen großen Bogen um die Zugspitze, fahren durch eine schöne waldreiche Gegend entlang der Bahnlinie Richtung Innsbruck. Ehrwald auf der Tiroler Seite ist die nächste Station. Von der Südseite wirkt die Zugspitze viel mächtiger und dramatischer als von Bayern aus. Nun geht es weiter über den Fernpass Richtung Inntal. Der ist zwar mit 1218 Metern nicht hoch, aber an Wochenenden oft stark befahren. Über Nassereith kommen wir nach Imst, folgen links der Bundesstraße über Roppen bis zum Eingang ins **3 Ötztal** und meiden bewusst die Autobahn mit dem langen Roppener Tunnel. Das Ötztal empfängt Besucher mit einem Gewerbegebiet, bevor es dann auf der überwiegend geraden Straße sanft ansteigt, unterbrochen nur von kurzen, kurvigen Bergaufpassagen bis nach Längenfeld. Erst vor Sölden und dann weiter bis Obergurgl und Hochgurgl wird es wieder steiler und kurvenreicher. Bei Hochgurgl auf über 1900 Metern wartet dann die Mautstelle der Timmelsjochstraße, die sich bis auf 2474 Meter hochschraubt, und wo auch im Sommer Schneewände die Straße flankieren können. Doch dann kommt die Sonnenseite in Südtirol und mit ihr viele Kurven hinunter ins Passeiertal, das auch unten nur wenige gerade Abschnitte hat. Ein Fall für Kurvenliebhaber. Nicht ohne Grund ist dieser Teil bei Motorradfahrern sehr beliebt. Es wird immer milder und allmählich tauchen die ersten Palmen und Zypressen rund um **4 Meran** auf. Hier in der Kurstadt sind wir gerade mal auf knapp 300 Metern. Und Meran ist bekannt für sein mediterranes Klima. Gute Voraussetzungen für einen Bummel in der Altstadt auf den Promenaden entlang der Etsch.

Durch das Ultental Richtung Brenta

Nun folgt ein Abschnitt, der wesentlich ruhiger und ursprünglicher wird. Über Lana fahren wir steil bergauf und hinein ins urige Ultental mit seinen malerischen Bergbauernhöfen, biegen kurz nach St. Pankraz links auf die relativ neue Straße Richtung Deutschnonsberg ab, die wahrscheinlich ursprünglichste und am wenigsten bekannte Ecke Südtirols. Hier gibt es sehr viel Natur und sehr wenig Verkehr, passend dazu recht archaische kleine Dörfer neben der Straße. Daran grenzt direkt das Val di Non an, dass zum Trentino gehört und dessen Bewohner Italienisch sprechen. Vorbei am Lago di Santa Giustina fahren wir nun weiter südlich und nähern uns allmählich den monumentalen Felswänden der Brentagruppe. Madonna di Campiglio ist die letzte Zwischenstation kurz vor dem Ziel. Der elegante Wintersportort ist im Sommer ein beliebter Ausgangsort für Bergtouren in der Brenta, hat im Unterschied zu Südtiroler Orten überwiegend italienische Gäste. Die letzten Kilometer bis Riva werden noch sehr abwechslungsreich. Über Ponte Arche kommen wir in die Giudicarie, eine sehr ursprüngliche Gegend nördlich des Gardasees, fahren vorbei an Comano Terme mit vielen Kurven, passieren den romantischen Idrosee, bevor es dann wieder einmal mit etlichen Kurven nach Riva und zum Nordufer des Gardasees hinuntergeht.

EINKEHREN

★ GASTHOF ZUM WILDPARK, STRASSLACH

Beim Roiderer in Strasslach ist eine Wirtshausinstitution. Großer Biergarten und klassisch bayerische Küche inklusive eigener Metzgerei. An Wochenenden auch gut besucht
www.gasthof-zum-wildpark.de

★ MOARWIRT

In dem kleinen Dorf Hechenberg neben der Straße steht das Bio-Landhotel, das in einem alten Bauernhof untergebracht ist. Geschmackvolles Interieur und feine regionale Bioküche
www.moarwirt.de

★ OILERS69, HAIMING

Ehemalige Tankstelle an der Bundesstraße, etwa einen Kilometer östlich vom Eingang ins Ötztal, die zu einem Burgerlokal in amerikanischem Stil umfunktioniert wurde. Verspielt nostalgisch mit etlichen ausrangierten Straßenkreuzern im Außenbereich
www.oilers69.com

★ GASTHOF KRONE, UMHAUSEN

Ein historischer Gasthof mitten in Umhausen im Ötztal mit sehr nostalgischem, dabei dezent renoviertem Interieur. Interessante, regionale Küche mit etlichen alten Gerichten und betont einheimischen Zutaten
www.krone-umhausen.at

★ RISTORANTE SISSI, MERAN

Der Restaurantklassiker in Meran etwas nördlich des Zentrums. Gourmetküche mit italienischem Schwerpunkt. Mit Jugendstil-Restaurant und Tiroler Stube
www.sissi.andreafenoglio.com

★ I MOMENTI, RIVA DEL GARDA

Kleine Pizzeria am Rand der Altstadt von Riva mit sehr kreativem und hochwertigem Angebot an Pizzen. Dazu gibt es auch klassische italienische Spezialitäten.
www.imomenti.it

ÜBERNACHTEN

★ AQUA DOME THERME LÄNGENFELD

Das großzügige und moderne Viersternehotel gehört zur bekannten Therme in Längenfeld und bietet eine reizvolle Kombination, wenn man sich zur Übernachtung etwas Wellness gönnen will.
www.aqua-dome.at

★ IMPERIAL ART

Charmantes Boutiquehotel mitten in Meran mit kreativem Interieur und reizvollen Zimmern mit Dachterrasse im Obergeschoss. Parkgarage direkt ums Eck. Freier Eintritt in die nahe Therme ist inklusive.
www.imperialart.it

★ DU LAC ET DU PARC RESORT, RIVA DEL GARDA

Sehr großzügige Hotelanlage im Osten von Riva mit großem Park und eigenem Seezugang. Verschiedene Gebäude von klassisch bis modern, dazu Bungalows und Spa mit Innen- und Außenpools. Gute Parkmöglichkeiten
www.dulacetduparc.com

6 Die kleine Isarmetropole

Klassisch bayerisch im Alpenvorland

Das Isarufer, die Benediktenwand und das Brauneck in der Nachbarschaft – Bad Tölz hat für Urlaubsgäste einiges zu bieten. Vor allem kann man hier in echt bayerische Lebensart eintauchen.

Die Lage an der Isar und die Nähe zu den Bergen gehören zu den besonderen Qualitäten der traditionsreichen Kurstadt. Heute hat das eher touristische Aspekte. Früher waren dies handfeste ökonomische Werte. Zur Geschichte des Ortes gehörte etliche Jahrhunderte die Flößerei. Rohstoffe und Waren, von Holzstämmen bis zu Wein und Möbeln, wurden auf der Isar mit Flößen in Richtung München transportiert. Mit dem Bau der Eisenbahn war es vorbei mit den Flößern. Es gibt sie zwar noch, das aber nur als touristische Exkursionen zwischen Wolfratshausen und München. Lange Zeit lebte der Ort gut vom Kurtourismus, bekam bereits 1899 den Titel Bad. Tradition hat auch das Eishockey, gehörte der hiesige Club doch viele Jahre zu den besten deutschen Teams. Ein wenig drängt sich der Eindruck auf, dass Bad Tölz schon bessere Zeiten erlebt hat. 1970 eröffnete man das Alpamare, das erste rein private Erlebnisbad Europas, das 2015 wegen wirtschaftlicher Probleme geschlossen wurde. Eine gewisse Berühmtheit, die auch heute noch anhält, bekam Bad Tölz mit der TV-Serie »Der Bulle von Tölz« mit Otfried Fischer in der Hauptrolle.

Blick vom Kalvarienberg über Bad Tölz und das Isartal
Rechts: Die Marktstraße von Bad Tölz wurde behutsam restauriert und ist heute eine belebte Fußgängerzone.

Nostalgie mit Lüftlmalerei

Heute ist Bad Tölz eine florierende Stadt, gehört zum Landkreis Bad Tölz-Wolfratshausen. Die ehemalige Flint-Kaserne der amerikanischen Armee am östlichen Stadtrand ist ein großzügiges Gewerbegebiet inklusive dem modernen Eisstadion Bad Tölz. Daneben betreibt die Bergwacht Bayern eine große Halle, in der Einsätze mit Rettungshubschraubern trainiert werden.
Die Sehenswürdigkeit schlechthin ist die Marktstraße, die sanft bergab zur Isar hin verläuft und historische Häuserensembles im barocken Stil mit sehenswerten Lüftlmalereien hat, wie die bunten Fassadenmalereien im Bayerischen heißen. Besonders lohnenswert sind das Moralthaus, das Sporerhaus und das alte Rathaus. Neben der Stadtpfarrkirche stand einst die Tölzer Burg, die 1770 bei einem Unwetter zerstört wurde. Im historischen Heimat- und Bürgerhaus ist das Stadtmuseum eingerichtet. Dort wurde auch für den »Bullen von Tölz« viel gedreht.
Noch eine Kuriosität: Da Bad Tölz auf Tuffstein gebaut ist, konnte man hier unterirdische Räumlichkeiten für die Lagerung des Bieres schaffen. So kam es, dass Bad Tölz in seiner Blütezeit im 18. Jahrhundert 22 Brauereien hatte. Die sind allerdings alle längst geschlossen. Traditionell und heute noch sehr bedeutend ist die Leonhardifahrt in Bad Tölz, eine Pferdewallfahrt, die jeweils Anfang November stattfindet. Wer einen perfekten Ausblick auf Bad Tölz und die Isar haben möchte, sollte einen kurzen Ausflug auf den Kalvarienberg mit der Kalvarienbergkirche nördlich des Zentrums machen.

TOP★ERLEBNISSE

★ KLOSTER REUTBERG

Mehr bayerisches Brauchtum geht nicht. Auf dem kleinen Hügel nördlich von Bad Tölz nahe dem Ufer des Kirchsees gibt es das Kloster der Franziskanerinnen, eine sehr traditionsreiche Brauerei und nebenan einen schönen Brauereigasthof, in dem natürlich Reutberger Bier ausgeschenkt wird. Eindrucksvoll ist auch die Sicht Richtung Berge. Im Sommer kann man die Einkehr mit einem Badeausflug kombinieren.
www.klosterbraeustueberl.de

★ SCHWINGSHACKL ESSKULTUR

Ein ausgezeichneter Platz für Genussmenschen ist dieses Lokal am Nordrand von Bad Tölz direkt am Isarufer. Die regional ausgerichtete Küche ist mit einem Michelinstern ausgezeichnet. Es gibt auch Gästezimmer im Haus.
www.schwingshackl-esskultur.de

Inmitten einer herrlichen Bergkulisse liegt der Kochelsee – auch von München aus noch ein beliebtes Ausflugsziel.
Rechts: Durch die Fallrohre schießt Wasser vom Walchensee in das am Ufer des Kochelsees gelegene Kraftwerk.

7 Kochelsee und Walchensee

Hier ein Kraftwerk, dort eine berühmte Filmlocation

Der kleinere Kochelsee in Tallage und der weite und tiefe Walchensee 200 Höhenmeter weiter oben: Die beiden benachbarten Seen auf dem Weg ins Karwendel sind beliebte Ausflugsziele und voll interessanter Geschichten.

Gleich zwei Seen mit nur wenigen Kilometern Abstand. Die Fahrt vom Isartal Richtung Karwendel hat wirklich viel zu bieten. Dabei haben Kochelsee und Walchensee sehr unterschiedliche Charaktere und viel zu erzählen. Der Kochelsee liegt mit seinen knapp 6 Quadratkilometern Fläche auf flachem Land direkt vor den ansteigenden Bergen und zu Füßen des Herzogstands, den auch König Ludwig II. gern aufsuchte. Aber der war ja auch ein Naturliebhaber. Beliebt ist der Kochelsee vor allem bei Wassersportlern, insbesondere Wind- und Kitesurfern, die wegen der guten Windverhältnisse kommen. Man kann aber auch ganz kommod baden oder mit dem Boot fahren. Es gibt hier übrigens auch ein gutes Kletterrevier.

Bekannt ist der Kochelsee für das Wasserkraftwerk, das ihn mit dem benachbarten Walchensee verbindet. Dabei wird das Gefälle zwischen dem Walchensee und dem Kochelsee mit einem Höhenunterschied von gut 200 Metern genutzt. Das Wasser wird durch sechs Rohre geleitet, die 430 Meter lang sind und bis zu 2,25 Meter Durchmesser haben. Erbaut wurde das Kraftwerk bereits 1924. Für Interessierte gibt es ein Besucherzentrum.

Wikinger am Walchensee

Interessant ist auch die Geschichte des Kesselbergs, auf dem sich die Straße mit einigen engen Kurven Richtung Walchensee steil bergauf windet. Bereits Ende des 15. Jahrhunderts wurde hier aus einem Säumerpfad eine Straße gebaut. Der Weg über Mittenwald war eine wichtige Handelsroute von Süd nach Nord. In den 1950er- und 1960er-Jahren avancierte der Kesselberg zum Schauplatz spektakulärer Auto- und Motorradrennen mit prominenten Teilnehmern. Eine beliebte, aber auch tempomäßig streng limitierte Strecke ist sie immer noch für Biker.

Der Walchensee ist vor allem im Sommer ein begehrtes Ziel für Badeausflüge. Es gibt an allen Seiten schöne Badebuchten und mittendrin die kleine Insel Sassau, die aber unter strengem Naturschutz steht und nicht betreten werden darf. Der Walchensee ist dreimal so groß wie der Kochelsee und mit maximal 190 Metern auch deutlich tiefer. Irgendwo dort unten liegen noch zwei Flugzeuge aus dem Zweiten Weltkrieg, und zwar eine deutsche Messerschmitt und ein britischer Avro-Lancaster-Bomber. Die beiden Flieger und auch einige Autowracks in Strandnähe sind beliebte Ziele von Tauchern. Und es hält sich auch die Legende von einem vergrabenen Geld- und Goldschatz der Nazis. Gefunden wurde offensichtlich bis heute nichts. Erfolgreicher waren da Filmteams, die bereits in den späten 1950er-Jahren einen internationalen Wikingerfilm hier drehten. 2008 folgte eine Verfilmung von »Wickie und die starken Männer« von Bully Herbig. Von dem Wikingerdorf sind in der Sachenbacher Bucht am Ostufer noch einige Hütten übriggeblieben. Dort gibt es auch eine schmale Mautstraße hinüber in das sehr ursprüngliche Tal der Jachenau.

TOP ★ ERLEBNISSE

★ FRANZ MARC MUSEUM

Rund um den Kochelsee fanden die berühmten Maler der Künstlergruppe »Blauer Reiter« viele reizvolle Motive. Neben Gabriele Münter und Wassily Kandinsky war das vor allem auch Franz Marc. Sein modern gestaltetes Museum am südlichen Ortsrand von Kochel ist ein Muss für Kunstliebhaber. www.franz-marc-museum.de

★ HERZOGSTAND

Wenige Meter vom Ufer des Walchensees entfernt steht die Seilbahn hinauf zum Herzogstand. Diesen Namen hat der Berg nicht ohne Grund. Bereits im 16. Jahrhundert war er beim bayerischen Adel beliebt, die Wittelsbacher bauten 1857 ein Jagdhaus in der Nähe des heutigen Herzogstandhauses. Acht Jahre später ließ Ludwig II. oben ein Königshaus errichten. Von der Bergstation ist es ein kurzes Stück zum Gasthaus Herzogstandhaus und dann noch eine halbe Stunde auf einem kurvenreichen Weg hinauf zum Gipfel. Oben gibt es einen Pavillon und einen herrlichen Blick auf Kochelsee und Alpenvorland. www.herzogstandbahn.de

8 Mehr als nur Après-Ski

Mittendrin in den Tiroler Bergen

Das Ötztal ist eines der beliebtesten Täler Tirols und bekannt für sein umfangreiches Freizeitangebot. Es gibt im Ötztal aber auch stille Seitentäler und klassische alpine Attraktionen.

Es ist neben dem Zillertal das wahrscheinlich bekannteste und besterschlossene Tal in Tirol. Und mit 65 Kilometern auch eines der längsten. Die Fahrt ins Ötztal hinein beginnt auch gleich mit einem Gewerbegebiet, passiert mit Ötz einen ersten von fünf größeren Orten, in denen der Tourismus ganz offensichtlich die Hauptrolle spielt. Dafür wird im Ötztal auch viel getan, was einem gefallen kann oder auch nicht; da scheiden sich auch hier die Geister. Eine der typischen Innovationen versteckt sich rechts unten nach der Autobahnausfahrt. Area 47 ist ein Outdoor-Erlebnispark mit vielen Actionangeboten und verschiedenen Unterkunftsmöglichkeiten direkt an der Ötztaler Ache, die ein paar Meter weiter draußen in den Inn mündet.

Auf den Spuren von James Bond

Dieser erste Eindruck täuscht nicht. Action wird hier großgeschrieben. Im Winter sind es die drei größeren Skigebiete Ötz, Sölden und Obergurgl/Hochgurgl. Im Sommer stehen Wandern, Klettern, Biken und jede Menge Trendsportarten auf dem Programm. Im vorderen Bereich ist der Talboden noch relativ breit und flach, setzt sich die Topografie in mehreren Stufen fort, was auch den Straßenverlauf prägt.

Auch bei Nebel reizvoll: der Timmelsjochpass auf fast 2500 Metern Höhe
Rechts: Das TOP Mountain Crosspoint Motorcacle Museum in Hochgurgl stellt über 500 historische Motorräder aus.

Auf lange Flachpassagen folgen kurze kurvenreiche Steigungen. Nach Umhausen folgen schließlich Längenfeld, das für die große Therme bekannt ist, und Sölden, wo jedes Jahr im Oktober der Skiweltcup auf den Gletscherpisten des Rettenbachferner Premiere hat. Sölden ist der Hotspot im Winter, wenn es um Spaß und Après-Ski geht. Dabei hat man hier viel getan, um von diesem Image wegzukommen. Ganz oben am Gaislachkogel entstand das mondäne Nobelrestaurant Ice Q auf 3048 Metern Höhe. Hier wurde 2015 für einen James-Bond-Film gedreht. Gegen entsprechende Tarife kann man sich mit dem Helikopter rund um den Gaislachkogel und direkt zum Restaurant fliegen lassen. Fast wie James Bond. Ganz hinten im Tal sind noch Obergurgl und Hochgurgl. Letzteres ist mit rund 1900 Metern der höchste Ort im Tal.

Wo Ötzi unterwegs war

Man sollte sich aber nicht täuschen lassen. Neben dem relativ lebendigen Haupttal gibt es rechts und links noch stille Seitentäler. Eines ist Niederthai oberhalb von Umhausen, wo man in einem Bergbauerndorf wohnt und ruhige gemütliche Ferientage verbringen kann. Ähnlich geht es auch weiter hinten im Venter Tal zu, wobei das als Bergsteigerdorf bekannte Vent schon überwiegend aus Hotels besteht. Vent ist ein beliebter Ausgangspunkt für Bergtouren Richtung Similaun und Wildspitze. Dort oben wurde 1991 die Mumie des Ötzi gefunden, der allerdings im Museum in Bozen heimisch geworden ist. Nach der Abzweigung rechts nach Vent führt die Talstraße weiter südwärts und gabelt sich schließlich vor Obergurgl, das am Ende der geradeaus führenden Straße liegt. Links nimmt die Straße bergauf einige Kurven und kommt nach Hochgurgl, im Prinzip ein Hoteldorf, das besonders schneesicher ist und auch ein eher exklusiver Ort während der Wintersaison. An der Mautstelle gibt es ein spektakuläres Motorradmuseum, das nach einem Brand neu aufgebaut wurde.

TOP ★ ERLEBNISSE

★ THERME AQUA DOME

Etwas abseits rechts von der Talstraße residiert in Längenfeld die Therme Aqua Dome. Eines der größten Erlebnisbäder in Österreich mit zwölf Becken innen und außen, einer Saunawelt mit sieben Saunen, vielfältigen Massagen und Anwendungen, Fitnessprogrammen und einem vielseitigen gastronomischen Angebot. Zur Therme gehört auch ein Viersternehotel. www.aqua-dome.at

★ STUIBENFALL

Von Umhausen führt eine gut ausgebaute Straße steil bergauf bis zum spektakulären Stuibenfall-Wasserfall. Mit einer Höhe von 159 Metern ist er der höchste in dem an Wasserfällen nicht armen Tirol. Und er ist gut erschlossen mit einem Wegesystem, mit Hängebrücke und Aussichtsplattformen. Besonders eindrucksvoll ist der Blick direkt über dem Wasserfall. Nebenan gibt es auch einen Klettersteig. Und danach kann man im Gasthaus Stuibenfall klassisch tirolerisch einkehren. www.naturpark-oetztal.at

Alpine und mediterrane Pracht in den Gärten von Schloss Trauttmansdorff in Meran
Rechts: Meran, die Kurstadt an der Passer, ist geprägt von Parks, Promenaden, botanischen Gärten und exotischen Pflanzen, die im milden Klima gut gedeihen.

9 Eleganz im Hochgebirge

Promenaden mit Palmen in Südtirol

Die vornehme Kurstadt Meran war lange Zeit Hauptstadt von Tirol. Das spürt man auch heute noch, wenn man auf den Uferpromenaden oder durch die Laubengassen spaziert und diese gediegene Nostalgie des Ortes auf sich wirken lässt.

Palmen, Zypressen und schneebedeckte Dreitausender. Meran, die traditionelle Kurstadt, verbindet schöne Dinge aus gegensätzlichen Welten. Das verdankt die Stadt ihrer speziellen Lage, bei der die Wände der Texelgruppe kalte Winde und Regen abhalten, während vom offenen Süden warme Luft kommen kann. Das hat viel dazu beigetragen, dass Meran schon im 19. Jahrhundert einen soliden Kurtourismus hatte. Das dokumentieren auch viele elegante Villen im alten Meran und entsprechende Hotels im Jugendstil. Gediegene Nostalgie. Ein wenig sieht man davon noch im Zentrum mit den Promenaden am Passerufer und rund um das elegante Kurhaus. In den frühen Jahren des Kurtourismus kamen viele prominente Gäste. Im nahen Ultental waren der deutsche Kanzler Bismarck, Kaiserin Elisabeth und zahlreiche Dichter und Maler Stammgäste, die sich in einsamen Heilbädern entspannten und im Fall der Künstler mit Gleichgesinnten trafen. Von Bismarck gibt es die Geschichte, dass er eine Einheimische ehelichen wollte, aber als Protestant im katholischen Südtirol von der Familie abgewiesen wurde.

Ausflug in einen unbekannten Teil Südtirols

Die Glanzzeiten des Kurtourismus sind zwar vorbei, aber Meran lebt immer noch gut dank

seines milden Klimas, der offenen sonnenreichen Lage und der Nähe zu den Bergen. Heute kombinieren die Gäste Wellness mit Ausflügen in die Bergwelt. Ein Klassiker ist der Meraner Höhenweg, auf dem man in zwei bis vier Tagen eine Runde um die Texelgruppe mit Ausflug ins Schnalstal machen kann. Meran ist auch eine Art Verkehrsknotenpunkt. Hier laufen mehrere wichtige Straßen zusammen. Von Osten kommt die Schnellstraße MeBo von Bozen her. Im Westen geht es hinauf ins Vinschgau Richtung Reschensee. Von Norden ist es die kurvenreiche Straße durch das Passeiertal und vom Jaufenpass und Timmelsjoch. Und etwas weiter südlich zweigen die Straßen ins urwüchsige Ultental ab und hinauf über den Gampenpass Richtung Deutschnonsberg. Eine schöne und kurvenreiche Strecke ist die Höhenstraße von Meran über Hafling und Mölten nach Jenesien und von dort hinunter nach Bozen durch schattige Lärchenwälder und mit schönen Aussichten.

Nostalgische Spaziergänge in Meran

Es ist aber auch nicht falsch, etwas Zeit in Meran zu verbringen. Ein Spaziergang durch die Lauben in der Fußgängerzone mit verlockenden Geschäften und Lokalen wäre ein klassischer Zeitvertreib. Feinschmecker zieht es zu Pur Südtirol direkt neben dem Kurhaus, ein beliebtes Fachgeschäft für kulinarische Südtiroler Spezialitäten. Ähnlich gut ist das Sortiment beim Siebenförcher in der Laubengasse. Die Lauben führen direkt zum Domplatz und zum Wahrzeichen der Stadt, der im gotischen Stil erbauten Stadtpfarrkirche St. Nikolaus mit dem schlanken hohen Turm.
Eine ungewöhnliche Attraktion ist die Pferderennbahn im Ortsteil Untermais. Dort finden seit rund 90 Jahren Rennen auf einer 5 Kilometer langen Rundstrecke statt. Dazu gehören auch die Saisonhöhepunkte, das Haflinger Galopprennen zu Ostern und der Große Preis von Meran im September, ein international renommiertes Hindernisrennen.

TOP ★ ERLEBNISSE

★ THERME MERAN

Zentral und direkt am Passerufer steht die moderne Therme mit ihrem weitläufigen Freigelände. Ein opulentes Angebot mit 25 Pools, einer Saunalandschaft auf 2500 Quadratmetern und einem MySpa mit Treatments und Beautyangeboten. Dazu gehören mehrere Gastronomiebetriebe und ein Viersternehotel.
www.termemerano.it

★ SCHLOSS TRAUTTMANSDORFF

Das neugotische Schloss etwas oberhalb von Meran ist ein kleines Paradies mit weitläufigem botanischem Garten. Im Schloss ist das Touriseum eingerichtet, das Südtiroler Landesmuseum für Tourismus.
www.trauttmansdorff.it

★ SCHLOSS TIROL

Die Grafen von Tirol residierten am Nordrand Merans auf Schloss Tirol. Heute kann man das Schloss samt dem Südtiroler Landesmuseum für Kultur- und Landesgeschichte besichtigen. Man erreicht das Schloss, das auf der Spitze eines Hügels residiert, mit einem etwas längeren Spaziergang von Dorf Tirol aus. Man kann tagsüber von Meran aus mit dem Küchelberg-Sessellift nach Dorf Tirol fahren.
www.schlosstirol.it

Von München nach Venedig

Nicht nur für Bayern eine Sehnsuchtsstrecke

Es gibt wohl kaum ein romantischeres Ziel für eine Reise nach Italien als Venedig. Anstatt die Fahrt auf vollen Autobahnen abzuspulen, könnte man sich doch auch eine stimmungsvolle Tour durch die Berge gönnen. Das wäre nicht ganz so schnell, etwas länger und viel unterhaltsamer. Vor allem, wenn man sich idyllische Straßen durch Österreich und Italien sucht mit vielen schönen Plätzen und malerischen Seen, die einen Stopp wert sind.

Die Egerner Bucht ist das populärste Fotomotiv in Rottach-Egern
Unten: Der Hauptplatz von Lienz mit Blick in die Dolomiten

Wer nach Venedig fährt, hat es gewöhnlich auch nicht sehr eilig. Schließlich ist der Grund dieses Ausflugs in der Regel, dass man ein paar romantische Tage in der Lagunenstadt verbringen möchte. Also macht es Sinn, sich dafür eine Strecke auszuwählen, bei der Fahrspaß, Erlebnis und Genuss nicht zu kurz kommen. Attraktionen gibt es zwischen den beiden Metropolen mehr als genug.

Über Tegernsee und Achensee Richtung Süden

Eine Fahrt von München nach Venedig ist ja auch eine Alpenüberquerung. Etliche kurvenreiche Passagen, die eine oder andere Passstraße und viele reizvolle Überraschungen, die hinter den Kurven warten. Die Zwischenziele sind teils bestens bekannte Sehenswürdigkeiten, aber auch einige wirklich verlockende Geheimtipps. Los geht es in München mit einer Fahrt zum Tegernsee, für die man die Autobahn A8 bis Holzkirchen nehmen kann. Eine Landpartie neben der Autobahn ist hier nicht wirklich verlockend. Nach der Autobahnausfahrt Holzkirchen bringt uns die B318 schnurstracks nach Gmund am Nordufer des Sees. Ob man nun rechts am Westufer über Bad Wiessee fährt, was etwas flotter funktioniert, oder links über Tegernsee und Rottach-Egern, wo es mehr zu sehen gibt, das ist eine Geschmacks-

Toureninfo

Start: München
Ziel: Venedig
Länge: 540 Kilometer
Dauer: 8 Stunden
Beste Reisezeit: Mai bis Oktober

frage. Zusammen kommen beide Varianten in Weissach bei Rottach-Egern beim eleganten Hotel Bachmair, wo es südwärts in die Berge nach Kreuth weitergeht, vorbei am mächtigen Wallberg links. Die Straße verläuft entspannt geradeaus, passiert das geschichtsträchtige Wildbad Kreuth und landet gut 20 Kilometer nach dem Tegernsee am Achenpass und danach auf Tiroler Territorium. Die Fahrt entlang des **1 Achensees** bietet viele schöne Ausblicke auf See und Berge. Nur sollte man hier auf Radarkontrollen achten, die auf dieser Passage sehr beliebt sind. Nach Achenkirch verläuft die österreichische Bundesstraße 181 direkt am östlichen Seeufer bis Maurach. Danach geht es steil bergab ins Inntal bis Wiesing, dann unter der Autobahn durch und geradeaus mit einem langen Tunnel ins Zillertal. Die Fahrt bis Zell am Ziller auf der belebten Bundesstraße ist eher ein Pflichtprogramm. Stimmungsvoll wird es wieder ab Zell am Ziller, wenn die Passstraße hinauf zum Gerlos auf 1628 Metern wartet. Vorbei am Stausee geht es hinunter in den Salzburger Pinzgau nach Wald und Neukirchen am Großvenediger. Den berühmten Gipfel sieht man bald rechts von der Straße eisig leuchten. Nächste Station ist Mittersill, wo die Reise rechts weiter geht auf die gut ausgebaute Straße zum Felbertauerntunnel, die recht sanft ansteigt, wo es aber nicht sehr viel zu sehen gibt. Besser wird es nach dem langen Tunnel auf der Osttiroler Seite. Gleich unter dem Südportal führt eine Straße zum Tauernwirt neben der Straße, wo man parken und einen gemütlichen Spaziergang hinein ins idyllische Tal nach Innergschlöss direkt unter dem Großvenediger machen könnte.

Schöne Bergstraßen ohne Trubel

Die Fahrt durch Osttirol verläuft dann ziemlich problemlos auf einer gut ausgebauten und breiten Bundesstraße, die zügiges Dahinrollen erlaubt. Gewöhnlich ist hier bis 2 **Lienz** auch wenig Verkehr. In der größten Stadt Osttirols würde sich dann auch ein Bummel durch die schöne Altstadt anbieten. Weiter geht die Reise Richtung Osten auf der B100 etwa eine Viertelstunde bis nach Oberdrauburg. Dort biegen wir rechts ab, fahren über die Mur und die Bahnlinie und danach mit einigen Serpentinen auf der Gailbergstraße bergauf und kommen schließlich nach Kötschach-Mauthen. Der kleine Ort ist die letzte Station vor der Grenze. Danach nehmen wir die Straße hinauf zum Plöckenpass, fahren etwa 12 Kilometer durch die Berglandschaft mit moderaten Steigungen. Erst zum Schluss vor der alten Grenzstation wird es etwas steiler. Auf der italienischen Seite ist es zunächst bergab recht kurvig, dann wird es entspannter und man rollt vorbei an dem Bergdorf Timau bis Paluzza. Kurz danach liegt rechts der kleine Ort Sutrio, der dank einer langen Möbelschreinertradition ein sehenswertes altes Zentrum mit Holzkunstwerken hat. Ein guter Grund für einen Stopp ist auch die lokale Käserei gleich hinter der Brücke Richtung Zentrum, wo es einen Laden mit vielen feinen regionalen Spezialitäten gibt. Bei 3 **Tolmezzo** kommen wir auf die Strada Statale 51, fahren ostwärts bis Carnia und auf der Strada Statale 13 Richtung Udine nach Süden. Venzone ist ein sehenswerter Zwischenstopp. Das Zentrum der kleinen Stadt wurde nach dem Erdbeben 1976 bewundernswert originalgetreu wiederaufgebaut. Danach geht es auf der Strada Regionale 463 südwärts bis zum berühmten Schinkenort San Daniele, der recht souverän auf einem Hügel liegt und wo es viele Möglichkeiten zum Verkosten und Einkaufen gibt, fahren danach weiter am Tagliamento entlang bis Cordroipo. Dort wechseln wir auf die andere Flussseite nach Casarsa delle Delizia und kommen über San Vito al Tagliamento und Oderzo in einer guten Stunde nach 4 **Treviso**, der letzten größeren Station vor Venedig. Zum Schluss sind es noch gut 30 Kilometer auf der Strada Statale 13 direkt südwärts bis nach Venedig und auf dem langen Zubringer durch die Lagune zu den Parkplätzen am Tronchetto.

Von Kaltenbrunn aus hat man den perfekten Blick auf den Tegernsee.

EINKEHREN

★ HERZOGLICHES BRÄUSTÜBERL TEGERNSEE

Das bekannteste Wirtshaus am Tegernsee befindet sich im Schloss Tegernsee. Eine große Gaststube, herzhafte bayerische Küche mit moderaten Preisen und ein bunt gemischtes Publikum. An Wochenenden ist besonders viel los, dann werden auch die Parkplätze vor dem Lokal knapp.
www.braustuberl.de

★ METZGERWIRT, UDERNS

Klassisches Tiroler Gasthaus im vorderen Zillertal neben der Bundesstraße. Gute regionale Küche und eigene Metzgerei im Haus
www.dermetzgerwirt.at

★ GASTHAUS SCHULHAUS, ZELLBERG

Genießergasthaus heißt das Lokal bei Zell am Ziller, und das trifft es auch. Feine Tiroler Küche in einem klassischen Ambiente mit holzgetäfelten Stuben. Es gibt auch Zimmer und Ferienwohnungen im Haus.
www.schulhaus.tirol

★ LA BUTEGHE DI PIERUTE, TOLMEZZO

In dem etwas abgelegenen romantischen Bergdorf Ilegio, 5 Kilometer von Tolmezzo entfernt, steht dieses rustikale und sehr gemütliche Lokal. Herzhafte friulanische Küche zu recht günstigen Preisen
Tel.: +39 433 411 40

★ LA CASA DEL PROSCIUTTO, SAN DANIELE DEL FRIULI

In dem traditionellen Familienbetrieb kann man den berühmten Schinken nicht nur kaufen, sondern auch in der Osteria nur einige Meter von der Produktion entfernt verkosten.
www.lacasadelprosciutto.com

★ ANTICA TORRE

Kleines und feines Fischrestaurant in einem historischen Stadthaus im Zentrum von Treviso. Gehobene Kategorie
www.anticatorretreviso.it

ÜBERNACHTEN

★ LANDGASTHOF LINDE, STUMM

Ein überaus repräsentatives Landhotel in edelrustikalem Stil mit dezent modernisierten Zimmern und einem guten Restaurant, das auch eine Haube von Gault-Millau hat. Das Haus liegt in Stumm etwas abseits der Bundesstraße.
www.landgasthof-linde.at

★ HOTEL OUTSIDE, MATREI IN OSTTIROL

Komfortables Hotel der Kategorie 4 Sterne im Zentrum von Matrei. Gourmetküche und attraktives Wellnessangebot mit Hallenbad. Es wird auch Day Spa angeboten.
www.hotel-outside.com

★ HOTEL HEUREKA, VENEDIG

Eine faszinierende Kombination aus klassischem venezianischem Palazzo und modernem Designinterieur. Die Chefin des Hauses ist eine Designerin aus Wien. Ruhige Lage abseits des Trubels im nördlichen Viertel Cannaregio
www.hotel-heureka.com

10 Ganz nostalgisch am Tiroler Meer

Schiffsausflüge mitten im Karwendel

Der Achensee, größter See Tirols, hat viele Qualitäten. Er bietet Seglern und Surfern sehr gute Bedingungen. Man kann ihn auch ganz bequem auf den Passagierschiffen der Achenseeschifffahrt erleben. Oder man gönnt sich einen Ausflug zu Fuß oder mit der Seilbahn auf einen der angrenzenden Karwendel-Gipfel und genießt den Blick auf das Tiroler Meer.

Der Achensee ist der größte und deshalb auch beliebteste See in Tirol.
Rechts: Schon seit 1887 verkehren Schiffe auf dem Achensee. Die Routen sind vielfältig und damals wie heute sind sie einen Stopp wert.

Wie ein Fjord an der norwegischen Atlantikküste schmiegt sich der Achensee zwischen die steilen und waldreichen Berge. Der erste Eindruck auf der Fahrt vom Achenpass Richtung Süden täuscht nicht. Der Achensee präsentiert eine intensive Harmonie zwischen Berg und See. Die sanft geschwungenen Konturen der Berge setzen sich am Wasser fort. Die Kombination aus Bergen und Seen hat für die Menschen eine besondere Faszination. Und es bietet eine zusätzliche Fülle an Freizeitoptionen. So ist das auch am Achensee, der mit knapp 7 Quadratkilometern Fläche der größte seiner Art in Tirol ist, zurecht also den Beinamen »das Meer Tirols« trägt. Wir sind hier auf rund 1000 Metern Höhe und mitten im Naturpark Karwendel, das bereits seit knapp 100 Jahren Naturschutzgebiet ist.

Ganz gemütlich mit der alten Achsenseebahn

Achenkirch im Norden, Maurach im Süden und Pertisau am Westufer sind die Hauptorte am See. Tourismus spielt hier natürlich eine wich-

tige Rolle, und das nicht erst seit gestern. Angefangen hat es damit, dass Ende des 19. Jahrhunderts die Äbte des Benediktinerstifts Fiecht bei Schwaz etwas dazuverdienen wollten, und mit dem Bau der Achenseebahn, einer Schmalspur-Zahnradbahn vom Inntal herauf zum See, die Personenschifffahrt aufgenommen wurde. Die nostalgische Achenseebahn gibt es heute noch. Und die Schifffahrt auf dem See gehört zu den Hauptattraktionen. Mittlerweile sind die Schiffe natürlich größer und moderner und werden auch für Veranstaltungen genutzt, wie etwa für Hochzeiten. Andererseits wäre ein nostalgischer Dampfer aus der Gründerzeit ebenso unterhaltsam. Aber wir befinden uns hier ja in einem Naturschutzgebiet. Eine Fahrt auf dem See zum Beispiel von Achenkirch-Scholastika über den Seespitz im Süden bis Pertisau und wieder zurück schafft einen guten Überblick. Man kann die Fahrt mit dem Schiff über den See und auch mit Ausflügen und Spaziergängen in die nähere Umgebung kombinieren.

Die sportliche Seite des Achensees

Beliebt ist der See wegen der guten Windverhältnisse bei Seglern und Surfern, er war auch schon mehrere Male Schauplatz internationaler Wettkämpfe. Wer hier baden möchte, sollte etwas robuster sein. Die Wassertemperaturen steigen kaum über 20 Grad. Und ganz Hartgesottene stürzen sich beim Silvesterschwimmen am letzten Tag des Jahres in die eiskalten Fluten. Wer den See ganz gemütlich von oben bewundern will, der kann das von Pertisau aus gut machen. Mit der Seilbahn geht es auf den Zwölferkogel auf 1510 Meter Höhe. Oben genießt man einen Blick auf fast den gesamten See und kann im Alpengasthaus Karwendel stilgerecht einkehren, inklusive Seeblick auf der Terrasse. Und noch eine Qualität des Achensees sollte man nicht übersehen: Rund um den See, also vor allem in den drei Hauptorten, gibt es eine exzellente Hotellerie mit Häusern, die sich dem Thema Wellness verschrieben haben, wie das Posthotel Achenkirch und das Hotel Kronthaler in Achenkirch.

TOP ★ ERLEBNISSE

★ ATOLL ACHENSEE

Wem das Wasser im See zu frostig ist, der fährt zum Atoll Achensee. Die Bade- und Sporterlebniswelt am Südostufer bei Maurach bietet auf 6500 Quadratmetern einen Spa, einen Infinity Pool auf dem Dach, ein Lakeside Gym, eine Boulder-Halle sowie Seebad, Sports Area und Family Eldorado. www.atoll-achensee.com

★ TIROLER STEINÖL

Ein Öl, das aus Stein gewonnen wird und vielerlei heilsame Wirkungen haben soll? Genau so ist es beim Tiroler Steinöl. Grundstoff ist Ölschiefer, der auf 1500 m Höhe abgebaut wird. Mehr dazu gibt es bei den Tiroler Steinölwerken in Pertisau, wo man auch die Produkte kaufen kann. www.steinoel.at

Die Osttiroler Stadt Lienz ist eine oft unterschätzte Schönheit
Rechts: Im Zentrum der Sonnenstadt Lienz kann man schon ein wenig mediterranes Flair schnuppern.

11 Stilvoller Zwischenstopp in Osttirol

Lienz ist immer noch ein Geheimtipp

Der Hauptort Osttirols ist diskret. Sein schönes historisches Zentrum rund um den Hauptplatz sieht man nur, wenn man einen Stopp mit einem kleinen Spaziergang macht.

Auf den ersten Blick mag Lienz nur eine kleine Stadt sein, aber es ist die Hauptstadt von Osttirol und auch der größte Ort in der Region. Wenn man vom Felbertauern kommt, dann landet man direkt in Lienz auf der meist gut befahrenen Umgehungsstraße. Lienz ist ein wichtiger Verkehrsknotenpunkt, an dem sich die Straßen von Norden vom Felbertauern, vom östlichen Kärnten und dem westlichen Südtirol treffen. Hier lohnt es sich auf alle Fälle, links abzubiegen, sich einen Parkplatz zu suchen und einen Spaziergang in der schönen Altstadt zu machen. Eine gute Gelegenheit, sich nach langer Fahrt etwas die Beine zu vertreten. Der zentrale Punkt ist der Hauptplatz mit der Liebburg, das heutige Rathaus, und dem Antoniuskirchl. Nur wenige Meter sind es zum Franziskanerkloster und zum ehemaligen Bürgerspital. Lienz hat ganz offensichtlich auch eine lange klerikale Historie. Das Wahrzeichen der Stadt befindet sich freilich außerhalb auf einem Hügel rechts der Straße, wenn man von Matrei kommt. Das Schloss Bruck war früher Sitz der Grafen von Görz und beherbergt heute das städtische Museum. Bekannt ist das Museum für seine Sammlung von Werken von Albin Egger-Lienz. Der Osttiroler Maler stammt, wie der Name schon andeutet, aus der Umgebung von Lienz.

Ein Badesee und zwei Skigebiete vor der Haustür

Die Stadt Lienz liegt in einem offenen Talkessel, der viel Sonne abbekommt. Die mächtige Kulisse der Lienzer Dolomiten mit steilen Felswänden hält gebührenden Abstand, was auch kein

Gefühl von Enge aufkommen lässt. Man kann hier in Lienz Spaziergänge unternehmen und auch Ausflüge in der näheren Umgebung. Dazu zählt besonders der Tristacher See ein paar Kilometer weiter südlich mit einem schönen Badestrand, Campingplatz und einem renommierten Hotel direkt am Ufer.
Lienz ist eine Stadt mit viel Lebensqualität. So gibt es direkt am Stadtrand gleich zwei Skigebiete, eines im Südwesten und eines im Norden. Da ist es wenig überraschend, dass etliche internationale erfolgreiche Skisportler aus Lienz stammen, wie etwa Josef Stiegler, Anton Steiner, Werner Grissmann und der Olympiasieger und Hahnenkammgewinner Fritz Strobl. Grissmann ist Organisator eines der größten Events in Osttirol, dem Lienzer Dolomitenmann, einem extremen Staffelwettbewerb mit Berglauf, Paragliding, Mountainbiken und Kajakfahren.

Die fast vergessene Geschichte der Kosaken

Eine wenig bekannte und etwas ungewöhnliche Sehenswürdigkeit gibt es am Hauptplatz in Lienz mit dem Kosakenmuseum. Die kleine private Ausstellung erinnert daran, dass 1945 etliche tausend Kosaken auf der Flucht vor der russischen Armee von Lienz aus deportiert und der russischen Armee ausgeliefert wurden.

TOP ★ ERLEBNISSE

★ TRISTACHER SEE

Gerade in den Sommermonaten ist der See südlich von Lienz der perfekte Ort für eine erfrischende Pause. Er ist zwar zum Großteil von Wald umgeben, hat aber am Nordufer ein schönes Strandbad und am Westufer das Viersternehotel Tristacher See mit einer sehr guten Küche.
www.parkhotel-tristachersee.at

★ DOLOMITENHÜTTE

Gut, der Weg hinauf ist etwas lang und kurvenreich. Aber er lohnt sich. Man fährt etwas mehr als eine Viertelstunde vorbei am Tristacher See hinauf zur Dolomitenhütte, die auf 1616 Metern Höhe spektakulär auf einem Felsvorsprung steht. Gediegenes Hüttenambiente, eine gute Küche und neue, geschmackvolle Zimmer und natürlich die grandiose Aussicht sind gute Gründe für den Ausflug. Parken kann man kurz vor der Hütte.
www.dolomitenhuette.at

12 Unbekannte Schönheiten in den Karnischen Alpen

Ungewöhnliche Begegnungen in den Bergen Friauls

Tolmezzo, die wichtigste Stadt in den Karnischen Alpen, überrascht den Besucher mit einem sehenswerten historischen Zentrum, viel Kultur und guter Küche sowie zahlreichen, wenig bekannten Attraktionen in der Umgebung.

Venzone wurde nach dem großen Erdbeben originalgetreu wieder aufgebaut. Rechts: Von der kleinen Kirche Pieve di San Floriano in Tolmezzo hat man einen sagenhaften Blick ins Tal.

Auf dem Weg vom Plöckenpass Richtung Süden landet man auf einer geraden Strecke direkt am Stadtrand von Tolmezzo. Diese 10.000-Einwohner-Stadt ist das Zentrum der karnischen Region und, wie der erste Eindruck auch vermittelt, ein eher von Industrie geprägter Ort. Aber in Italien hat ein unattraktiver Stadtgürtel nichts zu sagen über das Zentrum. Und so ist es auch in Tolmezzo, dessen Centro Storico wirklich reizvoll ist, weil einem hier vor allem ein ganz normales Leben begegnet, ohne Tourismus. Tolmezzo hat eine lange Geschichte, was auch die vielen historischen Gebäude im Zentrum dokumentieren. Früher gehörte die Stadt zum Gebiet von Aquileia, der ehemaligen römischen Metropole direkt an der Adria, später dann zur Republik Venedig. Typisch für das Borgàt, die Altstadt Tolmezzos, sind die geschichtsträchtigen Palazzi und die Arkadengänge. An mehreren Stellen existieren auch noch Überreste der alten Stadtmauer. Markantes Gebäude ist der Dom San Martino

in der Piazza XX Settembre, der Mitte des 18. Jahrhunderts erbaut wurde. Auffallend sind die opulenten Malereien an der Decke der Kuppel und der Engel als Wetterfahne auf der Kirchturmspitze.

Tolmezzo ist voller Traditionen

Was Kultur und Tradition angeht, hat Tolmezzo eine besondere Attraktion. Das Karnische Museum der Volkskunst »Michele Gortani« im Palazzo Campeis in der Via della Vittoria umfasst eine ungewöhnlich umfangreiche Sammlung mit Exponaten zur Volkskunde und Tradition der Region Karniens vom 14. bis zum 19. Jahrhundert. Benannt wurde das Museum nach einem bedeutenden Sammler von Kunsthandwerk, was auch dem Museum zugute gekommen ist. Insgesamt rund 30 Räume umfasst diese stattliche Sammlung, wobei verschiedene Lebensbereiche rekonstruiert sind, wie Stuben, Schlafzimmer und Küchen sowie die Werkstätten von Schlosser, Tischler und Weber. Auch die Volksreligiösität spielt im Museum eine wichtige Rolle; dazu gibt es eine Sammlung mit historischen Masken und Musikinstrumenten.

Beim berühmten Schinkendorf

Rund um Tolmezzo bieten sich noch einige reizvolle Ausflugsziele an. Dazu gehören das Dorf Resiutta mit dem für seinen guten Knoblauch bekannten Resiatal und das kleine Dorf Illegio etwa 5 Kilometer nördlich, in dessen malerischen historischen Gassen international bedeutende Kunstausstellungen stattfinden. Es sind nicht die einzigen Attraktionen, die nahe an unserer Reiseroute liegen. Da gehören auch das bezaubernde Venzone und das berühmte Schinkendorf San Daniele dazu. Und wer ein paar Kilometer Umweg nicht scheut, kann über das westlich von Tolmezzo gelegene Ampezzo die kurvenreiche Straße hinauf nach Sauris nehmen, wo es ebenfalls einen berühmten und sehr guten Schinken gibt.

TOP ★ ERLEBNISSE

★ VENZONE

Die kleine Stadt Venzone wurde bei dem Erdbeben im Jahr 1976 schwer beschädigt. Die Einwohner widersetzten sich dann den behördlichen Plänen, mit Fertigbauteilen wieder aufzubauen. Heute ist Venzone wegen seines sehenswerten Zentrums Mitglied der Vereinigung der schönsten Dörfer Italiens und eine echte Sehenswürdigkeit. Mehr dazu gibt es im Museum Tiere Motus.
www.venzoneturismo.it

★ SAN DANIELE

Etwa 25 Kilometer südlich von Tolmezzo liegt der weltberühmte kleine Ort auf einem Hügel. Der Schinken, der hier dank eines besonderen Mikroklimas besonders geschmackvoll ist, hat eine lange Tradition. Dazu gibt es genügend Möglichkeiten, ihn zu genießen und zu kaufen.
www.prosciuttosandaniele.it

Treviso hat viel Historie inklusive venezianischer Kanäle und Gassen.
Rechts: Das Prosecco-Anbaugebiet Cison di Valmarino in Treviso (Veneto)

13 Fast wie Venedig, nur ohne Trubel

Der diskrete Nachbar der Lagunenstadt

Treviso ist eine Stadt, die kein Aufhebens um ihre Qualitäten macht. Ein Stück nördlich von Venedig kann man hier ohne die Begleiterscheinungen des Massentourismus gediegenen italienischen Lebensstil mit guter Gastronomie und dank der vielen Kanäle einen Hauch von Venedig entdecken.

Nur 30 Kilometer trennen die Stadt Treviso von der Küste und von der Lagune von Venedig. Treviso hat mit Venedig viel gemeinsam, aber auch viele Unterschiede. Das Markante an dieser Stadt ist, dass sie zwar sehr wohlhabend, aber nicht touristisch ist. Die rund 80.000 Einwohner leben von Handel und Industrie und kaum vom Tourismus. Dabei ist Treviso einen Besuch wert, denn der Wohlstand hat auch dafür gesorgt, dass es hier viele stattliche Bauwerke zu sehen gibt und dass auch die Gastronomie auf einem sehr ansprechenden Niveau ist. Zu den bedeutendsten Sehenswürdigkeiten gehört der Dom Cattedrale di San Pietro, der im 12. Jahrhundert erbaut, im 16. Jahrhundert komplett erneuert und im Zweiten Weltkrieg weitgehend zerstört, später aber wieder aufgebaut wurde. Heute glänzt er im neoklassizistischen Stil.
Gut erhalten sind die alten Stadtmauern. Die Dominikanerkirche San Nicolò mit ihrem prachtvollen Freskenzyklus und die Kirche San Francesco, wo ein Sohn von Dante Alighieri und eine Tochter von Francesco Petrarca begraben sind, gehen bis auf das 13. Jahrhundert

zurück. Keine Frage, Treviso ist ein sehr geschichtsträchtiger Ort, war ja auch früher Teil der Republik Venedig.

Kanäle gibt es auch hier

Die Stadt hat aber auch eine reizvolle Gemeinsamkeit mit Venedig. Treviso hat den Beinamen »Città d'Acque« wegen der vielen Kanäle im Stadtgebiet. Nur mit dem Unterschied zu Venedig, dass die Stadt kaum vom Acqua Alta, den Überschwemmungen heimgesucht wird, und auch die Besucher nicht annähernd so zahlreich kommen. Es gibt hier einfach keinen Massenansturm. Wer rund um den zentralen Platz, der Piazza dei Signori, einen Spaziergang unternimmt, findet viele Geschäfte, Bars und Ristoranti, ganz ohne die üblichen touristischen Begleiterscheinungen. Hier in Treviso ist das Risiko, in einem überteuerten und schlechten Lokal zu landen, erheblich geringer als in Venedig, denn hier bestimmt die Nachfrage der Einheimischen die Qualität des Angebots. Eine besonders typische und sehenswerte Attraktion ist die Isola della Pescheria, ein traditioneller Fischmarkt auf einer von Kanälen umgebenen Insel.

Und weil gerade vom Essen die Rede ist: Der Legende zufolge soll in Treviso das Tiramisu erfunden worden sein. Damals kreiert und zubereitet mit der hauptsächlichen Absicht, ein Elixier aus Eiern, Mascarpone, Kaffee, Zucker und Alkohol zu fertigen. Übersetzt heißt Tiramisu ja auch »zieh mich herauf«. Jedenfalls ist das Tiramisu hier sehr präsent, und es scheint in den Lokalen eine Art Grundnahrungsmittel zu sein. Eine andere Spezialität von Treviso ist der Radicchio Trevigiano. Dieser in Italien sehr populäre, in Deutschland aber weitgehend unbekannte Radicchio hat wesentlich längere und schmalere Blätter und einen milderen Geschmack.

TOP★ERLEBNISSE

★ MUSEO LUIGI BAILO

Der 1932 verstorbene Kunstsammler Luigi Bailo legte den Grundstein für die Ausstellung. Dafür wurde vor einigen Jahren ein ehemaliges Jesuitenkloster umfassend renoviert und modernisiert. Zu sehen gibt es neben einer archäologischen Abteilung die Pinakothek mit Werken von der Renaissance bis zum 20. Jahrhundert, wie etwa von Tiepolo, Tizian, Jacopo da Bassano und Sebastiano Ricci.
www.museicivicitreviso.it

★ VILLA MARIGNANA BENETTON

Diese prachtvolle Villa in einem 20.000 Quadratmeter großen Park in Mogliano Veneto zwischen Treviso und Venedig ist eine Galerie mit Skulpturen von Toni Benetton und Eventlocation für Feste und Ausstellungen zugleich.
www.villamarignanabenetton.com

★ DOMUS DOTTI

Der herrschaftliche Palazzo im Zentrum von Treviso ist ein ideales Quartier für Menschen, die gerne historisch und romantisch logieren. Ein Bed & Breakfast ohne Restaurantservice; zentrale Lage ohne eigenen Parkplatz
www.domusdotti5.it

Die Große Dolomitenstraße

Von Bozen nach Cortina d'Ampezzo

Für die Erschließung der Alpen hatte diese Straße quer durch die Dolomiten historische Bedeutung. 1909 wurde sie eröffnet und ist heute eine der schönsten Strecken in den Dolomiten.

Typisch für Canazei im Fassatal ist die italienische alpine Architektur.
Unten: Die Rosengarten-Gruppe gehört zum UNESCO-Weltnaturerbe Dolomiten.

Das waren noch ganz andere Zeiten. Ende des 19. Jahrhunderts wollte man eine Straße quer durch die Dolomiten zu Ehren des Kaisers bauen. Damals gehörten die Dolomiten noch zum österreichisch-ungarischen Kaiserreich. Die Strecke von 1 **Bozen** bis Cortina sollte anlässlich des 50-jährigen Thronjubiläums von Kaiser Franz Joseph eröffnet werden. Doch aus dem angestrebten Eröffnungstermin 1898 wurde nichts. Bis 1909 sollte es dauern, dass die Straße fertig wurde. Zu groß war der Arbeitsaufwand auf den Wegen über die Pässe. Mit diesem Mammutprojekt sollten auch die Berge für den aufstrebenden Tourismus leichter erreichbar werden. Allerdings war mit dem bald folgenden Kriegsausbruch vorerst Schluss. Aber langfristig war so eine Straße natürlich sinnvoll.
Heute gehört sie zu den beliebtesten und schönsten Routen in den Alpen. Sie führt in Ost-West-Richtung auf einer Länge von 110 Kilometern durch die Berge, passiert dabei die drei italienischen Provinzen Bozen, Trient und Belluno und damit auch die drei Regionen Südtirol, Trentino und Veneto. Die drei Pässe 2 **Karerpass**, Pordoijoch und Falzarego sorgen für viele Kurven und Höhenmeter und reichlich Abwechslung. Aber schließlich fährt man durch

Toureninfo

Start: Bozen
Ziel: Cortina d'Ampezzo
Länge: 110 Kilometer
Fahrtzeit: 2,5 Stunden

die Dolomiten, und da ist es ganz normal, dass man kurvenreich und mit größeren Höhenunterschieden unterwegs ist.

Wo Winston Churchill gerne Urlaub machte

Die Fahrt beginnt gleich ziemlich alpin. Doch zuerst heißt es, aus der Stadt Bozen rauszukommen. Dazu fährt man vom Bahnhof auf der Brennerstraße nordwärts, vorbei an der Seilbahn hinauf zum Ritten und dann weiter über die Eisack bis zu einem Kreisverkehr. Ab dort folgt man rechts der Staatsstraße 241 ins Eggental Richtung Welschnofen und Karerpass. Die Straße wird bald von steilen Felswänden eingerahmt, man passiert längere Tunnel und fährt weiter bergauf. Erste Ortschaft ist Birchabruck, wo sich die Straße gabelt und man sich links Richtung Welschnofen hält. Nach weiteren 4 Kilometern ist Welschnofen erreicht, wo

Viele enge Kurven führen zum Pordoipass.

man mit der Straße ein paar enge Kurven absolviert, dann rechts Kurs Richtung Karerpass nimmt. Nach dem Hotel Adler folgt eine längere Passage durch den Wald, bei der man kurz vor dem Pass rechts unten den dunklen Karersee sehen kann. Bald kommen die ersten Häuser und man sieht links neben der Straße das altehrwürdige Grandhotel Karersee. Ein historisches Hotel mit einem herrlichen Speisesaal und Hallenbad, wo schon Winston Churchill und Agatha Christie logiert haben, das heute aber ein Timesharing-Gebäude mit vielen verschiedenen Eigentümern ist. Kurz danach geht es vorbei an Skiliften und über die Grenze zum Trentino und hinunter ins **3 Val di Fassa**. Die Straße schlängelt sich vorbei am mächtigen Rosengartenmassiv und erreicht unten im Tal die Ortschaft Vigo di Fassa.

Berühmte Dolomitenpässe

Das Fassatal führt nun in östlicher Richtung weiter, streift dabei berühmte Dolomitengipfel, wie das Sellamassiv links und die Marmolada rechts. Am Ende des Tales passiert man auf der gut ausgebauten und fast flachen Straße die bekannten Urlaubsorte Campitello und Canazei. In Canazei biegt man nun links ab Richtung Sellajoch, fährt mit einigen Kurven weiter bergauf und folgt bald rechts der Straße Richtung Pordoijoch weiter nach Osten. Auf dieser Fahrt kreuzen wir das weitläufige Skigebiet rund um Canazei und Pordoi bis Arabba. Das Pordoijoch ist mit 2239 Metern der höchste Punkt auf dieser Fahrt, bietet entsprechend schöne Aussichten Richtung Marmolada, Sella und Tofana. Man könnte auf dem Pass auch einen Abstecher weiter mit der Seilbahn hinauf zum Pordoi machen. Danach bringt uns die Reise wieder bergab. Nächste Zwischenstation ist nach rund neun kurvenreichen Kilometern der kleine Skiort Arabba mit mehreren Seilbahnen zur Porta Vescovo hinauf, hinter der sich das Marmolada-Massiv versteckt.

Berge wie riesige Kunstwerke

Mittlerweile sind wir vom Trentino ins Veneto gewechselt. Die Fahrt verläuft nun zielstrebig nach Osten bis Livinallungo, macht dann einen Bogen links und allmählich mit etlichen Kurven hinauf zum Falzaregopass. Wir umfahren dabei den Col di Lana, der im Ersten Weltkrieg Schauplatz dramatischer und verlustreicher Schlachten war und von den kämpfenden Truppen umfangreich untertunnelt worden ist. Daran erinnern diverse Gedenkstätten und Soldatenfriedhöfe sowie eine Kapelle auf dem Gipfel. Auch der Gipfel des Lagazuoi oben auf der Passhöhe war ein historischer Kriegsschauplatz, und es führt auch eine Seilbahn hinauf zum Gipfel. Die Aussicht dort oben ist grandios. Im Winter führt eine der schönsten Skiabfahrten in den Dolomiten auf der Rückseite hinunter nach Alta Badia. Pässe folgen nun keine mehr auf dem letzten Abschnitt nach Cortina d'Ampezzo. Dafür geht es auf der gut ausgebauten Straße vorbei an einer bezaubernden Berglandschaft. Links baut sich die Tofana auf. Rechts sieht man die Felsmonumente der Cinque Torri und rechts im Hintergrund die mächtige Civetta. Kurz vor **4 Cortina d'Ampezzo** in Pocol kommen noch einmal einige abschließende Serpentinen, dann rollt man entspannt ins Zentrum und ist am Ziel.

EINKEHREN

★ GASTHAUS VÖGELE
Eines der traditionsreichsten und auch bei den Einheimischen beliebtesten Wirtshäuser in Bozen. Sehr zentral direkt am Obstmarkt in der Fußgängerzone gelegen. Klassische Südtiroler und italienische Küche
www.voegele.it

★ QC TERME
Neues und modernes Erlebnisbad in Pozza di Fassa mit elegantem Interieur und guter Gastronomie. Etwas außerhalb rechts oberhalb der Talstraße
www.qcterme.com

★ RISTORANTE EL CIANTON, CANAZEI
Elegantes Gourmetrestaurant mit nur zwölf Tischen und mit Michelinstern ausgezeichneter klassischer italienischer Küche. Zentrale Lage in einem großen Dreisternehotel
www.elcianton.com

★ RIFUGIO AVERAU
Die herrlich gelegene Hütte unweit des Falzaregopasses ist bekannt für ihre exzellente Küche. Um hinzukommen, parkt man an der Straße in Bai de Dones, fährt mit dem 5 Torri-Sessellift hoch, geht etwa einen Kilometer zum nächsten Lift, dem Averau-Lift, und kommt direkt zu der geräumigen Hütte. Unbedingt reservieren. Man kann dort oben auf 2413 Metern auch komfortabel nächtigen.
www.rifugioaverau.it

★ RISTORANTE CIANZIA, BORCA DI CADORE
Ein paar Kilometer südlich von Cortina d'Ampezzo kombiniert das Lokal sympathisch rustikales Ambiente mit einer vorzüglichen Slow-Food-Küche mit regionalen Gerichten und ebensolchen Zutaten.
Tel.: +39 435 48 21 19

ÜBERNACHTEN

★ GASTHOF KOHLERN, BOZEN
Etwas umständlich zu erreichen mit der Seilbahn von Bozen oder auf der 8 Kilometer langen kurvenreichen Straße bergauf. Aber die Aussicht auf Bozen ist spektakulär, das Ambiente stilvoll klassisch und die Küche ist ebenfalls die Reise wert.
www.kohlern.com

★ HOTEL AL FORTE, ARABBA
Ungewöhnliches Viersternehotel etwa 4 Kilometer östlich von Arabba an der Straße. Das Hotel war ursprünglich eine Festung, die 1897 von den Österreichern erbaut wurde. Klassisch rustikales Ambiente in den Zimmern, regionale Küche und ein sehr rustikaler Wellnessbereich
www.alforte.com

★ BAITA FRAINA, CORTINA D'AMPEZZO
Ein gemütlicher Berggasthof etwas außerhalb südöstlich von Cortina d'Ampezzo in schöner Lage. Sechs sehr stilvolle Zimmer mit viel Holz, dazu eine gute regionale Küche und gut sortierter Weinkeller
www.baitafraina.it

14 In der Hauptstadt Südtirols

Spaziergänge mit Lauben und Obstmarkt

Bozen hat ganz offensichtlich viele und sehr unterschiedliche Qualitäten. Hier die eleganten Geschäfte und Lokale in der Fußgängerzone und rund um den Waltherplatz, dort die Berge vor der Haustür mit viel alpiner Romantik und verborgenen Schönheiten.

In der Bozener Altstadt trifft mediterranes auf alpines Flair – eine besondere Mischung. Rechts: Waltherplatz, Laubengänge und der Obstmarkt laden zu einem Besuch ein.

Die Landeshauptstadt von Südtirol liegt in einem weiten Talkessel auf etwa 260 Metern Höhe. Das hat für den Besucher den Vorteil, dass es im Winter relativ mild ist, es im Sommer schön, aber zuweilen recht heiß werden kann. Bozen liegt am Zusammenfluss von Etsch, Eisack und Talfer und direkt an der Brennerautobahn, ist mit selbiger mit zwei Ausfahrten verbunden. Der weite sonnenreiche Talkessel, der von Bergzügen wie dem Ritten, Jenesien und Kohlern umgeben ist, schafft eine besondere Qualität. In Bozen kann man am Vormittag für ein paar Stunden einen Ausflug auf den Berg vornehmen, wobei es zu jedem der drei Höhenzüge Seilbahnverbindungen gibt, und am Nachmittag einen Bummel durch die Fußgängerzone machen. Dabei stellt man schnell fest, dass Bozen eine wohlhabende und damit auch teure Einkaufsstadt ist. In den einschlägigen Passagen rund um den Waltherplatz und in den Lauben gibt es viele noble Mode- und Schuhläden und auch viel Gastronomie der gehobenen Kategorie. Gastronomisch hat Bozen einen ganz speziellen Reiz. Südtirol hat grundsätzlich den Vorteil, dass man dort die traditionelle Südtiroler Küche, die eine recht alpine und rustikale ist, genießen kann und ebenso die klassisch italienische Küche. Das ist

auch kein Wunder, denn in Bozen leben zu drei Viertel Italienisch sprechende Menschen.

Auch die Berge rund um Bozen haben viel zu bieten

Ein Nachteil von Bozen sind die Verkehrsverhältnisse. Es ist sehr beengt im Zentrum, die Fahrt mit dem Auto dorthin kann lange dauern. Und Parkplätze sind logischerweise vor allem an Samstagen nicht immer leicht zu finden. Mit etwas Glück ergattert man einen freien Platz in der Walther-Garage direkt unter dem Waltherplatz und hat damit einen Ausgangspunkt, der zentraler nicht sein könnte. Wer nicht nur eine kurze Zwischenstation macht, sondern länger in der Stadt bleiben möchte, für den könnte es interessant sein, sich ein Quartier am Stadtrand zu suchen. Dort kann man sich im Hotel ein Rad ausleihen und so kurze Strecken schnell und bequem und ganz ohne Parkplatzsuche absolvieren. Für die Bozner ist es ganz selbstverständlich, kurze Wege mit dem Rad zurückzulegen. Praktisch ist in Bozen, dass die meisten Sehenswürdigkeiten ziemlich zentral liegen. Vom Waltherplatz mitten in der Stadt kann man zu Fuß zum Dom, zum archäologischen Museum, zum Talferufer und auch zur modernen Seilbahn laufen, mit der man in wenigen Minuten hinauf zum Ritten kommt. Der malerische Höhenzug am Nordrand von Bozen ist auch für die Einheimischen ein beliebtes Ausflugsziel, und das vor allem an den heißen Hochsommertagen. Sowohl am Ritten als auch auf Jenesien und dem wenig bekannten, aber sehr romantischen Höhenzug Kohlern gibt es bezaubernde Hotels mit spektakulären Aussichten auf die Stadt und die umliegenden Berge bis weit in die Dolomiten.

TOP ★ ERLEBNISSE

★ WALTHERPLATZ UND LAUBEN

Das Wahrzeichen und die gute Stube von Bozen. Der im gotischen Stil gebaute Dom Maria Himmelfahrt prägt die Skyline der Stadt und geht bis auf das 12. Jahrhundert zurück. Wenige Meter sind es vom Dom zum weitläufigen Waltherplatz mit vielen Kaffeehäusern und Bars, Geschäften und Geschäftspassagen. Praktisch um die Ecke kommt man zu den berühmten Lauben, ebenfalls eine beliebte Shoppingstraße. Hier kann man dank Fußgängerzone auch entspannt flanieren. Unter dem Waltherplatz gibt es eine große Tiefgarage.
www.bolzano-bozen.it

★ SCHLOSS SIGMUNDSKRON

Die alte Burgruine südwestlich von Bozen war trotz aussichtsreicher Lage viele Jahre unbeachtet. Bis 2006 eines der Museen von Reinhold Messner eröffnet wurde. Heute kann man dort einen Spaziergang durch die historische Anlage mit eindrucksvollen Einbauten und vielen Exponaten zur Geschichte des Alpinismus machen.
www.messner-mountain-museum.it

Die spektakulären Felswände des Rosengartens oberhalb des Karerpasses
Rechts: Immer wieder bieten sich vom Pass aus sensationelle Blicke in die Dolomiten.

15 Auf den Spuren der Prominenz am Karerpass

Ein kleiner Ort mit großen Geschichten

Für die Menschen in Bozen liegt er praktisch vor der Haustür und hat dabei viel zu bieten. Dazu gehören neben der grandiosen Aussicht auf die berühmten Gipfel in der Umgebung auch der romantische Karersee und das Grand Hotel mit seiner außergewöhnlichen Historie.

Es ist die erste Zwischenstation bei der Fahrt auf der Großen Dolomitenstraße und es ist offensichtlich ein ganz besonderer Platz. Auf den ersten Blick wirkt natürlich die herrliche Aussicht in alle Himmelsrichtungen inklusive der mächtigen Felswände von Schlern und Rosengarten im Norden. Der Karerpass, der etwa 20 Kilometer von Bozen entfernt auf 1752 Metern Höhe liegt, hat eine ungewöhnliche Geschichte, an der viele Prominente nicht unbeteiligt sind. Eine kurze Pause oben auf der Passhöhe tut auch gut nach den vielen Kurven bergauf durch den Bergwald. Schon früh wollte man mit der Straße über den Pass die Berge erschließen, startete bereits 1861 mit den Bauarbeiten von Bozen aus. Allerdings zog sich die Fertigstellung sehr in die Länge, die Straße bis zur Passhöhe konnte erst 1895 in Betrieb genommen werden. In den 1930er-Jahren unter der Regierung von Benito Mussolini wurde die Straße erweitert und modernisiert. Aber auch in der jüngeren Vergangenheit kam es zu Renovierungsarbeiten, die teilweise durch heftige Unwetter und entsprechende Schäden bedingt waren.

Viele Prominente zog es ins Grand Hotel

Die auffallendste Sehenswürdigkeit oben auf der Passhöhe ist das historische Grand Hotel, das 1896 eröffnet wurde. Initiator war der Hotelier Theodor Christomannos, der bereits in Sulden ein ähnliches Großprojekt realisiert und sich dabei an den damals neuen und erfolgreichen großen Hotels in den Schweizer Bergen orientiert hatte. Heute ist das Grand Hotel ein Haus mit mehreren hundert Besitzern, die ihre Appartements im Timesharing-System oder als klassische Hotelzimmer vermarkten. Doch damals war das Grand Hotel eine richtige Sensation mit 170 Zimmern, einem Hallenbad, einem Golfplatz und vielen prominenten Besuchern. 1897 verbrachte Kaiserin Elisabeth einen Urlaub im Hotel. Agatha Christie und Karl May waren ebenso Stammgäste wie einige Jahrzehnte später der englische Premierminister Winston Churchill. Churchill liebte diese Gegend, vor allem den kleinen und verborgenen Karersee etwas unterhalb der Passhöhe, weil er hier ungestört seinem Hobby, der Malerei, nachgehen konnte. Von der historischen Einrichtung des Hotels ist heute auch noch einiges zu sehen.

Hier Südtirol, dort Italien

In den letzten Jahrzehnten ist es etwas still geworden um den Karerpass. Im Winter gibt es ein kleines Skigebiet, das zuletzt von einem hiesigen Unternehmer übernommen und renoviert wurde. Im Sommer ist es ein beliebter Ausgangsort für Wanderungen und Bergtouren im Rosengarten-Gebiet. Vor allem Italiener nutzen die Siedlungen rund um die Passhöhe als Zweitwohnsitz, es gibt direkt bei den Skiliften zwischen der Passstraße und der Angerle Alm eine größere Ansammlung von Chalets. Eine Attraktion ist nach wie vor die Neun-Loch-Golfanlage direkt neben der Passhöhe – eine der höchstgelegenen in ganz Südtirol.

TOP ★ ERLEBNISSE

★ KARERSEE

Nicht nur für Landschaftsmaler übt der kleine See etwas unterhalb der Passhöhe auf 1520 Metern Höhe eine besondere Faszination aus. Eine magische Atmosphäre mit dem dunkelgrün schimmernden Wasser und der archaischen Naturlandschaft. Es ist kein Zufall, dass sich um den Karersee etliche Fabeln und Legenden ranken. Direkt an der Straße beim See gibt es Parkplätze und eine Imbissbar.

★ CHRISTOMANNOS-DENKMAL

Oberhalb der Paolina-Hütte, die man mit einem Sessellift erreichen kann, steht ein knapp 3 Meter hoher Adler aus Bronze. Das Denkmal ist dem Tourismuspionier Theodor Christomannos gewidmet, der sich für den Ausbau der Straße und den Bau des Grand Hotels engagierte. Die Statue wurde 1912 an diesem exponierten Platz errichtet und 1959 wiederaufgebaut. Ein beliebter Platz vor allem auch für Hobbyfotografen.

16 Auf der Südseite der Dolomiten im Val di Fassa

Auf der italienischen Seite des berühmten Gebirges

Die italienische Seite der Dolomiten hat neben dramatischen Bergkulissen einige bekannte Urlaubsorte und viele sportliche Attraktionen zu bieten.

Es ist mit nur rund 25 Kilometern kein sehr langes Tal, aber es bietet eine grandiose Kulisse und viele berühmte Sehenswürdigkeiten. Das Fassatal, auf Italienisch Val di Fassa, liegt auf der Südseite der großen Dolomitengipfel Rosengarten, Sella, Langkofel und direkt angrenzend an die Marmolada. Das macht das Fassatal zu einem der populärsten Täler in der gesamten Dolomitenregion. Im Winter kommen die Gäste wegen des riesigen Skigebiets rund um das Fassatal, Gröden und Alta Badia. Ein Teil der berühmten Sella Ronda, der Skirunde um das Sellamassiv, führt durch das Fassatal. Überhaupt ist das Tal eine sehr sportliche Gegend. Im Winter findet seit Jahren der berühmte Volkslanglauf Marcialonga zwischen Moena und Canazei statt. Für die 70 Kilometer lange Strecke brauchen die besten Langläufer nur knapp über 3 Stunden. Und im Sommer gibt es unzählige Möglichkeiten für schöne Bergtouren von gemütlich bis extrem anspruchsvoll. Das Tal verläuft in Ost-West-Richtung entlang des Flusses Avisio und hat im Westen mit dem Fleimstal eine direkte Verlängerung. Typisch für das Fassatal ist der Kontrast zwischen den steilen mächtigen Bergen rechts und links und dem offenen, flachen Talboden, der nach Osten nur sanft ansteigt. Die Hauptorte sind Pozza di Fassa, Moena, Campitello und Canazei.

Das Bergdorf Soraga im Fassatal
Rechts: Die alpine Architektur ist hier allgegenwärtig.

Cucina italiana auf der Hütte

Entlang der Talstraße bietet das Tal eine sehr gute touristische Infrastruktur mit vielen Hotels, Pensionen und Agriturismo-Betrieben. In gastronomischer Hinsicht kombiniert Fassa eine rustikale alpine Küche mit den Klassikern der mediterranen Küche. Speck und Knödel sind hier ebenso zuhause wie Pasta und Prosciutto. Das repräsentiert auch die Top-Gastronomie, wie das Ristorante Malga Panna in einem Berggasthaus, das man von Moena aus auf einer kurvenreichen Straße bergauf erreichen kann. Ein Umweg zwar, doch der lohnt sich.

Links Sella, rechts die Marmolada

Die vier erwähnten Hauptorte Pozza di Fassa, Moena, Campitello und Canazei sind jeder für sich sehr unterschiedlich. Während Pozza di Fassa und auch Moena noch relativ viel traditionelles Leben repräsentieren, sind Campitello und Canazei sehr stark auf den Tourismus ausgerichtet, was auch der direkte Zugang zum großen Skigebiet mit Gröden und Alta Badia mit beeinflusst. In Canazei gabelt sich die Talstraße, links geht es hinauf Richtung Sellajoch, Gröden und Pordoipass; rechts zieht die Straße geradeaus über Alba di Canazei Richtung Fedaia-Stausee und Marmolada.
Übrigens hat das Val di Fassa auch reizvolle Seitentäler, wie das Val di San Nicolò und das Val Monzoni bei Pozza di Fassa. Und reizvoll wäre auch ein Abstecher von Moena hinauf zum San-Pellegrino-Pass bis zum abgelegenen Bergdorf Falcade. Vom San-Pellegrino-Pass führt eine Seilbahn hinauf zum Col Margherita auf 2514 Meter, wo ein geniales 360-Grad-Panorama wartet.

TOP ★ ERLEBNISSE

★ LADINISCHES MUSEUM

Die ladinische Kultur ist ebenso wie die Sprache in diesem Tal sehr lebendig. Wer mehr dazu erfahren will, ist in dem ladinischen Museum im Fassatal genau richtig. Im Hauptsitz in Pozza di Fassa gibt es an 15 interaktiven Stationen rund 60 Filme, dazu eine umfassende Ausstellung zu verschiedenen Themen der ladinischen Kultur. Außerdem befinden sich im Tal noch fünf lokale Standorte des Museums, wie das venezianische Sägewerk in Penìa, der Schießstand Casino di Bersaglio in Campitello und die Mühle in Pera.
www.istladin.net

★ QC TERME

Ein neues Erlebnisbad am Ortsrand von Pozza di Fassa mit sehr elegantem Interieur und einem umfangreichen Wellness-Parcours mit Pools, Hydromassagen, Wasserfällen, Saunen, Salzraum und Ruheraum sowie einem weitläufigen Außenbereich und dazu eine sehr gute Gastronomie.
www.qcterme.com

Die dramatische Kulisse der Dolomiten trägt viel zum Image von Cortina d'Ampezzo bei.
Rechts: Flanieren auf dem Corso Italia in Cortina

17 Der High-Society-Klassiker

Edel und exklusiv in Cortina d'Ampezzo

Cortina d`Ampezzo zählt zu den berühmten Luxusdestinationen in den Alpen, hat aber auch passend zur traumhaft schönen Landschaft Tradition und Bodenständigkeit.

Was in Österreich Kitzbühel und in der Schweiz Sankt Moritz ist, das bedeutet für die Italiener Cortina d'Ampezzo. Zumindest war das so bis in die 1980er- und 1990er-Jahre. Die Stadt mit ihren knapp 6000 Einwohnern auf rund 1200 Metern Höhe zu Füßen der mächtigen Gipfel von Monte Cristallo und Tofana ist seit vielen Jahre der Inbegriff des Luxusurlaubs in den Dolomiten. Lange Zeit galt es als chic, eine Zweitwohnung in Cortina d'Ampezzo zu haben, reiche und berühmte Italiener siedelten sich hier an, die Immobilienpreise stiegen extrem. Ab den 1980er-Jahren hat das merklich nachgelassen, es wurde kaum etwas in die Infrastruktur investiert, und damit sind auch die exorbitanten Preise gesunken.

Vom Corso Italia zu Kokoschka

Geblieben sind in Cortina auf alle Fälle die herrliche Lage mit der dramatischen Bergkulisse und die Möglichkeit zu unterschiedlichen Bergtouren im Sommer sowie der Anschluss an das weitläufige Skigebiet, das zum Verbund Dolomiti Superski gehört. Es gibt aber auch nicht wenige Besucher, denen es genügt, einfach nur im Corso Italia unterwegs zu sein, der berühmten Fußgängerzone mit zielgruppengerecht-teuren Geschäften. Im Corso Italia kann man sich aber auch mit der Kultur und Geschichte des Ortes beschäftigen, zu der vor allem die vor wenigen Jahren umfangreich renovierte Pfarrkirche Basilica dei Santi Filippo e Giacomo mit ihrem kantigen und hohen Cam-

panile gehört. Die Kirche enthält einen sehenswerten Freskenzyklus des Tiroler Malers Franz Anton Zeiler. Sehenswert ist auch das Museum für moderne Kunst »Mario Rimoldi«, benannt nach dem Kunstsammler, dessen Witwe die Ausstellung mit Exponaten von Kokoschka bis de Chirico ermöglichte.

Auch der rosarote Panther war schon hier

Bekannt ist Cortina als Austragungsort der Olympischen Winterspiele 1956, wo Toni Sailer sämtliche Skirennen gewann und als künftiger Austragungsort 2026, wobei man sich das mit Mailand teilen wird. In den glorreichen Zeiten der 1960er- und 1970er-Jahre war Cortina d'Ampezzo Schauplatz internationaler Filmproduktionen, wie »James Bond«, »Cliffhanger« mit Sylvester Stallone oder dem »Rosaroten Panther« mit Peter Sellers.

Ein Großteil der Sehenswürdigkeiten, die man mit Cortina in Verbindung bringt, befinden sich außerhalb des Ortes. Es lohnt sich also, einen Besuch der Stadt mit ein paar Ausflügen zu verbinden.

Entlang der Strecke über den Falzaregopass hinunter nach Cortina d'Ampezzo lohnt ein Abstecher rechts zu den Cinque Torri, eine bezaubernde Berglandschaft mit Felsformationen, die wie gigantische Kunstwerke wirken. Dort könnte man eine Wanderung oder eine Fahrt mit dem Sessellift hinauf zur Averau-Hütte auf 2413 Metern Höhe machen, die für ihre exzellente regionale Küche und für eine herrliche Aussicht bekannt ist. Noch spektakulärer ist die Lage der benachbarten Nuvolau-Hütte auf dem gleichnamigen Gipfel auf 2575 Metern. Dorthin kommt man allerdings nur zu Fuß.

TOP ★ ERLEBNISSE

★ MISURINASEE

Eine geniale Kulisse für Spaziergänge ist der bekannte See auf 1756 Metern Höhe rund 15 Kilometer nordöstlich von Cortina d'Ampezzo. Entlang des Ufers gibt es mehrere Hotels, darunter das klassische Grand Hotel, und einen Campingplatz. Rund um den See gibt es einen gemütlichen Wanderweg. Dauer etwa eine Dreiviertelstunde

★ AURONZO-HÜTTE UND DREI ZINNEN

Dieser Ausflug ist nicht wirklich originell, aber wer es noch nicht gesehen hat, sollte das einmal tun. Vom Misurinasee kann man mit dem Auto (gebührenpflichtig und sehr teuer) oder mit dem Linienbus zur Auronzohütte fahren und eine leichte Rundwanderung um die Drei Zinnen auf die spektakuläre Nordseite zur Drei-Zinnen-Hütte machen. Billiger und gesünder ist es zu Fuß oder mit dem Bike bzw. E-Bike.

★ RISTORANTE CIANZIA, BORCA DI CADORE

Ein paar Kilometer südlich von Cortina d'Ampezzo kombiniert das Lokal sympathisch rustikales Ambiente mit einer vorzüglichen Slow-Food-Küche mit regionalen Gerichten und ebensolchen Zutaten.
Tel.: +39 0435 48 21 19

Der Dolomitenklassiker Sella Ronda

Eine Runde mit vier legendären Pässen

Sie ist nicht nur für Auto- und Motorradfahrer ein Klassiker. Die Sella Ronda ist auch bei Radsportlern eine Legende. Die Rundfahrt im Herzen der Dolomiten von Corvara aus mit den vier berühmten Pässen Campolongo, Pordoi, Sella und Grödner Joch verwöhnt mit spektakulären Aussichten, sodass es fast unmöglich ist, nicht zu stoppen und einfach zu schauen und zu staunen.

Die urigen Berghütten sind typisch für das Grödner Tal.
Unten: Auch die Biker schätzen die Straßen rund um Corvara.

Die Zahlen sind eindrucksvoll, aber sie werden der Strecke nicht gerecht. 51 Kilometer, 1770 Höhenmeter und geschätzte 170 Kurven. Die Sella Ronda ist nicht nur die berühmteste Bergstrecke in den Dolomiten, sie gehört zu den alpinen Legenden. Für das berühmte Radrennen Giro d'Italia ist die Ronda ein Pflichtprogramm. Und sie begeistert jedes Jahr Tausende von Auto- und Motorradfahrern ebenso wie Radsportler, die sich mit ihren leichten Rennrädern hinaufquälen. Für Radfahrer gibt es seit einigen Jahren auch autofreie Tage, die sehr beliebt sind. Mit dem Auto ist das Erlebnis am besten, wenn man während der Hauptsaison im Sommer an Wochentagen unterwegs ist.

Von Corvara zum Campolongo

Für diese Tour ist Corvara in 1 **Alta Badia** der Ausgangsort. Corvara ist ein eleganter Ferienort mit vielen Hotels, der für Dolomitenverhältnisse viel Platz bietet. Hier spürt man keine

Toureninfo

Start: Corvara
Ziel: Corvara
Länge: 51 Kilometer
Dauer: 2 Stunden
Beste Reisezeit: Mai bis Oktober

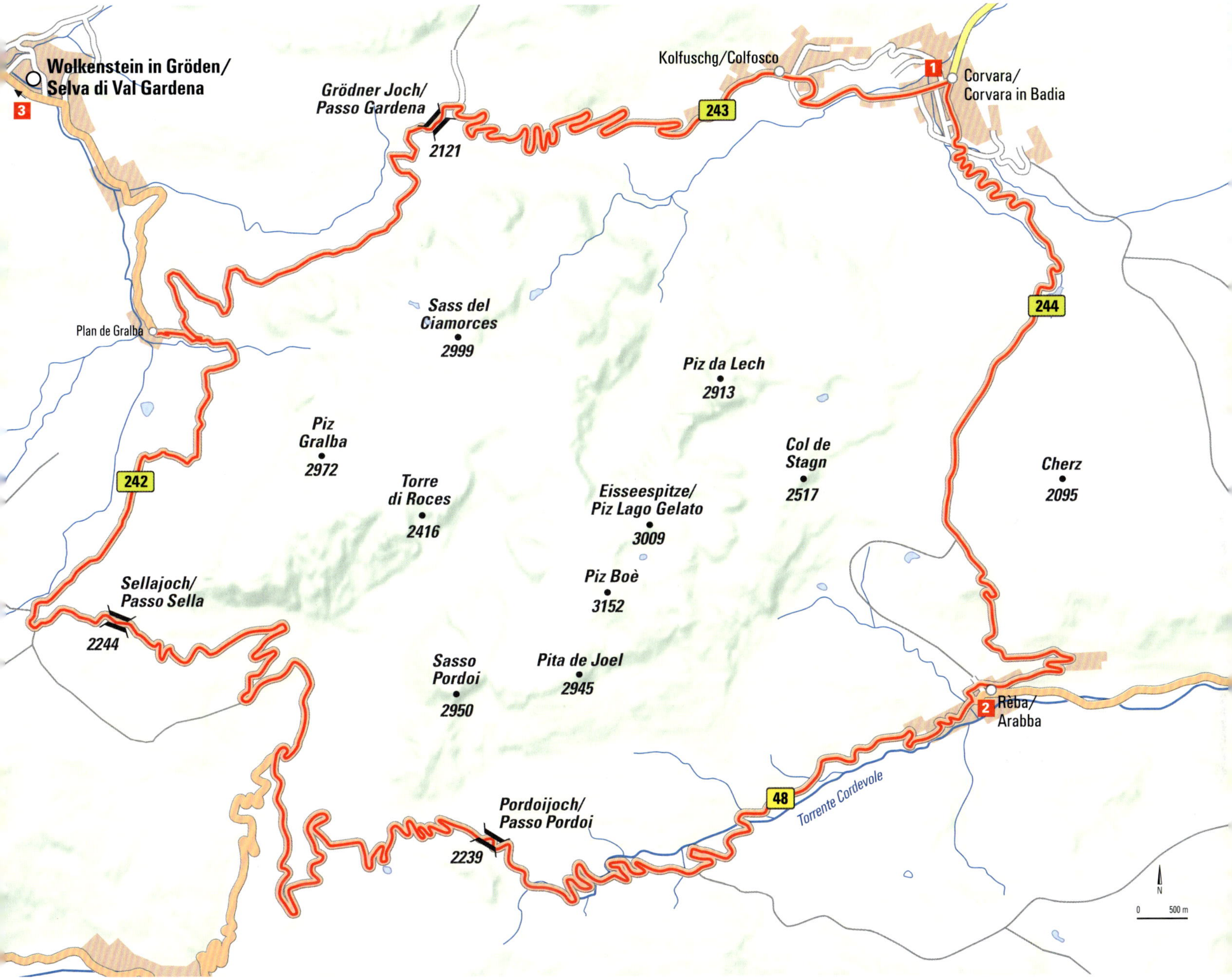

Enge. Hier wirkt alles sehr frei und luftig. Und man findet auch relativ leicht einen Parkplatz. Welche Richtung man die Runde fährt, ist im Prinzip egal. In diesem Fall soll der Campolongopass das erste Ziel sein. Es ist ein Pass zum Einfahren, der noch relativ leicht und auch nicht sehr hoch ist mit 1875 Metern. Vorbei am Hotel Posta Zirm geht es zum Ortsrand, wo die ersten Serpentinen warten. Ein Warmup sozusagen. Ein gutes Dutzend Kehren später wird die Straße gefälliger, führt fast gerade am schön gelegenen Golfklub und zwei Liftanlagen vorbei. Danach verläuft die Straße fast schnurgerade bis zur Passhöhe. Kurz nach der Residence Campolongo folgen wieder Kurven, doch diesmal bergab Richtung 2 **Arabba**. Der eindrucksvoll zwischen hohen Bergen und direkt zu Füßen der 2518 Meter hohen Porta Vescovo gelegene Wintersportort ist eine erste Zwischenstation. Links leuchtet im Hintergrund

Am Pordoipass und am Grödner Joch gibt es schneebedeckte Straßen nicht nur im Winter.
Unten: Skifahrer an der Sella Ronda

die Marmolada. Vom Zentrum in Arabba geht es westwärts zur längsten Bergauffahrt. Gute 9 Kilometer lang zieht sich die Straße hinauf bis zum Pordoipass auf 2239 Metern Höhe. Es sind keine heftigen Steigungen, meist rund 6 bis 7 Prozent, aber der Weg geht kontinuierlich bergauf und fast ohne Flachpassagen. Oben auf der Passhöhe zieht die Straße an der Seilbahn zur steilen Pordoischarte vorbei, die im Winter eine anspruchsvolle Tourenabfahrt ist. Hinter der Pordoischarte bauen sich die steilen Felswände des Piz Boè auf. Nun geht es wieder bergab, zuerst mit einigen engen Serpentinen im baumfreien Gelände oberhalb von 2000 Metern. Dann taucht die Passstraße in den Wald ein. Nach gut sechs kurvenreichen Kilometern stößt die Passstraße auf die SS49, die von links von Canazei heraufkommt. Die Ronda führt nun rechts weiter Richtung Sellajoch. Die Straße ist mäßig steil, zieht zuerst durch den Wald, dann über offenes Gelände am Sellamassiv entlang. Die Aussicht oben auf der Passhöhe auf 2218 Metern ist eindrucksvoll. Links neben der Straße breiten sich die Almwiesen aus, die im Winter Skigebiet sind. Dahinter ragt das mächtige Felsmassiv des Langkofel mit dem benachbarten Plattkofel in den Himmel. Die Straße schlängelt sich zunächst fast eben über die Hochfläche, bevor es dann spürbar bergab Richtung **3 Gröden** geht. Die Straße ist wieder kurvenreich und vor allem etwas schmal, wenn Busse oder Wohnmobile entgegenkommen. Nach etwa 5 Kilometern und kurz vor der Liftstation Plan de Gralba zweigt die Route rechts ab und hinauf Richtung Grödner Joch. Zuerst geht es knackig bergauf mit einigen engen Kurven, vorbei an einem alleinstehenden Viersternehotel, dann folgt eine lange Gerade, auf der man im Hintergrund schon die Auffahrt zum Grödner Joch sieht. Dieses Finale bietet wieder einige Serpentinen bis zur Passhöhe auf 2121 Metern. Oben gibt es zwei Hotels, einen Parkplatz und eine geniale Sicht auf das Sellamassiv, den Langkofel, Richtung Grödner Tal und hinüber zu unserem Ziel in Alta Badia. Wer diese Aussicht perfektionieren will, gönnt sich einen kurzen Spaziergang links hinauf zur Bergstation der Dantercepies-Bahn. Die letzte Talfahrt führt sehr kurvenreich hinunter nach Kolfuschg und dann auf den letzten, relativ geraden Metern direkt ins Zentrum von Corvara.

EINKEHREN

★ PASTICCERIA GENZIANA, ARABBA

Die Konditorei Enzian (zu Deutsch) ist ein gemütliches Geschäft mit Kaffeehaus am Eingang von Arabba rechts nach der ersten Linkskurve. Gute hausgemachte Kuchen und Eis
https://pasticceria-genziana.business.site

★ RIFUGIO PORDOI, PORDOI

Mit der Seilbahn geht es vom Pordoi-Pass hinauf und von der Bergstation sind es rechts ein paar Minuten zu Fuß zu der recht urigen Hütte. Der lange Weg lohnt sich schon wegen der tollen Aussicht auf 2848 Metern Höhe. Man kann dort auch in recht einfachen Kammern übernachten.
www.rifugioforcellapordoi.com/de

★ SELLA ALM, SELLAJOCH

Nur ein paar Meter links von der Passstraße am Sellajoch steht diese klassische Berghütte, die eigentlich ein richtiger Berggasthof ist. Klassische Südtiroler Küche. Parkplatz direkt an der Passstraße rechts
www.sellaalm.it

★ JIMMY HÜTTE, GRÖDNERJOCH

Herrlich gelegene Berghütte oberhalb des Grödnerjochs in bester Aussichtslage. Von der Passhöhe geht man auf einer Güterstraße etwa eine Viertelstunde zu Fuß. Gute Südtiroler und italienische Küche
www.jimmyhuette.com

★ RISTORANTE LA STÜA DI MICHIL IM HOTEL LA PERLA, CORVARA

Das traditionsreiche Gourmetrestaurant in Corvara, etabliert in jahrhundertealten Stuben mit einer raffinierten Küche, die Regionales mit Italienischem kombiniert und seit vielen Jahren mit einem Michelinstern ausgezeichnet wird.
www.laperlacorvara.it

ÜBERNACHTEN

★ HOTEL POSTA ZIRM, CORVARA

Elegantes Viersternehotel im Zentrum von Corvara. Geschmackvoll eingerichtete Zimmer und Suiten, großzügiger moderner Spabereich
www.postazirm.com

★ BERGHOTEL LADINIA, CORVARA

Pure Nostalgie bietet das traditionsreiche Dreisternehotel in Corvara, das zum bekannten Hotel La Perla gehört. Es war das erste Hotel im Ort, eröffnet 1930, und zeigt sich heute geschmackvoll restauriert.
www.berghotelladinia.it

★ HOTEL CHALET GERARD

Modernes Viersternehotel mit klassisch eingerichteten Zimmern mit viel Holz und elegant rustikaler Atmosphäre, etwas oberhalb der Abzweigung von Plan de Gralba Richtung Grödner Joch. Sehr gute regionale Küche, kleiner Spabereich
www.chalet-gerard.com

★ MOUNTAIN HOTEL MEZDI

Viersternehotel in Kolfuschg an der Straße vom Grödner Joch. Reizvolle Mischung aus modern und klassisch. Beste Aussicht auf das Sellamassiv. Gutes Wellnessangebot mit Innen- und Außenpool, Sauna und Dachterrasse zum Relaxen
www.mezdi.it

18 Bei den Tourismuspionieren von Alta Badia

Gestern Bergbauerndorf, heute Nobeldestination

Corvara liegt zwischen dem Grödner Joch und dem Campolongopass und zählt zu den renommiertesten Wintersportorten Südtirols. Aber auch im Sommer gibt es hier exzellente Freizeitangebote von Rad- und Wandertouren bis zu einem der höchstgelegenen Golfplätze Europas.

Wer vom Pustertal kommend Richtung Corvara unterwegs ist, fährt meistens durch enge und schattige Täler. Corvara bietet dann sehr viel Abwechslung. Der Ort auf 1570 Metern Höhe verteilt sich auf einem breiten, offenen Talboden entlang der Straßen. Dass hier der Tourismus eine Hauptrolle spielt, ist auf den ersten Blick erkennbar. Zahlreiche Hotels rechts und links, und dahinter ziehen die Seilbahnen ihre Spur nach oben. Corvara gehört zu den bedeutendsten Wintersportorten in Südtirol. Und das ist kein Zufall. Bereits in den 1930er-Jahren wurde hier eine erste Skischule gegründet, man baute auf der Ostseite zum Col Alt 1938 den ersten Skilift, der 1947 vom ersten Sessellift in ganz Italien abgelöst wurde. Im Winter führt durch Corvara auch die winterliche Variante der Sella Ronda auf den Pisten.

Ein Paradies auch für Bergradler

Im Sommer spielt mittlerweile der Radtourismus eine wichtige Rolle. Schon mehrere Male machte der Giro d'Italia hier Zwischenstation, war Corvara Etappenziel. Die Sella Ronda auf den Passstraßen mit dem Rad zu absolvieren,

Corvara zählt zu den Wintersportklassikern in den Dolomiten.
Rechts: Der 2665 m hohe Sassongher ist Teil der Puezgruppe.

ist seit Jahren eine sehr beliebte Variante. Alljährlich gibt es den Sellaronda Bike Day, ein Sonntag, an dem die Strecke für den Autoverkehr tagsüber gesperrt ist und die Radler unter sich sind. Allerdings wird hier kein Rennen gefahren. Es ist eine entspannte Ausfahrt ohne Stress. Sportlicher ist da der Radmarathon Maratona dles Dolomites, wie er im Ladinischen heißt. Das Rennen über die Pässe in der Umgebung findet jedes Jahr Ende Juni bzw. Anfang Juli statt und gehört zu den begehrtesten seiner Art und ist jedes Mal sehr rasch ausgebucht.

Etwas ungewöhnlich ist hier oben eine andere Sportart. In nächster Nähe zum nahen Campolongopass breitet sich in bester Lage ein Neun-Loch-Golfplatz aus. Mit einer Höhe von rund 1700 Metern zählt er zu den höchsten Golfplätzen in ganz Europa. Für Einsteiger gibt es dort auch Driving Range und Putting Green. Bespielbar ist der Kurs allerdings nur von Juni bis September.

Von den Pässen hinauf zu berühmten Gipfeln

Die Lage von Corvara nutzen in den Sommermonaten viele Besucher für Bergtouren. Beliebt sind Exkursionen in den Naturpark Puez Geisler über die Ortschaft Kolfuschg, die oberhalb von Corvara an der Straße zum Grödner Joch liegt. Ein gutes Revier für Wanderer und Bergsteiger sind auch die Gipfel auf der Südseite mit dem meterhohen Piz Boè. Wer lieber gemütlicher unterwegs ist, kann die Seilbahn zum Col Alto nehmen und dort auf dem sanft geschwungenen Hochplateau von Hütte zu Hütte wandern. Die Hütten in Alta Badia sind bekannt für ihre gute Küche.

TOP ★ ERLEBNISSE

★ SELLARONDA BIKE DAY

Der Sellaronda Bike Day ist ein Rad-Event, bei dem jeder kostenlos mitmachen kann. An einem Wochenendtag Ende Juni ist die Sella Ronda nur für Radfahrer zugänglich, die zu Tausenden kommen. Die Runde wird gegen den Uhrzeigersinn gefahren, um das Risiko von Kollisionen zu vermeiden. Insgesamt warten auf die Teilnehmer 63 Kilometer mit 1780 Höhenmetern.
www.sellarondabikeday.com

★ HOTEL LA PERLA

Das Viersternehotel in Corvara ist ein Klassiker. Neben romantisch eingerichteten Zimmern und Suiten gibt es einen Wellnessbereich und vier Restaurants, darunter das Ristorante La Stüa de Michil, seit 2002 mit einem Michelin-Stern ausgezeichnet. Die Küche ist auf Regionalität ausgerichtet. Berühmt ist der Weinkeller mit einer außergewöhnlichen Sassicaia-Sammlung.
www.laperlacorvara.it

19 Das Nest zwischen Sella und Marmolada

Ein kleines Dorf eingerahmt von großen Bergen

Arabba ist ideal für Bergwanderer und Skifahrer, liegt eng eingerahmt auf 1600 Metern zwischen den Bergen und Pässen mitten in den Dolomiten. Das winzige Dorf besteht überwiegend aus Hotels und Pensionen und ist für Autofahrer und Bergradler eine beliebte Pausenstation.

In Arabba kann es nur bergauf gehen. Das kleine Dorf auf gut 1600 Metern Höhe in den Dolomiten ist umringt von hohen Bergen und Pässen. Im Norden sind es das Sellamassiv und der Campolongopass. Im Süden die Porta Vescovo und dahinter das mächtige Massiv der Marmolada. Im Westen baut sich das 2239 Meter hohe Pordoijoch auf und im Osten schlängelt sich die Straße hinauf zum Falzaregopass. Knapp 400 Einwohner hat Arabba und 2500 Gästebetten. Dieses Verhältnis zeigt, dass der Tourismus in dem kleinen Dorf extrem wichtig ist – und auch gute Voraussetzungen hat. Denn im Winter logieren die Gäste direkt an den Pisten, startet die Seilbahn hinauf zur Porta Vescovo im Ort, die Abfahrten vom Pordoijoch enden direkt in Arabba genauso wie die Pisten, die von Alta Badia über den Campolongopass kommen. Ähnlich günstig sieht es für die Sommergäste aus, die nur kurze Wege zu ihren Zielen am Pordoi, am Piz Boè oder auf den sanften Hügeln Richtung Corvara haben. In der Sommersaison sind auf der Sella Ronda an Wochenenden viele Autofahrer, Motorradfahrer und Radsportler unterwegs. Ein Kuriosum während der Nebensaison ist, dass auf den

Der nächtliche Pordoipass im Herzen der Dolomiten
Rechts: Blick über Arabba, das auf 1602 Metern und eingebettet in der Dolomiten-Kulisse liegt.

kurvigen Straßen zwischen Corvara und Arabba regelmäßig Autohersteller ihre künftigen Modelle diskret testen. Die Passstraßen hier bieten Testbedingungen unter etwas extremeren Bedingungen.

Der Erste Weltkrieg hat viele Spuren hinterlassen

In Arabba ist wie in etlichen anderen Gemeinden in der Umgebung auch der Erste Weltkrieg noch sehr präsent. Italiener sind zu diesem Thema wesentlich offener und neugieriger als Besucher aus Deutschland und Österreich. So gibt es am Pordoi etwas oberhalb der Passhöhe und eine gute Viertelstunde zu Fuß entfernt eine große Gedenkstätte mit Soldatenfriedhof, auf dem allein aus dem Ersten Weltkrieg 8500 deutsche und österreichische Soldaten begraben sind. Der Col di Lana, nur wenige Kilometer östlich von Arabba, war einer der meistumkämpften Berge an der Dolomitenfront und wurde von den Italienern auch Col di Sangue (Blutberg) genannt. Dort oben gibt es noch verfallene Schützengräben, Barackenreste und eine Kapelle am Gipfel.

Aus der Zeit vor dem Ersten Weltkrieg stammt eine kleine Festung an der Straße Richtung Falzaregopass. Heute kann man in dem restaurierten Bau mit seinen bis zu 1,70 Meter dicken Mauern komfortabel wohnen. Das Hotel Al Forte ist ein Dreisternehaus mit modern-rustikalen Zimmern und Suiten sowie einem kleinen Wellnessbereich.

Auf den Spuren einer italienischen Radlegende

Historisches der wesentlich angenehmeren Art kann man oben auf dem Pordoijoch besichtigen. Dort erinnert ein Denkmal an den legendären Radsportler Fausto Coppi, der in den 1940er- und 1950er-Jahren fünfmal den Giro d'Italia und zweimal die Tour de France gewonnen hat und natürlich auf dem Pordoi sehr oft unterwegs war.

TOP ★ ERLEBNISSE

★ LADINISCHES MUSEUM FODOMA

Einen eindrucksvollen Blick in die Geschichte und Kultur der Ladiner eröffnet dieses Museum bei Pieve di Livinallongo östlich von Arabba an der Straße zum Falzaregopass. Auch die Ereignisse während des Ersten Weltkriegs spielen eine wichtige Rolle.
Ganzjährig nach Vereinbarung geöffnet
Gemeinde Livinallongo, Tel. +39 436 71 93

★ SCHLOSS BUCHENSTEIN

Auf dem Weg von Arabba Richtung Falzaregopass zweigt nach etwa 16 Kilometern kurz nach Pieve di Livinallongo links eine Straße zum Schloss Buchenstein ab (Castello Andraz). Im Schloss, das eigentlich eine Burg ist, gibt es ein Museum zur 1000-jährigen Geschichte. Die Burg war eine wichtige Militärstation, befand sich lange im Besitz des Bischofs von Brixen (Juni–Sept., montags geschlossen).
www.castellodiandraz.it

Ein modernes Bergrestaurant am Dantercepies Grödner Joch
Rechts: Traumhaft auch der Sonnenuntergang am Grödner Joch

20 Kurzer Abstecher nach Gröden

In der Heimat großer Skirennen und berühmter Bergsteiger

Auch wenn unsere Route vorher Richtung Grödner Joch abzweigt, kann man sich einen Ausflug in das berühmte Grödner Tal gönnen. In der Heimat von Luis Trenker spielt der Wintersport natürlich die Hauptrolle, aber auch Kultur und Tradition werden sehr gepflegt.

Wenn sich die Straße über das Sellajoch langsam am Langkofel vorbeischlängelt und allmählich wieder bergab zieht, hat man einen ersten Blick in das Grödner Tal. Val Gardena, wie es im Italienischen heißt, gehört zu den prominentesten Tälern und beliebtesten Urlaubsdestinationen in Südtirol. Auch wenn unsere Sella Ronda das Tal selbst nur streift und kurz vorher bei Plan de Gralba wieder rechts abbiegt Richtung Grödner Joch, so kann man durchaus einen kurzen Abstecher in das Tal einlegen.
Der Blick während der Fahrt nach unten ist spektakulär, geht vorbei an den steilen Felswänden des Langkofel links und des Sellamassivs rechts und zieht über das Tal Richtung Westen. Im Hintergrund bauen sich der Col Raiser und Seceda auf, dahinter die Geislerspitzen. Gröden ist vor allem als Skigebiet bekannt, das über fast das gesamte Tal mit Liften und Pisten erschlossen ist. Im Sommer verteilen sich rund um den Langkofel, den benachbarten Ciampinoi und auf der gegenüberliegenden Talseite am Col Raiser viele, nicht allzu schwere Wanderwege. Sella mit Piz Boè sind beliebte Reviere für Kletterer.

Im Tal der Holzschnitzer

Wer sich auf der Fahrt von Pass zu Pass auf entspannte Art die Beine vertreten möchte, könnte zum Beispiel bei der Abzweigung zum Grödner Joch das letzte Stück geradeaus

hinunter nach Wolkenstein fahren und dort rechts ins Langental abbiegen. Das Seitental ist ideal für einen Spaziergang taleinwärts, vorbei an der Ruine der Burg Wolkenstein links oben bis zur Silvesterkapelle. Auf dem Rückweg bietet sich eine Einkehr im Restaurant Ciampac Hütte an.
Wolkenstein ist ebenso wie der nächste Ort talauswärts, St. Christina, ganz auf Tourismus ausgerichtet, besteht der Ort doch fast nur aus Gastbetrieben. Wer sich etwas Kultur gönnen will, sollte den Weg hinaus bis nach St. Ulrich nicht scheuen. Dort gibt es das Museum Gröden im Haus der Ladiner mit vielen Exponaten zur Geschichte des Tales und zahlreichen Holzschnitzereien der letzten vier Jahrhunderte.
St. Ulrich gilt auch heute noch als das Zentrum der Holzschnitzer, die über viele Jahre für ihre sakralen Arbeiten bekannt und berühmt waren. Heute hat sich das etwas gelegt, aber die Holzschnitzer sind gerade in St. Ulrich noch sehr präsent.
Und wofür die Grödner auch bekannt sind, das sind ihre ausgezeichnete Hotellerie und Gastronomie. Das trifft nicht nur für die Betriebe im Tal zu, sondern auch oben am Berg. Es gibt zahlreiche Hütten, in denen eine anspruchsvolle Küche angeboten wird und wo man mitunter auch auf Viersterne-Niveau in hochalpiner Lage nächtigen kann. Was ja auch eine reizvolle Kombination ist. Das gilt übrigens auch für die Strecke von der Abzweigung bei Plan de Gralba hinauf Richtung Grödner Joch. Dort kann man direkt neben der Passstraße im eleganten Hotel Chalet Gerard – The Mountain Lodge in stilvollen Zimmern mit viel Holz nächtigen und sich mit anspruchsvoller regionaler Küche verwöhnen lassen.

TOP ★ ERLEBNISSE

★ KORBLIFT ZUR LANGKOFELSCHARTE

Die Langkofelscharte mit der urigen Toni-Demetz-Hütte auf 2685 Metern Höhe ist ein sehr eindrucksvolles Ziel für einen Ausflug. Herauf kommt man vom Sellajoch mit einer urwüchsigen und recht engen Korbbahn, bei der man im Fahrtempo ein- und aussteigen muss. Die Bahn fährt nur von Juni bis September. Oben gibt es von der Hütte einen herrlichen Ausblick auf Sellajoch und Sellamassiv.

★ GASTRONOMIE AM SELLAJOCH

Auf den buckeligen Wiesen rund um das Sellajoch gibt es zahlreiche Hütten mit teils recht gehobenen gastronomischen Angeboten. Das gilt für die rustikale Sella Alm nur wenige hundert Meter von der Passstraße entfernt. Den Komfort eines modernen Viersternehotels mit Wellness bietet das Hotel Passo Sella Resort direkt an der Passstraße auf 2180 Metern Höhe und auch die Salei-Hütte nahe der Straße etwas weiter südlich.
www.sellaalm.it; www.passosella-resort.com; www.rifugiosalei.it

Die angeblich schönste Fahrstraße der Welt

Von Davos über das Stilfser Joch zum Reschensee

An Prominenz mangelt es dieser Route wahrlich nicht. Einmal führt sie von Davos durch den Schweizer Nationalpark über Livigno und Bormio bis zum Stilfser Joch und weiter zum Reschensee. Und dann wurde die Strecke von der britischen Kultsendung »Top Gear« zur schönsten Fahrstraße der Welt gekürt.

Vor einigen Jahren begaben sich die drei Stars der berühmten BBC-TV-Serie »Top Gear« auf die Suche nach der schönsten Fahrstraße der Welt. Ihre Recherche führte sie vom Mittelmeer quer durch die Alpen bis nach **1 Davos**. Dort wurden sie fündig und lobten die Fahrt von Davos bis zum Stilfser Joch als die schönste Fahrstraße der Welt. Diese Strecke hat einige, wirklich hochkarätige und vielversprechende Bestandteile: Der Start liegt im Schweizer Nobelort Davos, bekannt unter anderem durch Thomas Manns »Zauberberg« und den Weltwirtschaftsgipfel, der dort alljährlich stattfindet. Weitere Highlights sind die Passage durch den Schweizer Nationalpark; ein Zwischenstopp in Livigno auf der italienischen Seite mit der Möglichkeit, zollfrei einzukaufen und günstig zu tanken; dann eine Fahrt durch das Valtellina bis zum traditionsreichen Kur- und Wintersportort Bormio und als großes, spektakuläres Finale die Fahrt hinauf zum Stilfser Joch, dem legendären Pass auf 2758 Metern Höhe. Unterwegs hat man fast alle Bergstrecken-Varianten – von kurvenreichen Passhöhen

Im Walserdorf Monstein in Graubünden
Unten: Über dem Stilfser Joch geht die Sonne auf. Wer gerne Kurven und Kehren fährt, ist hier goldrichtig.

Toureninfo

Start: Davos
Ziel: Stilfser Joch
Länge: 161 Kilometer
Fahrtzeit: 4 Stunden
Beste Reisezeit: Juni bis September

über romantische Passagen auf Hochebenen, Uferstraßen an einsamen Bergseen bis zu Tunneln sowie breit ausgebauten und komfortablen Talstraßen.

Vom Nobelort zum Nationalpark

Man könnte die rund 161 Kilometer lange Strecke locker an einem Tag fahren. Aber sehr viel sinnvoller ist es, dies auf zwei Tage, idealerweise auf ein Wochenende (am besten in der Nebensaison) auszuweiten und mit diversen Sightseeing-Stopps und einer Übernachtung aufzuwerten. Für die Übernachtung würde sich Livigno anbieten, weil es gerade etwa nach der Hälfte der Strecke kommt und weil es dort ein sehr umfangreiches Angebot an Übernachtungsmöglichkeiten gibt.

Die erste Etappe von Davos bis ins Engadin nach Zernez beginnt gleich mit einem Pass, der aber relativ leicht zu fahren ist. Eine gut

Unterwegs am Flüelapass und Stilfser Joch
Unten: Bei dem Event Stelvio Bike gehört das Stilfser Joch ganz den Radlern.

ausgebaute Straße hinauf zum Flüela auf 2383 Metern Höhe, die gut ausgebaut ist und lange recht eben auf der Höhe verläuft. Auf der Passhöhe gibt es mit dem Schottensee und dem Schwarzsee zwei kleine Bergseen und das Hospiz für eine Pause. Mit einigen Kurven erreicht man schließlich die Engadiner Bundesstraße und die kleine Ortschaft Susch. Dort biegt man rechts ab und kommt nach 6 Kilometern auf der breiten Talstraße in die Ortschaft Zernez mit ihren stattlichen Häusern im klassischen Engadiner Stil. Die Tour zweigt im Zentrum links ab. Im neuen 2 **Nationalparkzentrum** rechts an der Straße könnte man sich vorab über die kommende Passage informieren. Danach zieht sich die Fahrt mit einigen Kurven bergauf bis zum Ofenpass und weiter Richtung Münstertal, bis nach weiteren 5 Kilometern rechts die Abzweigung in den Tunnel Richtung 3 **Livigno** folgt. Der alte, 3,4 Kilometer lange Tunnel ist nur einspurig mit Ampelregelung befahrbar. Am anderen Ende wird es offen und entspannter. Entlang des Sees von Livigno zieht sich die Straße weitgehend geradeaus bis zu dem zollfreien Ort auf stolzen 1800 Metern Höhe, wo man günstig shoppen und tanken kann.

Das Shoppingparadies in den Bergen

Nach Livigno geht es wieder bergauf, aber nicht sehr lange. Zum Eirapass sind es nur 400 Höhenmeter und dem kurz darauf folgenden Foscagnopass noch einmal knapp 100 Höhenmeter. Danach führt die Straße bergab durch den Bergwald, macht bei Arnoga eine scharfe Linkskehre und zieht kontinuierlich hinunter nach 4 **Bormio**, das gut 1000 Höhenmeter unter dem letzten Pass liegt. Ein Stopp im historischen Zentrum wäre empfehlenswert, bevor das finale Stück hinauf zur Stilfser Joch in Angriff genommen wird. Dazu folgt man der Staatsstraße SS38 nach Norden vorbei am Thermalbad und ostwärts, wo die ersten Kurven kommen und bald die Baumgrenze erreicht ist. Danach folgt ein Flachstück, bald darauf ein Denkmal zum Ersten Weltkrieg. Kurz nach der Abzweigung Richtung Umbrailpass auf der linken Seite sind es noch etwa ein Dutzend Kehren, bis man zur Passhöhe auf 2758 Metern kommt. Oben hat man einen eindrucksvollen Blick auf beide Seiten der Passstraße mit den vielen Kehren und genießt den letzten Abschnitt über das historische Glurns bis zum Reschensee.

EINKEHREN

★ FLÜELA HOSPIZ, FLÜELAPASS

Direkt auf der Passhöhe auf 2383 Metern Höhe auf dem Flüelapass steht das historische Gasthaus. Klassische holzgetäfelte Stuben und eine regionale und teils recht herzhafte Küche mit Bündnerfleisch und diversen Wildspezialitäten. Einfache Gästezimmer
www.flueela-hospiz.ch

★ ARVENSTÜBLI, ZERNEZ

Im holzgetäfelten Arvenstübli des Hotels Crusch Alba an der Hauptstraße gibt es regionale Engadiner Spezialitäten, wie die Bündner Gerstensuppe, Hirschfleischroastbeef, Hasenragout oder Spinatpizzokels.
www.cruschalba-zernez.ch

★ RISTORANTE FOCOLARE, LIVIGNO

Klassische italienische Küche mit regionalem Akzent, dazu auch gute Pizza direkt an der Fußgängerzone. Aussichtsreiche Terrasse
www.focolarelivigno.com

★ ENOTECA GUANELLA, BORMIO

Eine renommierte Enoteca mit Restaurant, deren Küchenchef piemonteser Wurzeln hat – und natürlich mit einer guten Weinauswahl. Mitten in der Altstadt mit elegantem Interieur. Mittags nur am Wochenende geöffnet
www.enotecaguanella.it

ÜBERNACHTEN

★ ARTHAUS HOTEL, DAVOS

Sehr individuelles Dreisternehotel im Zentrum von Davos. Reizvoll, recht gemütlich und teils kreativ eingerichtete Zimmer. Schweizer und asiatische Küche. Parkhaus in der Nähe
www.arthaushotel.ch

★ HOTEL BAER & POST, ZERNEZ

Traditionelles Mittelklassehotel im Engadiner Stil direkt beim Ortseingang von Zernez. Restaurant und Zimmer sind rustikal mit viel Arvenholz eingerichtet. Kleines Wellnessangebot
www.baer-post.ch

★ HOTEL POSTA, LIVIGNO

Mitten in Livigno steht das Viersternehotel im Chaletstil. Elegant rustikale Zimmer und Suiten, teils nostalgisch, teils modern. Spabereich mit Sauna, türkischem Bad und Fitness
www.hotelpostalivigno.com

★ HOTEL BELLAVISTA, TRAFOI

Das Hotel der Skilegende Gustav Thöni ist ein klassisches Familienhotel direkt an der Passstraße in Trafoi. Klassisch eingerichtet mit geräumigen und komfortablen Zimmern und Suiten, Sauna, Whirlpool und umfangreichem Weinkeller
www.bella-vista.it

★ VILLA CLAUDIA AUGUSTA, GRAUN AM RESCHENSEE

Dreisternehotel in klassischer Villa etwas oberhalb der Hauptstraße mit schönem Blick auf den See. Frühstückspension ohne Restaurant, aber mit Küchenzeile in den Zimmern
www.ziernhoeld.it

21 Zauberberg und Weltwirtschaftsgipfel

Davos wurde nicht nur mit Wintersport berühmt

Davos ist ein Ort voller Geschichten und Kultur, der als mondäner Kurort berühmt wurde und heute über den Wintersport hinaus viele interessante Facetten hat.

Die Karriere des berühmten Urlaubsortes Davos begann nicht etwa mit Alpinismus oder mit Skilauf. Es waren Kurgäste, die Mitte des 19. Jahrhunderts dafür sorgten, dass das Bergdorf auf 1560 Metern Höhe berühmt wurde. Dass es zunächst vorwiegend noble und betuchte Kundschaft war, hat diesen Prozess noch beschleunigt. Vor allem Lungenkranke profitierten von dem Höhenklima und fanden in Davos Linderung, was sich schnell herumsprach. So kam auch Thomas Manns Frau Katia nach Davos zur Kur, was den Schriftsteller zu seinem Roman »Der Zauberberg« inspirierte. Unter den prominenten Gästen waren auch Christian Morgenstern, Conrad Ferdinand Meyer und Sir Arthur Conan Doyle. Später wurden winterliche Aktivitäten, wie Eislaufen, Skifahren, Schlitten- und Bobrennen, populär, was den Wintertourismus kräftig beschleunigte.

Eine erstklassige Eventlocation

Heute lebt man in Davos, dessen Ortsteile Davos Dorf und Davos Platz praktisch zusammengewachsen sind, von verschiedenen Kategorien des Tourismus. Skifahrer im Winter, Bergwanderer im Sommer und dazu seit Jahren ein florierender Seminartourismus. Davos ist auch Sitz zahlreicher Forschungseinrichtungen,

Davos ist ein Wintersportort mit viel Historie.
Rechts: Davos gehört zu den größten Skigebieten in der Schweiz.

die sich unter anderem mit Lawinen, medizinischen Themen und Risikoforschung beschäftigen. Einmal im Jahr verwandelt sich Davos in einen Treffpunkt der politischen und ökonomischen High Society. Zum Weltwirtschaftsforum im Januar kommen Spitzenpolitiker und Top-Manager aus der ganzen Welt. Es ist das mit Abstand größte und wichtigste Event in Davos. Weitaus weniger berühmt, aber dennoch interessant sind der Spengler Cup, ein renommiertes Eishockeyturnier im Dezember, und der Swiss Alpine Marathon im Juli. Bekannt ist Davos auch für seine Kunstgalerien und für die Museen.

Die Schatzalp und die Geschichte vom Zauberberg

Man kann in Davos, was naheliegend ist, auch die Berge erkunden. Das geht ganz entspannt mit den drei Seilbahnen im Ort. Die Parsennbahn fährt bis auf 2215 Meter, wo vor gut 120 Jahren der Skitourismus begann. Oder man nimmt die Schatzalp-Bahn auf den gleichnamigen Hügel, der für sich in Anspruch nimmt, ein entschleunigter Berg zu sein; und bei dem man sich auf Thomas Manns »Zauberberg« beruft, der die Schatzalp und das gleichnamige Grand Hotel auf 1861 Metern Höhe als Vorlage genutzt haben soll. Die dritte Seilbahn führt auf das Jakobshorn direkt gegenüber der Schatzalp. Auch dort oben gibt es direkt bei der Bergstation auf 2590 Metern Höhe ein großes Restaurant mit schöner Aussicht und rundherum viele Wanderwege.

Unbekannte Geschichten über Davos

Eine etwas andere Seite von Davos findet man, wenn man auf der Landwasserstraße von Davos Dorf etwa 10 Kilometer weiter bis zum Weiler Monstein fährt. Dort sieht man auf der linken Straßenseite ein historisches Gebäude mit dem Bergbaumuseum Graubünden mit einem Kristallkabinett und einer Sammlung an historischer Bergbautechnik.

TOP ★ ERLEBNISSE

★ HOTEL SCHATZALP

Nur 4 Minuten dauert die Fahrt mit der Schatzalpbahn hinauf zu dem majestätischen Jugendstilhotel etwa 300 Meter oberhalb von Davos. Pure Nostalgie in Panoramalage mit fünf Restaurants und Hallenbad und dem Gefühl, sich in der Kulisse des Romans »Zauberberg« von Thomas Mann wiederzufinden.
www.schatzalp.ch

★ KIRCHNER MUSEUM

Der deutsche Impressionist Ernst Ludwig Kirchner lebte bis zu seinem Tod 1938 viele Jahre in Davos und hatte eine innige Beziehung zu dem Ort. Seine Werke kann man heute im Kirchner Museum Davos am Ernst-Ludwig-Kirchner-Platz in Davos Platz besichtigen. Neben Kirchners Werken gibt es auch wechselnde Ausstellungen mit anderen Künstlern.
www.kirchnermuseum.ch

Im Schweizer Nationalpark zwischen Zernez und Livigno
Rechts: Besonders im Herbst ist der Schweizer Nationalpark sehenswert, wie hier im Val Trupchun.

22 Ein Ausflug in den Schweizer Nationalpark

Naturerlebnisse auf dem Weg nach Livigno

Da die Tour über den Ofenpass durch den Schweizer Nationalpark führt, wäre ein Abstecher in den ältesten Nationalpark Mitteleuropas eine reizvolle Unterbrechung.

Zernez ist nicht etwa nur ein Durchgangsort auf dem Weg durch das Engadin mit sehenswerter alter Architektur, sondern der zentrale Ort für den Schweizer Nationalpark. Dieses Schutzgebiet verteilt sich auf den südöstlichen Bereich der Schweiz von Zernez Richtung Münstertal und hat eine Fläche von 170 Quadratkilometern. Den Nationalpark gibt es bereits seit 1914. Damit ist er der älteste seiner Art in Mitteleuropa. Mehr als zwei Drittel seiner Fläche gehören zum Bereich von Zernez. So ist es auch nachvollziehbar, dass in Zernez die Zentrale und das Informationszentrum angesiedelt sind. Der Park erstreckt sich auf Höhenlagen von 1400 bis 3174 Metern und dient vor allem dazu, dass man beobachten und studieren kann, wie sich die Natur ohne menschliche Einflüsse entwickelt. Deshalb ist der Zugang auch streng reguliert, es gibt nur 100 Kilometer Wanderwege und sehr begrenzte Übernachtungsmöglichkeiten im Park. Zelten ist generell verboten. Auch das Verlassen der Wege ist nicht erlaubt, weshalb sich die Tiere wieder mehr an die Menschen gewöhnt und die Scheu verloren haben. Es kann unterwegs durchaus vorkommen, dass sich Rehe, Hirsche, Gämsen, Hasen und Murmeltiere aus der Nähe beobachten lassen. Ein besonders seltener Bewohner des Parks ist der Bartgeier, der 1991 wieder angesiedelt wurde

und der mit einer Spannweite von bis zu 3 Metern eine sehr eindrucksvolle Erscheinung ist. Seit einigen Jahren lassen sich wieder Braunbären im Park sehen, die viele Jahre verschwunden waren, und neuerdings auf ihrer Wanderschaft aus Südtirol und dem Trentino herüberkommen.

Geführte Wanderungen zum Bartgeier

Zu dem Ökosystem im Nationalpark gehören rund 1000 Tier- und Pflanzenarten. Um sich einen guten Eindruck zu verschaffen, ist es am besten, wenn man sich den Führungen anschließt, die von der Nationalparkverwaltung angeboten werden. Sie finden jeweils dienstags und donnerstags statt. Man kann aber auch individuelle Führungen arrangieren. Eine dieser Führungen verläuft zu einer Aussichtskanzel am Ofenpass durch die Bergföhrenwälder zur Alp Stabelchod, die als eine der weltweit am intensivsten erforschten alpinen Weiden gehört. Dort gibt es auch eine Felsenhöhle, in der man Bartgeier ausgewildert hat, und einen Aussichtspunkt, von dem aus man besonders gut Gämsen und Hirsche beobachten kann. Zum Abschluss wandert man hinunter in das Val da Botsch, wo ebenfalls viele Gämsen unterwegs sind.

Einen Galgen gibt es immer noch

Ein Stopp in Zernez lohnt sich nicht nur wegen des Nationalparkzentrums an der Straße Richtung Ofenpass, sondern auch wegen des attraktiven Stadtbilds mit alter Engadiner Architektur. Eine kuriose Sehenswürdigkeit ist die Fuorcha ziemlich genau in der Mitte zwischen Zernez und Susch am Ostufer des Inns. Dabei handelt es sich um zwei 4 Meter hohe Steinsäulen, die man über dem Innufer gebaut hat und aus denen Holzbalken ragen, an denen früher Verurteilte erhängt wurden. Ein ganz offizieller Galgen also.

TOP★ERLEBNISSE

★ NATIONALPARKZENTRUM IN ZERNEZ

Das neue Nationalparkzentrum in Zernez direkt an der Straße Richtung Ofenpass ist ein moderner kantiger Bau, der bereits mehrere Architekturpreise gewonnen hat und in dem das Besucherzentrum und auch ein naturkundliches Museum zum Nationalpark eingerichtet sind.
www.nationalpark.ch

★ MODERNE KUNST IN SUSCH

Das kleine Dorf Susch an der Engadiner Talstraße hat ungewöhnliche Attraktionen. Dazu gehören neben einer renommierten Antistressklinik auch das erst 2019 eröffnete Museum für moderne Kunst in einem historischen Klostergebäude. Initiiert wurde es von einer polnischen Unternehmerin und Kunstsammlerin.
www.muzeumsusch.ch

★ HOTEL BAER & POST

Ein traditionelles Mittelklassehotel im Engadiner Stil direkt beim Ortseingang von Zernez. Restaurant und Zimmer sind rustikal mit viel Arvenholz eingerichtet. Kleines Wellnessangebot
www.baer-post.ch

23 Livigno

Das Shoppingparadies auf 1816 Metern Höhe

Hohe Berge, ein weitläufiges und schneesicheres Skigebiet: Livigno ist nicht nur eine klassische Urlaubsdestination, sondern bietet noch viel mehr. Denn dank Zollfreiheit blüht hier ganzjährig der Shoppingtourismus.

In dem abgelegenen Bergdorf an der Schweizer Grenze waren die Menschen früher recht arm. Dagegen bekamen sie 1805 von Napoleon den Status der Zollfreiheit. Und den haben sie bis heute. Das hat aus dem armen Dorf ein reiches Dorf gemacht. Entlang der Dorfstraße, die ganz im Norden nahe des Seeufers im Ortsteil Rasia beginnt, wo die Talstraße von der Schweizer Seite her in die Ebene mündet, scharen sich Läden und Hotels. Livigno hat zwei Gesichter. Einmal das eines reichlich frequentierten Wintersportortes mit der üblichen Infrastruktur. Hotels, Restaurants und Bars wirken freilich noch relativ unaufdringlich. Gut bekommen ist dem Ort auch, dass beide Seilbahnstationen außerhalb angelegt sind und somit den ohnehin schon hektischen Betrieb im Zentrum nicht noch mehr stören. Auf der anderen Seite ist Livigno dank seiner Zollfreiheit vor allem ein Einkaufsort. Der überwiegende Teil des Dorfes ist ein Shoppingzentrum.

Ein einsamer Bergsee weit oberhalb von Livigno
Rechts: Livigno selbst ist nicht nur wegen seiner Snowparks ein beliebtes Ziel für Urlauber. Auch im Sommer hat der Ort in den Bergen der Lombardei einiges zu bieten.

Boutiquen, Schmuckläden, kleine Supermärkte und vor allem Parfümerien füllen den Ort. Kaum eine Häuserfassade, an der nicht für irgendeine Nobelmarke Reklame gemacht wird und wo nicht mit günstigen Offerten geworben wird. Aber auch Zucker ist eine Spezialität in Livigno. Nicht etwa wegen des besonderen Geschmacks, sondern weil er steuerfrei und damit erheblich billiger ist. Weil viele der Ladeninhaber nebenher auch noch eine der zahlreichen Tankstellen betreiben, an denen der Treibstoff weniger als die Hälfte des in Italien üblichen Preises kostet, gibt es auch relativ wenig Widerstand gegen manche unsinnige Begleiterscheinung des Einkaufstourismus.
Dass vor allem im Sommer viele Tagesgäste nur zum Einkaufen in die entlegene hochalpine Ortschaft kommen, ist ein Phänomen, an das sich die Leute in Livigno längst gewöhnt haben. Dass jedoch viele Spediteure aus der Region ihre schweren Lastzüge zum Tanken in den zollfreien Ort schicken, ist schon ökologisch befremdlich.

Wo Don Camillo erfunden wurde

Aber Livigno hat auch interessante und anspruchsvolle Seiten. Die Alteingesessenen in dem 5600 Einwohner zählenden Ort sprechen noch Livignask, einen schwer verständlichen Dialekt, der mit dem Rätoromanischen verwandt ist und zuweilen auch deutsche Sprachfetzen besitzt. Ruzach heißt dort der Rucksack und eine junge Frau nennt man Giunfra.
Dann gibt es noch die Geschichte von Don Camillo. In Trepalle, einer kargen Siedlung unweit des Foscagnopasses auf 2100 Metern Höhe, kümmerte sich in den Nachkriegsjahren Don Parenti um die Kirchengemeinde und schützte auch die Leute, die sich notgedrungen mit Schmuggel etwas dazuverdienten. Den Schriftsteller Giovanni Guareschi verschlug es auch nach Livigno, wo er um 1950 eine Erzählung mit dem Titel »Gente cosi« über einen gewissen Don Candido in einem Bergdorf namens Trebilie schrieb. Und aus der Figur Don Candido wurde später Don Camillo, den er in seine Heimat in der Poebene verlegte.

TOP★ERLEBNISSE

★ MUSEUM IN LIVIGNO

In einem historischen Bergbauernhaus aus dem 18. Jahrhundert untergebracht ist das MUS! Museo di Livigno e Trepalle. Es dokumentiert die Geschichte des Ortes mit vielen Objekten, mit denen die Bauern früher ihre Arbeit verrichteten. Eindrucksvoll sind die Möbel und Küchenutensilien.
www.museolivigno.it

★ AQUAGRANDA WELLNESSPARK

Rund 10.000 Quadratmeter misst der Wellnesspark am Nordrand von Livigno. Zu der weitläufigen Anlage gehören drei Rutschen, ein Wellness- und Entspannungsbereich, Pools und Fitnessbereich sowie eine Abteilung für Health und Beauty, ein Bistro und eine Bar.
www.aquagrandalivigno.com

Die spektakulären Serpentinen auf der Nordseite des Stilfser Jochs
Rechts: Bagni Vecchi – das ist Erholung und Wellness in spektakulärer Kulisse.

24 Zwischenstation in Bormio

Römische Thermen und rasante Skirennen

Es sind nur noch wenige Kilometer bis zum Reiseziel auf dem Stilfser Joch. Doch ein Stopp in Bormio lohnt sich. Die traditionsreichen Thermen und das historische Zentrum bieten viel Atmosphäre.

Heutzutage kennt man Bormio vor allem als Wintersportort und Schauplatz großer Skirennen. Das ist auch nicht falsch. In dem Hauptort des Valdidentro, wie das Valtelin im Italienischen heißt, fanden 1985 und 2005 die alpinen Skiweltmeisterschaften statt und 1995 und 2008 jeweils das Saisonfinale des Skiweltcups. Die Piste Stelvio zählt zu den legendären Abfahrten mit knapp 1000 Metern Höhenunterschied auf 3230 Metern Länge und einem maximalen Gefälle von 60 Prozent.

Klassisch Baden mit Bergblick

Aber in Bormio kann man nicht nur Ski fahren. Schon die alten Römer, die ins Valtelin kamen, wussten, dass man sich hier gut entspannen kann. Es gibt Aufzeichnungen von Plinius dem Älteren, der in seinem Werk »Naturalis Historia« die alten Bäder von Bormio erwähnte. Und das war um 50 n. Chr. Die Bagni Vecchi, die alten Bäder, liegen nördlich und oberhalb von Bormio, zeigen einen Querschnitt durch die Historie der Bäder von den Römern über das Mittelalter bis zu den Thermen der Erzherzoginnen. Ein besonderes Erlebnis ist die San-Martino-Quelle mit der Schwitzhöhle, einer natürlichen und therapeutischen Sauna. In den Bagni Nuovi, den neuen Bädern, die etwas näher am Stadtzentrum liegen, locken Badeerlebnisse, die ebenfalls auf eine lange Traditionen schließen lassen, wie Giardini di Venere, in denen die Regeneration ganz oben steht, oder die Neptungrotte und die Herkules-Bäder. Sowohl die alten als auch die neuen Bäder bieten zum Badeerlebnis viel Nostalgie. Man fühlt sich wie in eine andere Zeit versetzt. Die Wärme des Thermalwassers nutzt man auch im Spa-Zentrum in der QC Terme im Zentrum von Bormio mit einem 25-Meter-Schwimmbecken, Entspannungsbecken, einer 60-Meter-Wasserrutsche, einem türkischen Bad und diversen Saunen.

Die Ruhe vor dem Sturm: auf das Stilfser Joch

Die Kombination aus Bergen und Thermen hat in Bormio einen ganz speziellen Reiz. Sie eröffnet besonders intensive Erfahrungen, wenn man sich nach einem sportlichen Ausflug in die Berge in einer der Thermen entspannen möchte, um wieder Kräfte zu sammeln. Sehenswert ist in Bormio auch das historische Zentrum mit den schmalen Gassen, dem groben Kopfsteinpflaster rund um die Piazza Cavour und der alten Collegiata-Kirche, die den Schutzpatronen der Stadt, den Heiligen Gervasius und Protasius, gewidmet ist. Ihre Geschichte geht bis auf das 9. Jahrhundert zurück. Nach Zerstörungen wurde sie wieder aufgebaut. Oder der mächtige Bajona-Turm mit seiner riesigen Wanduhr auf der historischen Piazza Kuerc. Es wäre auch kein Fehler, sich am Ende der Tour in Bormio zu entspannen. Oben auf dem Stilfser Joch auf 2758 Metern bleibt nicht viel Platz für Erholung. Und die vielen Kurven sind ja auch anstrengend.

TOP ★ ERLEBNISSE

★ BAGNI VECCHI

Allein der Panoramapool mit Blick auf Bormio und weit hinein ins Valdidentro sowie die Bäder der Erzherzogin sind den Ausflug von Bormio hinauf zum Hotel Bagni Vecchi wert. Eine wohltuende Zeitreise für Körper und Geist von den Römern bis zum 19. Jahrhundert
www.qcterme.com

★ BOTANISCHER GARTEN REZIA

Wer sich für die Pflanzenwelt interessiert, wird sich in dem Giardino Botanico in der Via Sertorelli im Norden der Stadt wohlfühlen. Von Mai bis September kann man hier auf einer Fläche von über 14.000 Quadratmetern etwa 2500 verschiedene Pflanzenarten in vier Sektionen erleben.

★ HOTEL BELLAVISTA

Das Familienhotel der Skilegende Gustav Thöni auf der Nordseite des Stilfser Jochs in Trafoi bietet geräumige und komfortable Zimmer und Suiten, dazu Sauna, Whirlpool und einen gut ausgestatteten Weinkeller.
www.bella-vista.it

Von den großen Bergen zu den Weinbergen

Entlang der Mur erlebt man viele Facetten von Österreich

Diese Reise entlang der Mur von den Hohen Tauern bis nach Graz und weiter in die Weingärten der südlichen Steiermark ist eine sehr genussreiche Tour, die auch einen schönen Querschnitt österreichischer Lebensqualität bietet.

Die Mur ist ein weitgehend unterschätzter Fluss. Sie entspringt in den Hohen Tauern auf rund 2000 Metern Höhe, fließt in Richtung Osten quer durch Österreich und passiert dabei sehr unterschiedliche Landschaften. Vom Hochgebirge im 1 **Lungau** geht es weiter durch das enge Murtal in die Steiermark mit einer Zwischenstation bei der berühmten Formel-1-Rennstrecke bei Spielberg und schließlich weiter durch eine sehr ursprüngliche und traditionelle Landschaft bis nach Graz. Dort verlässt man das Gebirge und hat die berühmte Südsteiermark vor sich mit ihren sanft hügeligen Weingärten und herrlichen Panoramastraßen. Davor sollte man jedoch noch einen Stopp in Graz einlegen.

Nach der Ritterburg kommt bald die Formel 1

Der erste Abschnitt durch den Lungau, der noch zum Salzburger Land gehört, ist trotz des Hochgebirges eine gemütliche Strecke zur Ein-

Ein »exotisches Haustier« in der Neue-Welt-Gasse in Graz
Unten: Blick über Graz mit Schlossberg und dem Grazer Uhrturm

Tourinfo

Start: St. Michael im Lungau
Ziel: Bad Radkersburg
Länge: 328 Kilometer
Fahrtzeit: 5 Stunden
Beste Reisezeit: Mai bis Oktober

stimmung. Das weitere offene Tal gehört zu den sonnenreichsten Gegenden Österreichs. Eine gut ausgebaute Straße führt mehr oder weniger parallel zum Flusslauf ostwärts über Sankt Michael bis nach Tamsweg. Die Kleinstadt hat mit den bunten Bürgerhäusern und alteingesessenen Gasthäusern im Zentrum einen nostalgischen Charme. Der Gambswirt ist eine gute Adresse, wenn man die Vorzüge der regionalen Küche genießen will. Kurz danach wird das Tal enger und schlängelt sich weiter ostwärts vorbei an Ramingstein mit einer alten Ritterburg oberhalb des Dorfes, in dem ein Jugendhotel eingerichtet ist. Vorbei am Skigebiet Kreischberg kommt man schließlich nach

2 Murau: eine geschichtsträchtige Stadt mit einem historischen Zentrum mit engen Gassen und Kopfsteinpflaster, einer stattlichen Burg über dem Zentrum sowie einer renommierten Brauerei am Stadtrand. Entlang des Flussufers

Romantische Plätze wie diese Almhütte sind typisch für den Nationalpark Hohe Tauern. Unten: Die Weinberge an der Südsteirischen Weinstraße wie hier bei Gamlitz sind nicht nur eine Augenweide, sondern sie geben auch einen Vorgeschmack auf edle Tropfen.

führt die Reise ostwärts durch das anfangs enge und waldreiche Tal über Frojach bis Teufenbach. Bald wird das Murtal offener und flacher, man passiert Auwiesen und Getreidefelder. Gut 50 Kilometer sind es bis Judenburg. Ab Judenburg wird das Murtal deutlich breiter, die Berge werden flacher. Die Gegend wird mehr von Gewerbe und Industrie bestimmt, und man nähert sich langsam einer ganz speziellen Gegend. 3 **Spielberg** und Zeltweg sind stark vom Red Bull Ring geprägt. Rund um die Formel-1-Strecke hat Firmengründer Dietrich Mateschitz ein exklusives gastronomisches Netzwerk geschaffen.

Über Graz zu den Weinbauern

Auf dem weiteren Weg Richtung 4 **Graz** wird es bald wieder bodenständiger. Knittelfeld ist ein unscheinbarer kleiner Ort. Die Mur schlängelt sich dann weiter nordostwärts Richtung Leoben, absolviert dort einige enge Kurven. Die Landschaft verändert sich deutlich. Die Berge werden niedriger und waldreicher. Nächster größerer Ort ist Bruck an der Mur, wo die Mur eine Wende vollzieht und sich südwärts Richtung Graz aufmacht. Kleine beschauliche Dörfer säumen den Weg, der nun südwärts direkt Kurs auf Graz nimmt. Vorbei geht es an Frohnleiten und Gratwein, bald tauchen die Vororte von Graz auf, Österreichs zweitgrößter Stadt. Und eine, die kulturell und gastronomisch sehr viel zu bieten hat. Der perfekte Orientierungspunkt Richtung Zentrum ist der Schlossberg mit dem markanten Turm direkt am Murufer und oberhalb der sehenswerten Altstadt.

Die letzte Etappe führt dann weiter nach Süden, wo sich die Mur durch das flache Land schlängelt. Die Fahrt folgt ihr etwas weiter rechts auf der B67 bis Leibnitz und streift die mild aufsteigenden Weinberge rund um Gamlitz. Mit einem Abstecher auf die 5 **Weinstraße** nach Ratsch geht es dann nach Osten, wo die Mur die Grenze zwischen Österreich und Slowenien markiert. Über Mureck bringt uns die Südsteirische Grenzstraße Richtung Ziel. Nach Weixelbaum bietet sich ein kurzer Abstecher auf einer ruhigen Landstraße ganz nah an der Mur an. Etwa 20 Kilometer nach Mureck kommt schließlich die Grenzstadt Bad Radkersburg mit einem schönen historischen Zentrum und der Parktherme, wo man sich am Ende der Tour klassisch auf steirische Art entspannen kann.

EINKEHREN

★ LANDGASTHOF LÖCKERWIRT, ST. MARGARETHEN

Alteingesessener Gasthof etwas abseits der Hauptstraße in St. Margarethen bei St. Michael. Sehr gute regionale Küche mit Zutaten aus der eigenen Biolandwirtschaft. Im Haus gibt es auch neu eingerichtete Zimmer und einige Ferienwohnungen.
www.loeckerwirt.at

★ CONFISERIE KONDITOREI HOCHLEITNER, TAMSWEG

Das Lokal in der Kirchengasse wenige Meter vom Marktplatz entfernt ist berühmt und vielfach ausgezeichnet für seine hausgemachten Torten und Pralinen. Dazu gehört auch ein ganz klassisches Kaffeehaus.
www.hochleitner.at

★ STAINZERBAUER, GRAZ

Mitten in der Altstadt befindet sich diese Grazer Institution, ein Wirtshaus mit klassischem Ambiente und gehobener steirischer Küche.
www.stainzerbauer.at

★ FRANKOWITSCH, GRAZ

Das Lokal in der Altstadt ist berühmt für seine belegten Brötchen mit verschiedenen Schinken-, Käse- und Aufstrichsorten sowie für das Patisserie-Sortiment.
www.frankowitsch.at

★ SATTLERHOF, GAMLITZ

Renommiertes und vielfach ausgezeichnetes Weingut bei Gamlitz mit Genießerhotel, Wirtshaus mit klassisch steirischer Küche mit regionalen Zutaten und Haubenrestaurant
www.sattlerhof.at

ÜBERNACHTEN

★ GAMBSWIRT, TAMSWEG

Traditionsgasthaus am Marktplatz in Tamsweg mit neu renovierten Gästezimmern und Restaurant mit holzgetäfelter Stube und mit klassischer regionaler Küche
www.gambswirt.at

★ G'SCHLÖSSL,

Viersternehotel am südlichen Ufer der Mur bei Großlobming in einem herrschaftlichen Landsitz. Großzügige Parkanlage, edles Ambiente und großzügiger Wellnessbereich. Gehört zum Tauroa-Gastroimperium des Red-Bull-Gründers Dietrich Mateschitz
www.gschloessl-murtal.at

★ SCHLOSSBERGHOTEL, GRAZ

Direkt am Ufer der Mur und unterhalb des Schlossbergs residiert das elegante Viersterne-Kunsthotel.
www.schlossberghotel.at

25 Ein Fall für Sonnenliebhaber

Der Lungau ist der Geheimtipp im Salzburger Land

Auch wenn die Berge rundherum mächtig sind, beginnt diese Tour recht entspannt und ganz ohne große Steigungen. Die Fahrt durch den breiten und sonnenverwöhnten Lungau ist eine echte Genusstour.

Früher hieß es oft, der Salzburger Lungau, der südlichste Gau im Salzburger Land, sei allzu bodenständig und ein wenig altmodisch. Heute ist die Gegend absolut im Trend, hat genau das, was immer mehr Menschen suchen. Ein weites, offenes Haupttal mit viel Sonne und kleinen Ortschaften rechts und links der Mur, die wie eine zentrale Achse durch das Tal fließt. Und mit stillen Seitentälern, die als Sacktäler keinen Durchgangsverkehr haben. Hier ist es noch bodenständiger als draußen im Haupttal. Der Lungau ist eine der sonnenreichsten Gegenden in Österreich und seit 2012 UNESCO-Biosphärenpark. Und eine Gegend, in der sich viele alte Gewohnheiten gehalten haben. So wie bei Engelbert Sampl in Untenberg. Er pflegt noch das selten gewordene Handwerk des Fassbinders. In der Anfangszeit der Fassbinderei war die Produktion von Holzfässern für Most, Wein und Sauerkraut sowie Waschbottichen etwas ganz Alltägliches. Heute sind beheizbare Holzbadewannen und hölzerne Hollywoodschaukeln gefragte Produkte.

Fein speisen beim Biobauernhof

Wo so viel Tradition ist, da werden nicht nur alte Bräuche gepflegt, da gibt es auch viele gute und gesunde Spezialitäten. Dazu gehö-

Kräftige Farben und schöne Gasthäuser sind typisch für Tamsweg.
Rechts: Im Naturpark Riedingtal im Lungau liegen schöne Bergseen.

ren der Lungauer Eachtling, die berühmte und ausgezeichnete Qualitäts-Speisekartoffel, die man sehr oft in Kombination mit einem Schafbratl, im Dialekt als Schöpsernes bezeichnet, sowie Krenkoch (Meerrettich) und Grantn (Preiselbeeren) serviert bekommt. Ganz entspannt schmecken und erleben kann man das zum Beispiel beim Löckerwirt in St. Margarethen. Ein klassischer Gasthof aus dem 17. Jahrhundert am Rand des größten Zirbenwaldes in Europa mit Angus-Rindern, Ziegen, Hühnern und Weidegänsen, denen es im Wohlfühlstall und draußen auf den Wiesen gut geht. Hier werden Eachtling und Gerste angebaut und die Wirtin Flora Löcker hat ihren eigenen Kräutergarten. Das Mesnerhaus in Mauterndorf mit 600 Jahre Geschichte beherbergt eines der besten Restaurants der Region mit einer kreativen heimatverbundenen Küche, wie es offiziell heißt, und vier Hauben von Gault&Millau. Einen Zwischenstopp wert ist auch Tamsweg mit seinem schönen bunten Marktplatz. Beim Gambswirt werden in der kreativ rustikalen Gaststube regionale Spezialitäten aufgetischt. Nebenan gibt es beim Kemmts Eina eine solide Auswahl an regionalen Spezialitäten von Speck und Bratwurst über Käse bis zu Honig und Obstsäften. Und wer auf Süßes steht, der wird hier auch glücklich. Die Confiserie Konditorei Hochleitner in der nahen Kirchengasse ist berühmt und vielfach ausgezeichnet für ihre hausgemachten Torten und Pralinen.

Eine andere Spezialität des Lungau sieht man leider nur im Winter. Im stillen Thomatal am Südrand des Lungau gibt es seit etlichen Jahren ein Fahrtrainingszentrum, in dem man seine Künste auf Eis und Schnee verbessern kann.

TOP ★ ERLEBNISSE

★ BURG MAUTERNDORF

Die mächtige Burg oberhalb von Mauterndorf geht bis auf das 14. Jahrhundert zurück und beherbergt heute das Lungauer Landschaftsmuseum mit einer sehenswerten Ausstellung. Darunter ein originaler Samson, einer Riesenfigur, die im Lungau bei Umzügen auftritt und eine lange Tradition hat.
www.salzburg-burgen.at

★ PREBERSEE

Der Prebersee auf über 1400 Metern Höhe ist nicht nur ein romantischer Bergsee und mit dem Gasthaus Ludlalm am Ufer ein beliebtes Ausflugsziel. Hinauf kommt man über eine kurvenreiche Straße von Tamsweg aus. Berühmt ist er für das traditionelle Preberseeschießen. Dabei wird mit dem Gewehr auf die Wasseroberfläche gezielt, von der die Kugel abprallt und möglichst die Scheibe trifft. Den Wettkampf gibt es seit fast 200 Jahren. Termin ist jeweils im August.
www.lungau.at

Das historische Zentrum von Murau in der Steiermark
Rechts: Wasserspiel in der Altstadt

26 Hier dreht sich fast alles um Bier und Holz

Genuss mit Tradition in Murau

Die kleine Bezirksstadt Murau hat nicht nur erstaunlich viel Historie, sondern auch sehr nostalgisch anmutende, aber zeitgemäße Attraktionen für Genussmenschen.

Das Wahrzeichen von Murau ist schon von Weitem zu erkennen. Auf einem stattlichen Hügel residiert das Renaissanceschloss, das auch Sitz der Fürsten von Schwarzenberg ist. Denen, nebenbei bemerkt, rund um Murau ausgiebige Ländereien gehören. Das Schloss wurde ursprünglich im 13. Jahrhundert von Ulrich von Liechtenstein errichtet und später im 17. Jahrhundert im Renaissancestil neu aufgebaut. Schlossherr war bis vor kurzem Fürst Karel Schwarzenberg, ehemals Außenminister in Tschechien. Neben Privatgemächern gibt es im Schloss noch die Fürstliche Schwarzenbergsche Forstverwaltung, das Schlossmuseum und das Schwarzenbergsche Archiv. Im Sommer werden jeweils am Mittwoch und Freitag um 14 Uhr Führungen angeboten.

Ein Spaziergang im historischen Zentrum

Viel Historie gibt es aber auch unten im Ortszentrum. Murau ist zwar mit rund 2100 Einwohnern klein, hat aber erstaunlich viel zu bieten. Das Zentrum mit dem Schillerplatz und dem Marienplatz ist ein guter Ausgangspunkt für einen Spaziergang. Hier gibt es mit dem Stadtcafé und der Kailerei, einer lokalen Metzgerei mit Imbiss, gute Versorgungsmöglichkeiten. Danach spaziert man in die teils etwas enge Liechtensteinstraße bis zur Abzweigung der Bahnhofstraße und geht dort ein kurzes Stück bis zur Brücke, wo man einen sehr schönen Blick auf die Mur und die historische Häuserfassade hat. Wieder auf der Straße, geht es weiter in westlicher Richtung, wo man bald die Bier Apotheke auf der rechten Seite erreicht.

Die Straße mündet kurz danach in den Raffaltplatz, wo links das gutbürgerliche Gasthaus Brauhaus steht und man gleich danach links zur Brauerei abbiegen kann. Sie ist der wohl bekannteste Betrieb in Murau. Gebraut wird hier schon seit dem 15. Jahrhundert. Die Murauer Brauerei ist nicht nur für ihr sehr vielseitiges Sortiment bekannt, sondern auch für ihre Brauerei der Sinne. Dabei handelt es sich um eine Schaubrauerei, bei der man mit einer Miniproduktion den Brauvorgang erleben und die Produkte des Hauses auch verkosten kann. Wer auf den Geschmack gekommen ist, kann sich nebenan im Shop mit Bier, Limonaden und Accessoires eindecken.

In der Heimat des Riesen Samson

Nostalgie ist in Murau ein fast allgegenwärtiges Thema. Wie zum Beispiel bei den Ausfahrten mit den Dampfzügen der Murtalbahn, die hier natürlich Station macht. Tradition hat hier auch die Holzwirtschaft, weshalb Murau auch Holzhauptstadt Österreichs genannt wird. Dazu passt das Holzmuseum in St. Ruprecht, das nur wenige Kilometer Richtung Westen entfernt ist und eine auf mehrere Gebäude verteilte und sehr sehenswerte Ausstellung bietet. Wie auch im Lungau werden in Murau jedes Jahr im August Umzüge organisiert, bei denen der Samson, die mystische Riesenfigur, eine wichtige Rolle spielt.

TOP ★ ERLEBNISSE

★ BIER APOTHEKE

Die Kombination schein zunächst widersprüchlich. Aber in Murau macht sie Sinn, denn die Brauerei hat in der historischen Apotheke ein unkonventionelles Bierlokal eingerichtet, wo man sich dazu mit apothekengerechten Produkten wie Tees, Shampoos und Salben versorgen kann, bei denen Bier oder der Hopfen auch nicht unbeteiligt sind. Aber schon zum Einkehren ist das Lokal empfehlenswert.
www.murauerbier.at

★ GESUNDHEITSWERKSTÄTTE STOLZALPE

Die Stolzalpe ist der Hausberg von Murau im Norden und Sitz des Landeskrankenhauses. Dort gibt es eine ungewöhnliche Sehenswürdigkeit. In der Gesundheitswerkstätte ist ein Museum eingerichtet, in dem man eine Reise in die Geschichte der Medizin machen und historische Geräte teils selbst testen kann. Bei den Führungen gibt es auch noch allerhand praktische Tipps.
www.lkh-murtal.at

27 Spielberg

Speed und Luxus

Es gibt romantischere Regionen als die Gegend um Spielberg. Aber für die Red Bull Erlebniswelt rund um die Formel-1-Strecke ist das nicht wichtig. Hier dreht sich fast alles um Motorsport – inklusive exzellenter Luxushotels.

Auf dem Weg Richtung Osten entlang der Mur werden die Berge immer flacher und sanfter, sind die Orte immer mehr von Gewerbe und Industriebetrieben geprägt. Wir kommen nun in eine Autogegend. Da ist das kleine private Puch-Museum, das sich in Judenburg hinter dem Stadtmuseum versteckt, nur ein winziger Vorbote. Im Puch-Museum sind Kleinstautos, Mopeds und Motorräder der österreichischen Kultmarke ausgestellt. Das Museum liegt etwas abseits des Zentrums hinter dem Stadtmuseum.

Eine Gegend für Technikfans

Spielberg ist in Österreich das Epizentrum des Motorsports. Projekt Spielberg heißt die PS-starke Erlebniswelt von Red Bull. Die Formel-1-Rennstrecke befindet sich am Ortsrand der 5000-Einwohner-Gemeinde Spielberg am oberen Murtal. Umringt von den Bergen der Niederen Tauern und der Seetaler Alpen breitet sich das Aichfeld, ein länglich geformter Talkessel, aus, der von der Mur und der Schnellstraße S36 durchzogen wird und dessen Hauptorte Judenburg, Knittelfeld und Zeltweg sind. Die

In der Welt von Red Bull dreht sich fast alles um Geschwindigkeit, Benzin und Kraft. Der Red Bull Ring ist das Zentrum des Erlebnisparks Spielberg (unten und rechts).

wirtschaftliche Entwicklung wurde früh durch große Industriebetriebe geprägt. Mitte des 19. Jahrhunderts errichtete ein schlesischer Graf in Zeltweg, dem nächstgrößeren Nachbarort Spielbergs, ein Hüttenwerk. 1922 entstand eine Papierfabrik und nach dem Krieg sorgten das VÖEST-Stahlwerk und ein kalorisches Kraftwerk für Arbeitsplätze. In Sichtweite zur Rennstrecke steht der Fliegerhorst des österreichischen Bundesheeres.

Viel Technik und viele Motoren gab es hier also auch schon früher. Vor über 40 Jahren wurden auf dem Fliegerhorst in Zeltweg die ersten Autorennen veranstaltet. Bereits 1964 fand dort das erste Formel-1-Rennen statt. Weil aber die Piste den Veranstaltern zu holprig war und das Bundesheer sich nicht zu Aufbesserungsarbeiten überreden ließ, kam es schließlich zum Bau einer eigenen Rennstrecke gleich neben dem Flugplatz. Im Juli 1969 wurde der Österreichring eröffnet, ein Jahr später debütierte die Formel 1, gerade in jener Zeit, als der junge Grazer Jochen Rindt der aufkommende Star war. Bis 1987 gastierte die Formel 1 am Ring, der den Ruf einer der schnellsten Strecken hatte und offensichtlich auch eine der gefährlichsten war, denn nach einem tödlichen Unfall des Amerikaners Mark Donohue und spektakulären Massenkarambolagen kam das Aus für den österreichischen Grand Prix.

Red Bull gibt es auch mit fünf Sternen

Red Bull reanimierte die Rennstrecke 2011 und entwickelte eine weitläufige und opulente Erlebniswelt rund um den Ring. Die gesamte Strecke ist 4,3 Kilometer lang und kann in zwei Spangen aufgeteilt werden. Typisch für den Ring sind die markanten Höhenunterschiede mit einer maximalen Steigung von 12 Prozent. Fahren können hier nicht nur Profis. Es gibt eine Fülle von buchbaren Events. Mit Rennversionen von Porsche als Copilot auf dem Ring, mit Motorrad oder Geländewagen offroad unterwegs oder als Beifahrer mit einem amerikanischen Nascar. Im Winter auf Schnee mit Kart, Trial oder Snowmobil, Weinverkostungen, Wellnessprogrammen, Radausflügen oder Musikabenden im Schloss. Zu dieser Erlebniswelt gehört auch jede Menge Gastronomie, unter anderem mit den vier Luxushotels Schloss Gabelhofen, G'Schlössl Murtal, Steirerschlössl und Hofwirt, die alle rund um die Rennstrecke verstreut sind.

TOP★ERLEBNISSE

★ HOFWIRT IN SECKAU

Der Name Hofwirt hat viel Understatement. Bei diesem Haus handelt es sich nicht um ein Wirtshaus, sondern um ein prachtvolles Barockanwesen aus dem 17. Jahrhundert in einem Park direkt neben dem Kloster Seckau. Italiener würden es einen Palazzo nennen. Hier logiert man sehr gediegen und ruhig, das Gebäude wurde wie alle Red-Bull-Hotels sehr großzügig und geschmackvoll renoviert.
www.hotel-hofwirt.at

★ PUCHMUSEUM JUDENBURG

Es geht auch bescheidener. Mitten in Judenburg haben private Sammler ein Museum der österreichischen Kultmarke Puch eingerichtet. Puch baute Fahrräder, Mopeds, Roller, Geländefahrzeuge wie den Haflinger und Pinzgauer und vor allem flotte Lizenzversionen des alten Fiat 500. Das Museum versteckt sich ein paar hundert Meter östlich des Zentrums bei der Kaserngasse.
www.puchmuseum.at

Das Kunsthaus in Graz ist das moderne Wahrzeichen der Stadt.
Rechts: Blick vom Schlossbergplatz auf den Grazer Uhrturm, einem Wahrzeichen der Stadt.

28 Metropole mit Avantgarde und Nostalgie

Die steirische Hauptstadt ist erstaunlich vielseitig

Graz, die ehemalige Kulturhauptstadt Europas, präsentiert sich mit einer ungewöhnlichen Vielfalt, mit einer bezaubernden Altstadt, viel modernem Zeitgeist und vor allem mit einer exzellenten regionalen Kulinarik.

Keine Frage, Graz ist ein absoluter Höhepunkt auf dieser Tour. Die Hauptstadt der Steiermark ist nicht nur die zweitgrößte Stadt Österreichs mit mehr als 290.000 Einwohnern, sie ist auch bekannt als Kulturmetropole und für ihre außergewöhnlich sehenswerte Altstadt. Seit 1999 trägt sie eben wegen der schönen Altstadt auch den Titel UNESCO Weltkulturerbe. Es lohnt sich also, hier einen längeren Stopp einzulegen.
Bereits von Weitem gut erkennbar ist das Wahrzeichen von Graz, der Schlossberg, der in der Geschichte eine wichtige Funktion zur Verteidigung hatte. Hinauf kommt man entweder auf einer recht steilen kurvenreichen Straße oder mit der Schlossbergbahn, mit Lift oder auf einigen Fußwegen. Der Schlossberg hat übrigens auch einige unterirdische Gänge, die aus dem Zweiten Weltkrieg stammen. Oben gibt es den Glockenturm mit der Liesl, der größten Glocke in Graz, die große Zisterne und ein Restaurant. Und natürlich eine perfekte Aussicht auf die Stadt samt Umgebung.

Vom Hauptplatz hinauf zum Schlossberg

Dass Graz im Jahr 2003 europäische Kulturhauptstadt war, daran erinnern noch einige außergewöhnliche Bauwerke, wie die Murinsel, eine eigenwillige Stahlkonstruktion des amerikanischen Architekten und Installationskünstlers Vito Acconci auf dem Wasser der Mur, von der man nicht genau sagen kann, ob es eine Insel oder doch eher ein Schiff ist. Schiff trifft wohl eher zu, weil sie nicht mit dem Boden verbunden ist. Drinnen kann man einkehren und sich mit steirischen Spezialitäten versorgen. Ähnlich avantgardistisch ist das Kunsthaus Graz am Westufer der Mur und nur wenige Meter von der Murinsel entfernt. Die Ausstellungen konzentrieren sich auf moderne Kunst der letzten fünf Jahrzehnte.

Vom Kunsthaus kommt man über die Erzherzog-Johann-Brücke recht rasch direkt zum Hauptplatz. Dieser weitläufige Platz ist ein idealer Ausgangspunkt, um die Altstadt von Graz zu erkunden. Und die ist wirklich sehr umfangreich und vielschichtig mit vielen kleinen Gassen. Dass man hier wieder auf Erzherzog Johann trifft, diesmal ist es ein großes Bronzestandbild, ist kein Zufall. Schließlich ist er für die Steiermark die bedeutendste historische Persönlichkeit. Das im Renaissancestil gebaute Grazer Landhaus gehört zu den wichtigsten historischen Bauten in der Stadt. Der Landhauskeller ist ein sehr traditionsreiches und populäres Restaurant mit klassisch steirischer Küche. Nebenan im Landeszeughaus gibt es eine umfangreiche Sammlung an Rüstungen. Zwischen den Ufern der Mur im Westen und dem Stadtpark im Osten kann man sich in der Grazer Altstadt einfach treiben lassen, neugierig durch die Gassen schlendern und viele interessante Geschäfte und Lokale entdecken. Typisch für Graz ist diese lebendige Mischung aus traditionell und modern, aus bürgerlich und jugendlich. Das hat viel damit zu tun, dass Graz auch eine Studentenstadt ist mit 60.000 Studenten und vier Universitäten.

TOP★ERLEBNISSE

★ SCHLOSS EGGENBERG

Das majestätische Schloss etwas abseits des Zentrums ist mit seiner Parkanlage nicht nur eines der bedeutendsten Bauwerke in Graz, sondern auch eine interessante bauliche Umsetzung des Universums, wie es der Bauherr Hans Ulrich von Eggenberg im frühen 17. Jahrhundert wünschte – mit 365 Fenstern, 31 Räume pro Stockwerk, dazu 24 Prunkräumen mit 52 Türen und insgesamt 60 Fenstern sowie einem Planetensaal und Gemälden mit Himmelskörpern und Tierkreiszeichen.
www.museum-joanneum.at

★ GRAZER BURG

Der Sitz der steirischen Landesregierung hat sich über die Jahrhunderte zu einem historischen Bauwerk mit Stilelementen von Biedermeier, Gotik und Renaissance entwickelt. Eine unkonventionelle Attraktion ist die Doppel-Wendeltreppe, die aus zwei gegenläufigen Treppen besteht, die bei jedem Stockwerk zusammenkommen und sich dann wieder trennen.

29 Eine Genusstour auf der Südsteirischen Weinstraße

Ein Finale mit vielen verlockenden Begegnungen

Zum Abschluss der Reise wäre ein Ausflug auf die berühmteste aller Weinstraßen in der Steiermark eine stilgerechte Belohnung: von Weingut zu Weingut mit herzhafter Küche und herrlichen Aussichten auf eine bezaubernde Landschaft.

Klöch bei Bad Radkersburg im Südosten der Steiermark
Rechts: Ein Klapotetz an der Südlichen Weinstraße bei Leutschach: Das Windrad mit seinem rhythmischen Geklapper dient in der Region als Vogelscheuche.

Die letzte Etappe dieser Reise führt von Graz Richtung Süden und dann nach Osten bis Bad Radkersburg. Dabei streift die Strecke eine wahre Institution in der Steiermark. Die Südsteirische Weinstraße ist von den zahlreichen Weinstraßen in der Steiermark die älteste und bekannteste, gibt es sie doch bereits seit mehr als 60 Jahren. In Leutschach kann man sich der Weinstraße anschließen, fährt dann über Gamlitz, Ratsch und Ehrenhausen bis Spielfeld und durchquert dabei eines der bekanntesten und schönsten Weinbaugebiete der Steiermark, ja sogar Österreichs. Unterwegs warten nicht nur viele herrliche Aussichtsplätze, klassische Weingüter und reizvolle Restaurants und Buschenschanken, sondern auch viel Kultur und allerhand Kuriositäten. Und man findet in den Orten historische Häuser, Kirchen und Museen.

Wein, Würstl und Kürbiskernöl

Man kann diese Weinstraße natürlich mit dem Auto abfahren, was aber angesichts potenzieller Weinverkostungen vielleicht nicht ideal ist. Kilometermäßig ist die Strecke keine große Distanz. Reizvoll kann es auch sein, den Aus-

flug zu Fuß oder mit dem Bike oder E-Bike zu machen. Es gibt auch Angebote, solche Ausflüge mit dem Traktor zu machen. Die perfekte Entschleunigung. Um einen solchen Ausflug auch wirklich genießen zu können, sollte man einiges über die Spezialitäten der steirischen Weinberge wissen.

Wenn man hier unterwegs ist, dann kehrt man gewöhnlich in den Buschenschanken ein. Diese Lokale haben eine lange Tradition, es gibt sie bereits seit dem 17. Jahrhundert. Ein Buschenschank zeichnet sich dadurch aus, dass der Betreiber selbst hergestellte Speisen und Getränke verkauft. Solche Betreiber sind meist Weingüter, die den Verkauf auch offiziell anzeigen müssen. Und das, was auf den Tisch kommt, ist meist deftig und herzhaft. Der Klassiker ist die steirische Brettljause mit kaltem Schweinebraten, Geselchtem, Verhackertem, einem Aufstrich aus Schweinefleisch, Würstln, Käse, Kren, etwas Gemüse und hausgemachtem Bauernbrot. Zum Nachtisch kommen dann Mehlspeisen wie Buchteln, Krapfen oder Strudel auf den Tisch.

Generell eine sehr wichtige Rolle in der steirischen Küche spielt das Kürbiskernöl, das zur Geschmacksverbesserung, zum Salat oder als Aufstrich zum Einsatz kommt. Neu und sehr empfehlenswert ist das Kürbiskernöl auch im Eis, eine etwas weniger süße, aber sehr geschmackvolle Variante. Dazu trinkt man natürlich steirische Weine aus der Region bzw. eben direkt vom Produzenten und Gastgeber. Und da ist der Schilcher, ein fruchtiger Roséwein aus der Blauen Wildbacher Rebe, ein steirischer Klassiker.

Klapotetz, ein steirisches Original

Wenn man dann noch weiß, was ein Klapotetz ist, dann kann eigentlich nicht mehr viel schief gehen. Klapotetz sind die hohen klappernden Vogelscheuchen aus Holz, die ein Symbol für die südliche Steiermark sind. Der weltweit größte Klapotetz steht direkt an der Südsteirischen Weinstraße in Schloßberg unweit von Leutschach und misst 19 Meter in der Höhe, wiegt 25 Tonnen und hat ein Fundament, das 9 Meter tief in die Erde reicht.

TOP ★ ERLEBNISSE

★ HEILIGENGEISTKLAMM

Die Klamm in der Nähe von Leutschach wurde schon 2015 offiziell zum schönsten Platz in der Steiermark gewählt. Von Spitzmühle aus führt der Weg am Heiligengeistbach entlang bergauf mit einigen Wasserfällen bis zum Hof Waucher und direkt zur Grenze nach Slowenien. Über die oberGuess-Mühle und den Buschenschank Grill geht es zurück durch die Weingärten zum Weingut Albrecher und zum Ausgangspunkt. Trittsicherheit, gute Kondition und solides Schuhwerk sind ratsam.

★ BÄRENHOF BERGHAUSEN

In der weitläufigen Anlage bei Ehrenhausen sind elf Braunbären zu Hause, die hier relativ gute Lebensbedingungen haben. Man kann sie in den Gehegen gut beobachten und sich bei Führungen weiter informieren. Es gibt mit der Bärenhütte auch eine Einkehrmöglichkeit.
www.baerenhof-berghausen.com

Blühende Alpenrosen im Cadoretal unweit der Tofana
Unten: Das Cadoretal gehört zu den schönsten Regionen in den Dolomiten.

Alemagna

Auf der Römerstraße vom Veneto nach Südtirol

Von den sanften Gärten des Prosecco-Gebiets geht es auf der historischen Alemagna geradewegs nach Norden durch das Cadoretal bis Cortina d'Ampezzo. Ein durch und durch italienischer Ausflug, der zum Schluss noch einen Abstecher nach Südtirol ins Pustertal macht.

Quer durch die Alpen zu reisen, ist keine Errungenschaft der Neuzeit. Schon die alten Römer waren häufig Richtung Norden unterwegs, und Händler nutzten die Nord-Süd-Passagen durch die Berge. Eine dieser gefragten Routen kennt man heute als Alemagna, wie sie die Italiener nannten, wohl weil sie Richtung Deutschland oder zumindest in deutschsprachige Gegenden führt. Sie verläuft auf 134 Kilometern von San Vendemiano bei Conegliano nordwärts über Vittorio Veneto durch das Cadoretal bis Cortina d'Ampezzo und weiter durch das Höhlensteintal zum Endpunkt Toblach. Während des Ersten Weltkriegs war dies eine wichtige Route, auf ihrem Verlauf wurden Eisenbahnverbindungen gebaut. Der Name steht auch für ein bis heute umstrittenes Projekt, eine Autobahnverbindung, über die heftig diskutiert wurde.

Stilvoller Start am Südrand der Alpen

Unabhängig davon hat diese Route viele Qualitäten, führt vom flachen Alpenvorland im Veneto über das Cadoretal bis zu den Südtiroler Dolomiten. Der Streckenverlauf ist sehr leicht nachvollziehbar. Man fährt die gesamte Route auf der Strada Statale 51. Es beginnt am Nordrand von 1 **Conegliano** im Ortsteil San Vendemiano, wo die SS51 von der SS13 abzweigt und zunächst relativ monoton durch das flache Land führt, vorbei an einem großen Gewerbegebiet, bis nach 10 Kilometern Vittorio Veneto erreicht ist. Die alte Bischofsstadt hat ein sehenswertes historisches Zentrum und viele

Tourinfo

Start: Conegliano
Ziel: Toblach
Länge: 130 Kilometer
Fahrtzeit: 2,5 Stunden
Beste Reisezeit: Mai bis Oktober

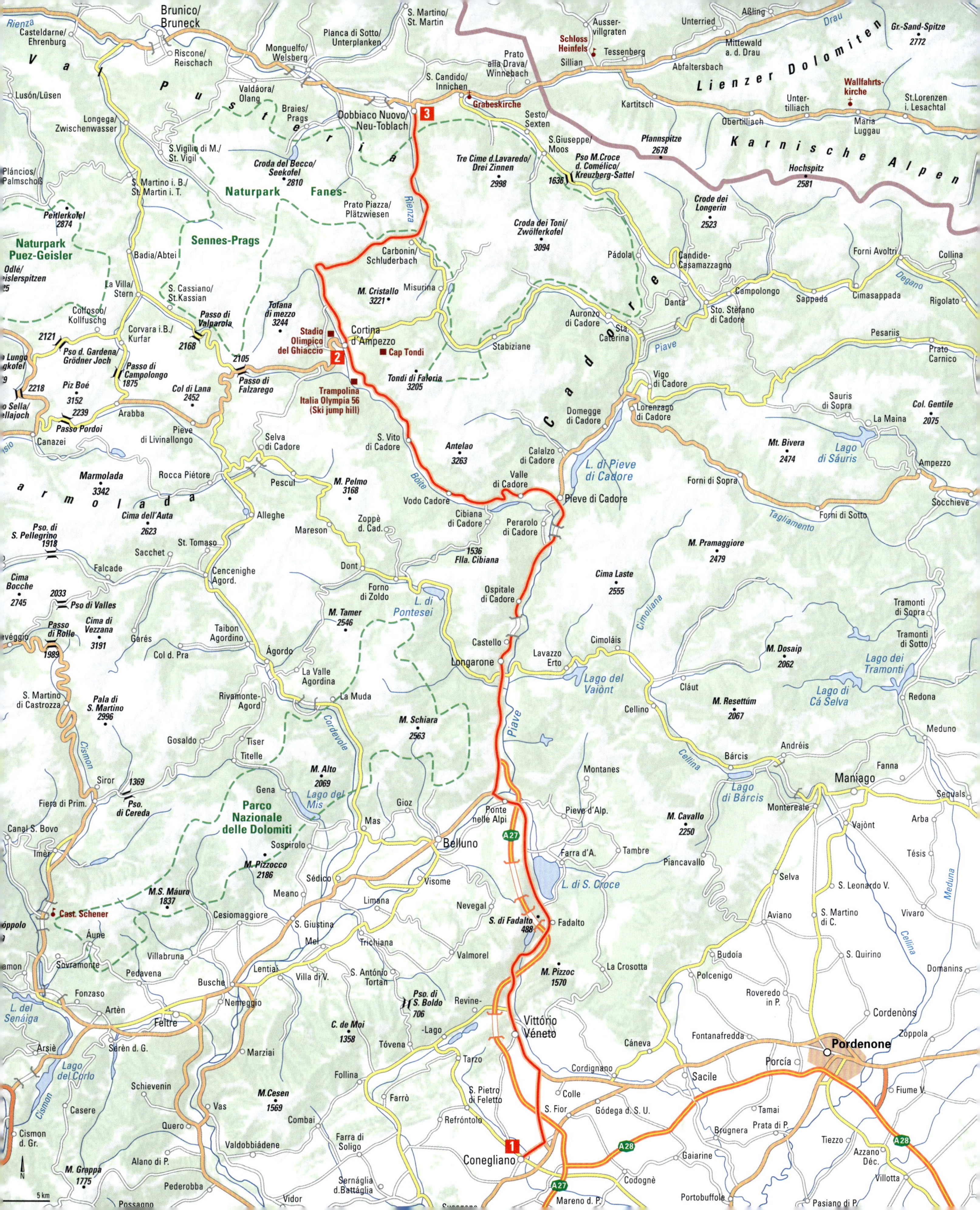

Brunico/ Bruneck
Rienza
Casteldarne/ Ehrenburg
Riscone/ Reischach
Val Pusteria
Monguelfo/ Welsberg
Planca di Sotto/ Unterplanken
S. Martino/ St. Martin
Schloss Heinfels
Ausser-villgraten
Tessenberg
Unterried
Aßling
Drau
Mittewald a. d. Drau
Gr.-Sand-Spitze 2772
Lienzer Dolomiten
Prato alla Drava/ Winnebach
Sillian
Abfaltersbach
S. Candido/ Innichen
Grabeskirche
Valdáora/ Olang
Braies/ Prags
Dobbiaco Nuovo/ Neu-Toblach
3
Sesto/ Sexten
Kartitsch
Unter-tilliach
Wallfahrts-kirche
St.Lorenzen i. Lesachtal
Obertilliach
Maria Luggau
Lusón/Lüsen
Longega/ Zwischenwasser
S.Vigilio di M./ St. Vigil
Croda del Becco/ Seekofel 2810
Tre Cime d.Lavaredo/ Drei Zinnen 2998
S.Giuseppe/ Moos
Pso M.Croce d. Comélico/ Kreuzberg-Sattel
1636
Pfannspitze 2678
Karnische Alpen
Hochspitz 2581
Pláncios/ Palmschoß
S. Martino i. B./ St. Martin i. T.
Naturpark Fanes-Sennes-Prags
Prato Piazza/ Plätzwiesen
Rienza
Peitlerkofel 2874
Naturpark Puez-Geisler
Odle/ Geislerspitzen
Badia/Abtei
Carbonin/ Schluderbach
Croda dei Toni/ Zwölferkofel 3094
Crode dei Longerin 2523
Pádola
Candide-Casamazzagno
Forni Avoltri
Collina
La Villa/ Stern
S. Cassiano/ St.Kassian
M. Cristallo 3221
Misurina
Danta
Campolongo
Sappada
Cimasappada
Degano
Rigolato
Colfosco/ Kollfuschg
Passo di Valparola
Tofana di mezzo 3244
Stadio Olimpico del Ghiaccio
Cortina d'Ampezzo
Cap Tondi
2
Stabiziane
Auronzo di Cadore
Sta. Caterina
Sto. Stéfano di Cadore
Pesariis
Prato Carnico
2121
Corvara i.B./ Kurfar
2168
Pso d. Gardena/ Grödner Joch
2105
Passo di Campolongo 1875
Passo di Falzarego
Trampolina Italia Olympia 56 (Ski jump hill)
Tondi di Faloria 3205
Cadore
Piave
Vigo di Cadore
Sauris di Sopra
Col. Gentile 2075
La Maina
2218
Piz Boé 3152
Col di Lana 2452
2239
Passo Pordoi
Arabba
Pieve di Livinallongo
Lorenzago di Cadore
Domegge di Cadore
Lago di Sáuris
Mt. Bivera 2474
Canazei
Selva di Cadore
S. Vito di Cadore
Antelao 3263
Calalzo di Cadore
L. di Pieve di Cadore
Ampezzo
Marmolada 3342
Rocca Piétore
Pescul
M. Pelmo 3168
Boite
Valle di Cadore
Pieve di Cadore
Forni di Sopra
Socchieve
Cima dell'Auta 2623
Alleghe
Vodo Cadore
Cibiana di Cadore
Perarolo di Cadore
Forni di Sotto
Tagliamento
Pso. di S. Pellegrino 1918
St. Tomaso
Mareson
Zoppè d. Cad.
1536 Flla. Cibiana
M. Pramaggiore 2479
Sacchet
Falcade
Cencenighe Agord.
Dont
Cima Bocche 2745
2033
Pso di Valles
Forno di Zoldo
Ospitale di Cadore
Cima Laste 2555
Tramonti di Sopra
Cima di Vezzana 3191
Passo di Rolle 1989
Taibon Agordino
L. di Pontesei
M. Tamer 2546
Gares
Col d. Pra
Ágordo
Castello
Cimolais
Cimoliana
Tramonti di Sotto
M. Dosaip 2062
Longarone
Lavazzo Erto
Lago del Vaiónt
Lago dei Tramonti
S. Martino di Castrozza
Pala di S. Martino 2996
La Valle Agordina
Cláut
Lago di Cá Selva
Rivamonte-Agord
La Muda
M. Resettúm 2067
Redona
Cellino
Cismon
M. Schiara 2563
Cordevole
Meduno
Gosaldo
Tiser
Titelle
Piave
Andréis
Siror
1369
Pso. di Cereda
M. Alto 2069
Bárcis
Cellina
Fanna
Montanes
Maniago
Fiera di Prim.
Gena
Lago del Mis
Parco Nazionale delle Dolomiti
Gioz
Ponte nelle Alpi
Pieve d'Alp.
Lago di Bárcis
Montereale
Sequals
M. Cavallo 2250
Canal S. Bovo
Mas
A27
Vajónt
Arba
Imer
Sospirolo
Belluno
Farra d'A.
Tambre
Tésis
M. Pizzocco 2186
Sédico
Visome
Piancavallo
L. di S. Croce
Selva
S. Leonardo V.
Meano
Limana
Nevegal
M.S. Máura 1837
Cast. Schener
Cesiomaggiore
S. Giustina
S. di Fadalto 488
Fadalto
Aviano
S. Martino di C.
Vivaro
Áune
Mel
Trichiana
Valmorel
Meduna
Villabruna
Sovramonte
Budoía
S. Quirino
Pedavena
Lentiai
S. António Tortan
M. Pizzoc 1570
La Crosotta
Polcenigo
Domanins
Villa di V.
Busche
Fonzaso
Pso. di S. Boldo 706
Revine-Lago
Roveredo in P.
L. del Senáiga
Artèn
Nemeggio
C. de Moi 1358
Vittório Véneto
Cordenòns
Feltre
Fontanafredda
Zoppola
Arsiè
Seren d. G.
Marziai
Tóvena
Cáneva
Pordenone
Lago del Corlo
Tarzo
Porcía
Cordignano
Sacile
Schievenin
Follina
S. Pietro di Feletto
Colle
Fiume V.
Casere
M.Cesen 1569
Farrò
S. Fior
Gódega d. S. U.
Tamai
Vas
Refróntolo
Brugnera
Prata di P.
Cismon d. Gr.
Quero
Combai
Farra di Soligo
1
Tiezzo
A28
Valdobbiádene
Conegliano
Gaiarine
Azzano Déc.
Alano di P.
M. Grappa 1775
Pederobba
Sernáglia d.Battáglia
Codognè
Villotta
N
5 km
Possagno
Vidor
Mareno d. P.
Portobuffolè
Pasiano di P.

Die mächtigen Felswände der Tofana spiegeln sich im klaren Wasser eines Bergsees.

Kirchen und Museen. An die heftigen Kämpfe während des Ersten Weltkriegs erinnert das Museo della Battaglia. Die SS51 kreuzt das Zentrum von Vittorio Veneto und nimmt dann parallel zur Autobahn Kurs nach Norden, passiert zwei kleine Seen und landet schließlich am Ufer des Lago di Santa Croce, der vor allem bei Windsurfern sehr beliebt ist. Es gibt nun zwei Möglichkeiten, am See entlangzufahren. Die schnellere Variante ist es, links auf der SS51 zu bleiben. Alternativ kann man rechts mit einigen Kurven und Höhenmetern auf der SP423 fahren und kommt dann in einem weiten Bogen am Nordufer bei La Secca wieder auf die SS51. Danach geht es am Ufer des Flusses Piave kontinuierlich in nördlicher Richtung weiter in die Berge und ins Cadoretal.

Kurvenreich durch das Cadoretal

Kurz nach Faé kommt man in den Ort Longarone. Hier spielte sich am 9. Oktober 1963 eine große Katastrophe ab, als ein Bergrutsch in den Stausee in der Vajontschlucht rechts oberhalb von Longarone eine riesige Flutwelle auslöste und Longarone und einige andere Dörfer überschwemmte. Rund 2000 Menschen kamen damals zu Tode. Danach geht die Reise weiter nordwärts an der Piave entlang durch das enger werdende Tal. Nach etwa 20 Kilometern ist schließlich Pieve di Cadore erreicht. Dort ändert die Alemagna den Kurs und führt in nordwestlicher Richtung weiter Richtung **2 Cortina d'Ampezzo**. Gut 30 Kilometer sind es noch durch das Valle del Boite bis Cortina, vorbei an dichten Tannenwäldern. Ein ungewöhnliches Hotel steht links an der Straße bei Borca di Cadore. Das Park Hotel Des Dolomites ist ein mächtiger Bau aus dem Jahr 1904, das 1956 der Bischof von Padua erworben hatte und wo schon mehrere Päpste logierten. Auf halber Strecke passiert man Pieve di Cadore, im Sommer wie im Winter ein traditionsreicher Urlaubsort mit vielen Hotels.

Von der Tofana Richtung Südtirol

In Cortina d'Ampezzo wird man standesgemäß empfangen. Beim Kreisverkehr sieht man rechts das feudale Grand Hotel Savoia und links die Kirche Madonna della Difesa. Auf der Umgehungsstraße macht die Alemagna einen Bogen um das Zentrum zur rechten Seite und vorbei am Bahnhof, wo es auch Parkmöglichkeiten gibt. Am nördlichen Teil des Ringes um das Zentrum geht es direkt nach Norden weiter mit einem schönen Blick links in Richtung der Gipfel der Tofana. Der letzte Abschnitt der Alemagna führt nun durch das idyllische Höhlensteintal direkt nach **3 Toblach** auf rund 32 Kilometern. Nach den letzten Häusern von Cortina fährt man geradeaus vorbei am Langlaufzentrum rechts und dem Flugplatz links, passiert einige Kurven bergauf und kommt nach Schluderbach mit einigen historischen Hotelgebäuden. Nach dem Dürrensee rechts an der Straße kommt einen Kilometer später der Drei-Zinnen-Blick, wo sich rechts die Aussicht auf die drei berühmten Gipfel auftut. Kurz danach sieht man rechts zwischen den Bäumen die Überreste von Festungsanlagen aus dem Ersten Weltkrieg. Weiter geht es nach Toblach und vorbei am idyllischen Toblacher See, bis man schließlich in Neu-Toblach landet und die Pustertaler Straße kreuzt, um ins alte Toblach, das eigentliche Dorfzentrum zu gelangen.

EINKEHREN

★ RISTORANTE ANTICA VITTORIA, VITTORIO VENETO

Klassisches Ristorante mit elegantem Interieur im historischen Ortsteil Serravalle. Regionale Küche und dazu zahlreiche Fischspezialitäten
www.anticavittoria.it

★ AL CAPRIOLO, VODO DI CADORE

Das historische Haus direkt an der Hauptstraße beherbergt ein Ristorante mit rustikalem Interieur, mit einer verfeinerten ländlichen Küche und eine Locanda mit geschmackvoll renovierten und komfortablen Zimmern.
www.alcapriolo.it

★ SAN BRITE, CORTINA D'AMPEZZO

Der neue Star in der Cortineser Gastroszene entstammt einem Agriturismo-Familienbetrieb am östlichen Ortsrand von Cortina d'Ampezzo Richtung Misurina. Gekocht wird hier mit hochwertigen Zutaten der hiesigen Landwirtschaft, und das sehr kreativ. Milch, Käse, Butter und Joghurt aus eigener Produktion
www.sanbrite.it

★ RISTORANTE OSPITALE, CORTINA D'AMPEZZO

Das Traditionsgasthaus direkt an der Straße Richtung Toblach bietet innen ein schön renoviertes rustikales Ambiente, dazu eine regionale Küche der gehobenen Kategorie. Unaufdringlich rustikal sind auch die Gästezimmer.
www.ristoranteospitale.com

ÜBERNACHTEN

★ RELAIS D'ARFANTA

Stilvolle Villa auf dem Land bei Tarzo nicht weit von Conegliano mit nur sieben Suiten. Exklusives Ambiente, Sauna, Außenpool und Fitnessraum. Gourmetfrühstück inklusive
www.relaisdarfanta.it

★ COLONIA RESORT, VITTORIO VENETO

Elegantes Landhotel außerhalb von Vittorio Veneto in den Hügeln des Prosecco-Gebiets. Großzügiger Außenbereich mit Pool, klassisch eingerichtete Zimmer und ein Restaurant mit italienischer und internationaler Küche. Kleines Wellnessangebot
www.coloniaresort.com

★ NATURA CHALET HOTEL, TOBLACH

Kleines feines Chalet-Hotel am Südrand von Toblach im Grünen. Schlicht elegantes Ambiente mit viel Zirbenholz. Kleines Spa-Angebot mit Sauna, Whirlpool und Infrarotkabine
www.chaletnatura.com

★ HOTEL SANTER, TOBLACH

Bekanntes und etabliertes Viersternehotel direkt an der Straße in Toblach. Sehr gutes Wellnessangebot. Regionale Küche mit Fleisch aus eigener Zucht
www.hotel-santer.com

Starke Kurven bei der Strada del Prosecco im Veneto
Rechts: Rund um Guia werden Trauben für Prosecco angebaut. In der Region kommen Feinschmecker ebenso auf ihre Kosten wie Wanderer.

30 In der Heimat des Prosecco

Ein Paradies für italophile Genießer

Conegliano ist dank seiner sehenswerten Altstadt mit vielen historischen Palazzi und vor allem als Zentrum der Prosecco-Produktion ein echter Geheimtipp. Das Anbaugebiet gehört zum UNESCO-Weltkulturerbe.

Der Startort dieser Tour ist die kleine Stadt Conegliano direkt vor den Ausläufern der Belluneser Dolomiten. Conegliano mag kein klassischer Touristenort sein, die Stadt mit 35.000 Einwohnern hat aber erstaunlich viele Qualitäten. Dazu gehört die sehenswerte Altstadt mit vielen gut erhaltenen historischen Gebäuden, dem prachtvollen Rathaus und dem Teatro del Accademia direkt bei der zentralen Piazza Giovanni Battista Cima. Die Piazza ist nach dem Renaissancemaler des 15. Jahrhunderts aus Conegliano benannt. Ein Spaziergang durch die engen Gassen und Laubengänge rund um die Piazza gehört zu den besonderen Erlebnissen in der Stadt. Dass sich in der Stadt so viele stattliche Häuser befinden, hat vor allem damit zu tun, dass sich im Mittelalter hier viele wohlhabende Venezianer ihre Sommerresidenzen bauen ließen.

An der Via del Prosecco

Wirklich bekannt ist Conegliano aber durch den Prosecco. Denn die Stadt ist ein Startpunkt der Via del Prosecco, der berühmten Straße, an der der echte und authentische Prosecco angebaut wird. Die Via del Prosecco führt auf 33 Kilometern nach Westen bis nach Valdobbiadene durch das offizielle Anbaugebiet Valdobbiadene Conegliano. Was als Prosecco dort produziert wird, trägt den Titel Prosecco di Conegliano Valdobbiadene DOCG. Natürlich gibt es hier viele Möglichkeiten, guten Prosecco entweder direkt beim Erzeuger zu kaufen oder in der Stadt in den Bars und Ristoranti zu genießen. In Conegliano gibt es dazu die renommierte Scuola Enologica Cerletti, an der Önologen ausgebildet werden. Das Anbaugebiet ist seit 2019 als »Le Colline del Prosecco di Conegliano e Valdobbiadene« Teil des UNESCO-Weltkulturerbes.

Der originale Prosecco ist also ein guter Grund, sich Conegliano etwas intensiver zu widmen. Kommen wir zurück zur Altstadt von Conegliano: Die Piazza Giovanni Battista Cima ist so etwas wie die gute Stube in der Stadt. Das Ensemble aus historischen Häusern und dem Rathaus mit großzügigen Laubengängen, den Straßencafés in der Piazza sowie der prachtvollen hellen Fassade des Teatro samt ihren großen Statuen strahlt eine gediegene Eleganz aus.
Von der Piazza sind es nur ein paar Schritte zur Fondazione Giovanni Battista Cima, dem Kunstmuseum mit Werken des berühmten Malers. Von hier lohnt sich ein kurzer Abstecher hinauf zum Castellvecchio, zur Burg mit der Kirche Sant'Orsola und dem Museo Civico, in dem eine umfangreiche Sammlung historischer Objekte von archäologischen Funden bis zu Gemälden einheimischer Künstler zu sehen ist. Direkt daneben steht die prachtvolle neoklassizistische Villa Gera, eine beliebte Eventlocation vor allem für Hochzeiten. Der Weg lohnt sich allein schon wegen der perfekten Aussicht auf die Stadt.

Ungewöhnliche Aufführungen

Noch ein Tipp zum Schluss: In Conegliano gibt es jedes Jahr im Juni eine ungewöhnliche Veranstaltung. Bei der Dama Castellana wird in der Altstadt mit lebenden Figuren in historischen Kostümen ein Damespiel durchgeführt.

TOP ★ ERLEBNISSE

★ MUSEO DEGLI ALPINI

Das private Museum in der Piazzale S. Martino dokumentiert die Geschichte der Alpini, der legendären italienischen Gebirgsjäger. Das Gebäude war früher Teil einer Kaserne.
www.visitconegliano.it

★ PROSECCO-BIKE-TOUR

Ein organisierter Ausflug in das Prosecco-Anbaugebiet mit einer 35 Kilometer langen Runde von Conegliano aus. Mit zahlreichen Produzenten, historischen Plätzen und Aussichtspunkten unterwegs
www.visitconegliano.it

★ VILLA BARBERINA

Elegant und nostalgisch ist das Viersternehotel in einem historischen Landsitz am Nordrand von Conegliano mitten in den Weinbergen. Ein Pool, die schöne Aussicht auf die Umgebung und das eigene Weingut runden den Aufenthalt ab.
www.villabarberina.it

31 Cortina d'Ampezzo

Bella Figura in den Dolomiten

Cortina d'Ampezzo ist ein Klassiker. Ein Nobelort mit viel Historie und immer noch mit Flair. Dafür sorgen vor allem die umliegenden Gipfel, die eine hochkarätige Kulisse für sportliche Aktivitäten im Sommer wie im Winter abgeben.

Die Ankunft in Cortina d'Ampezzo auf 1224 Metern Höhe ist standesgemäß mit einer ebenso spektakulären wie berühmten Kulisse. Die Tofana mit 3244 Metern und der Monte Cristallo mit 3221 Metern sind die bekanntesten und auffälligsten Gipfel rund um den italienischen Nobelort. Seinen Ruf hat Cortina d'Ampezzo vor allem als Wintersportort, als Schauplatz der Olympischen Spiele 1956, als damals Toni Sailer aus Kitzbühel als Erster alle drei Goldmedaillen im alpinen Skilauf gewann. Das waren damals die ersten Olympischen Spiele, die im Fernsehen übertragen wurden. Und demnächst werden 2026 wieder Olympische Winterspiele stattfinden, die sich Cortina d'Ampezzo mit Mailand teilen wird.

Doch kommen wir zurück zum Ruf des Ortes. Der hat viel damit zu tun, dass reiche Italiener sich hier in den 1960er- und 1970er-Jahren ihre Privatvillen bauen ließen, um diskret die Ferien im Schnee zu genießen. Das ist auch der Grund, weshalb es hier nicht so viele Luxushotels wie etwa in Kitzbühel oder St. Moritz gibt. Man bleibt hier lieber unter sich.

Nobeltourismus mit Tradition

Aber es gibt noch eine Geschichte vor der Geschichte. Nobel war es hier bereits zur Jahrhundertwende bis zum Ausbruch des Ersten Weltkriegs. Urlaub in den Bergen war damals ein Privileg der Gebildeten und Wohlhabenden. Die einen versuchten sich als Gipfelstürmer

Eleganz und Romantik am Misurinasee
Rechts: Der klare See bietet einen herrlichen Blick auf die Drei Zinnen und lädt zu Wanderungen und Spaziergängen ein.

und Erstbesteiger. Die anderen, vornehmlich die Damen, suchten Entspannung in einsamen Kurhotels wie im Wildbad Innichen ganz in der Nähe bei Sexten. Mit dem Ersten Weltkrieg wurde alles anders, Cortina d'Ampezzo war an der Frontlinie, die Bevölkerung hatte schwer zu leiden.

Heute lebt der Ort vorwiegend vom Tourismus, auch wenn zuletzt die entsprechende Infrastruktur etwas in die Jahre gekommen ist und Liftanlagen teils nicht mehr ganz dem neuesten Stand entsprechen. Dafür sind die Voraussetzungen für Langläufer sehr gut, es gibt rund um Cortina d'Ampezzo, am Tre-Croci-Pass und rund um den Misurinasee, exzellente Loipenangebote. Aber eine gewisse Exklusivität lässt sich hier in der Fußgängerzone, dem berühmten Corso Italia, der breiten Einkaufsmeile, immer noch erleben. Was Hotellerie und Gastronomie angeht, haben die Nachbarn in dem zu Südtirol gehörenden Alta Badia den Cortinesen schon vor Jahren den Rang abgelaufen, fährt man doch heute gern mal schnell über den Falzaregopass rüber in eines der Sternerestaurants.

Ein kurzer Ausflug zu den Drei Zinnen

Eine unzweifelhaft herausragende Schönheit sind die Berge um Cortina d'Ampezzo, die auch im Sommer beliebte Ziele für Bergwanderer und Biker sind. Ein Klassiker ist der Ausflug über den Tre-Croci-Pass zum Misurinasee und auf der sündteuren Mautstraße hinauf Richtung Drei Zinnen bis zur Auronzohütte. Günstig und nicht ganz so beschwerlich ist die Tour mit dem E-Bike.

TOP ★ ERLEBNISSE

★ SAN BRITE

Der neue Star in der Cortineser Gastroszene entstammt einem Agriturismo-Familienbetrieb am östlichen Ortsrand von Cortina d'Ampezzo Richtung Misurina. Gekocht wird hier mit regional angebauten hochwertigen Zutaten, und das sehr kreativ, wie die Bergkiefer-Spaghetti und das Lärchenknospeneis dokumentieren. Wichtig sind dabei vor allem Milch, Käse, Butter und Joghurt aus eigener Produktion.
www.sanbrite.it

★ MUSEUM FÜR MODERNE KUNST MARIO RIMOLDI

Das Museum in einem schlichten Palazzo im Corso Italia umfasst eine außergewöhnliche Sammlung an modernen Gemälden und Skulpturen italienischer Künstler des 20. Jahrhunderts, darunter Carrà, Morandi, De Pisis und De Chirico sowie eine Sammlung von Arbeiten von Mario Sironi mit großen Leinwandgemälden.
www.musei.regole.it

Das ehemalige Grand Hotel in Toblach ist heute ein Kulturzentrum.
Rechts: Wanderer auf der Plätzwiese (Prato Piazza), im Hintergrund die Cristallogruppe

32 Toblach – das sportliche Dorf mit großer Geschichte

Wo Langlauf wichtiger ist als Skifahren

Toblach ist ein beschauliches Bergdorf mit besonderen Qualitäten auf den zweiten Blick. Bis vor über 100 Jahren war hier exklusiver Kurtourismus angesagt. Heute kommen die Gäste wegen der Natur und sportlichen Möglichkeiten.

Toblach ist der Endpunkt der Alemagna im Norden, wo sich die Route mit der Pustertaler Straße kreuzt. Wer Toblach noch nicht kennt, wird vielleicht etwas überrascht sein, denn der kleine Ort hat eigentlich zwei Zentren. Das ist Neu-Toblach, die Siedlung vor der Bahnlinie und der Pustertaler Straße mit zahlreichen Hotels und dem Langlaufstadion. Zu diesem Teil gehören der sehenswerte historische Bahnhof und das Grand Hotel. Doch davon später mehr. Fährt man über die Pustertaler Straße geradeaus weiter, kommt man nach Alt-Toblach. Das ist das traditionelle Dorfzentrum mit dem Rathausplatz und der Pfarrkirche zum Heiligen Johannes dem Täufer. Hier wie dort dominieren zahlreiche Hotels das Bild. Toblach ist ein Ort, der sehr vom und mit dem Tourismus lebt. Im Sommer sind es die Wanderer und Radfahrer. Der Radweg durch das Pustertal Richtung Lienz ist seit Jahren vor allem bei italienischen Gästen sehr populär. Im Winter kommen die Gäste zum Langlaufen. Man ist hier immerhin auf rund 1200 Metern Höhe, was relativ gute Schneesicherheit bedeutet. Zum Skifahren gibt es am Ortsrand nur wenige kleine Pisten. Dafür ist das Loipenangebot sehr gut, hier finden auch große internationale Wettkämpfe statt, wie die Tour de Ski und der

Langlauf-Weltcup. Eine der schönsten Loipen führt durch das Höhlensteintal bis Cortina d'Ampezzo auf der ehemaligen Bahntrasse.

Ein romantischer See, der zum TV-Star wurde

Die sportlichen Qualitäten des Ortes sind relativ neu. Früher, das heißt zur Jahrhundertwende bis zum Ersten Weltkrieg, war Toblach eine Nobeldestination. Mit der Eröffnung der Südbahn 1871 kamen viele Gäste aus Österreich zur Kur, das Hotel Toblach neben dem Bahnhof wurde erbaut, aus dem später mit Erweiterungen das Grand Hotel wurde, wo etliche gekrönte Häupter abstiegen. Das Grand Hotel gibt es heute noch, der elitäre Kurtourismus war mit Kriegsausbruch aber passé. Heute ist das renovierte Grand Hotel mit seiner neoklassizistischen Fassade ein Kulturzentrum, dort finden bedeutende Veranstaltungen statt, wie die Festspiele Südtirol und die Gustav-Mahler-Wochen. Mahler verbrachte viel Zeit in Toblach, hatte etwas außerhalb ein Komponierhäuschen, das es heute noch gibt.

Toblach ist als Urlaubsziel heute vor allem deswegen interessant, weil es zum guten Freizeitangebot sehr zentral liegt. Man braucht von hier nicht mehr als eine halbe Stunde bis Bruneck und zum Kronplatz oder nach Cortina d'Ampezzo. Nicht sehr viel länger ist die Fahrt nach Osttirol, etwa bis Lienz. Und es gibt einige reizvolle Ausflugsziele in der näheren Umgebung, wie die Plätzwiese oder den Pragser Wildsee.

TOP ★ ERLEBNISSE

★ PLÄTZWIESE

Auf dem Weg zum Pragser Wildsee biegt man bei Ferrera links ab, fährt steil bergauf bis zu der malerischen Hochebene auf 2000 Metern. Herrliche Aussichten, eindrucksvolle Wanderwege und einige Gasthäuser sind ein gutes Tagesprogramm.

★ PRAGSER WILDSEE

Bekannt war der romantische und zwischen den Bergwäldern sehr versteckte See immer schon. Berühmt geworden ist er aktuell durch eine italienische TV-Serie mit Terence Hill. Bergromantik pur mit einem nostalgischen Hotel direkt am Ufer und ausgiebigen Wandermöglichkeiten.

★ TOBLACHER SEE

Direkt neben der Alemagna liegt der kleine See 2 Kilometer südlich von Toblach, umgeben von dunklen Bergwäldern und mit einigen alten Villen am Ostufer. Ein idyllisches Ziel für eine Tour mit dem Rad oder für einen Spaziergang von Toblach aus.

Grand Tour of Switzerland

Von St. Moritz nach Zermatt

Hohe Berge, legendäre Pässe und zwei weltberühmte Orte als Start und Ziel. Dieser Teil der Grand Tour of Switzerland ist wirklich spektakulär.

Origen heißen dieser Turm auf dem Julierpass und ein Theaterfestival.
Unten: Zu jeder Tages- und Jahreszeit ein fantastisches Motiv: das Matterhorn

Grand Tour of Switzerland, eine große Rundreise in der Schweiz, diese Innovation wurde 2015 lanciert, um Gäste zu gewinnen, die mit Auto oder Motorrad das Land bereisen wollen. Die gesamte Runde durch die Schweiz misst stolze 1643 Kilometer, was in einer Woche machbar ist, wobei man dann aber nicht allzu viel Zeit für Sightseeing und gastronomische Einlagen verbrauchen darf. Lieber also weniger Strecke und mehr Erlebnis. Deshalb soll es hier um einen sehr klassischen und überaus sehenswerten Abschnitt dieser Runde gehen. Und zwar die Fahrt von 1 **St. Moritz** im Engadin über 2 **Bellinzona** bis nach Zermatt. Genau genommen bis fast nach Zermatt, denn am Ende muss man das Auto an der Bahnstation Täsch parken und die letzten Kilometer mit der Bahn fahren. Was den Vorteil hat, dass man sich im autofreien Zermatt recht entspannt bewegen kann.

Über berühmte Pässe ins Tessin

Ein absoluter Klassiker für Bergliebhaber ist die Etappe von St. Moritz bis nach Zermatt über Tiefencastel, den San Bernardino und Furkapass. Die gesamte Strecke ist etwa 347 Kilometer lang und bietet viele alpine Erlebnisse. Los geht es ganz gemütlich in St. Moritz am See auf der Straße Richtung Maloja bis nach Silvaplana. Nach den ersten 8 Kilometern biegen wir rechts ab und fahren hinauf zum Julierpass. Vorbei am Marmorera-Stausee und dem Skiort Savognin

Tourinfo

Start: St. Moritz
Ziel: Täsch bei Zermatt
Länge: 347 Kilometer
Fahrzeit: 6 Stunden
Beste Reisezeit: Mai bis Oktober

führt die gut ausgebaute Straße bergab bis Tiefencastel. Dort biegt die Tour links ab Richtung Thusis und absolviert auf den nächsten 14 Kilometern einige längere Tunnel. In Thusis könnte man einen Abstecher in die nahe gelegene Via Mala, die berühmte und berüchtigte Schlucht am Hinterrhein, machen. Die Route führt jedoch weiter nach Süden bis Andeer und Richtung Splügen. Das nostalgische Bergdorf auf 1475 Metern Höhe direkt bei der Auffahrt zum gleichnamigen Pass ist ein beliebter Wintersportort und im Sommer Zwischenstation auf dem Weg zum Splügenpass oder zum San Bernardino. In Hinterrhein kann man sich entscheiden, ob man den 6,6 Kilometer langen Straßentunnel unter dem Pass oder die kurvenreiche, deutlich längere, aber auch schönere Straße hinauf zur Passhöhe auf 2067 Metern nimmt. Kurz nach Hinterrhein geht es gleich steil bergauf mit vielen Serpentinen. Danach wird die Fahrt wesentlich entspannter bis zur offenen Passhöhe direkt am Hospiz links und dem Moesolasee rechts. Auf der Südseite kommen auch einige Kurven auf der anfangs schmalen Straße, die aber nach dem Ort San Bernardino breiter und bequemer wird. Kurz nach Mesocco links neben der Straße steht das alte Castello di Mesocco. Danach zieht die Straße geradeaus Richtung Süden auf dem ebenen und breiten Talboden bis Roveredo und Bellinzona. Bellinzona ist einen Stopp wert. Allein schon die drei Castelli in dem Hauptort des Tessins sind beeindruckend, ebenso die vielen historischen Gassen und Bauwerke.

Zwei Gegensätze: das idyllische Splügen und das mondäne St. Moritz (unten)

Mit einer großen Schleife Richtung Matterhorn

Von Bellinzona geht es dann durch das Val Leventina bis zum 55 Kilometer entfernten Airolo. Dort wartet wieder ein berühmter Pass. Nach Airolo geht es hinauf zum **3 St.-Gotthard-Pass**. Die schnelle Variante wäre der 16,9 Kilometer lange Straßentunnel bis kurz vor **4 Andermatt**. Mehr Fahrspaß bietet natürlich die Fahrt hinauf zur Passhöhe auf 2106 Metern. Die Strecke ist eine der schönsten Passstraßen in den Alpen, sie ist mit durchschnittlich zehn Prozent nicht sehr steil, hat aber längere Kopfsteinpflasterpassagen auf der alten Variante, der Tremola. Von Airolo sind es über den Pass bis Hospental vor Andermatt gut 23 Kilometer. Hier ist man wieder in der deutschsprachigen Schweiz im Kanton Uri. Bei Hospental geht es am Anfang beim Kreisverkehr gleich links weiter zum nächsten Pass, dem Furkapass. Den höchsten Pass auf dieser Reise mit 2439 Metern kann man auf der kurvenreichen Passstraße absolvieren oder sich in Realp auf die Bahn verladen und bis Oberwald auf der Walliser Seite durch den Tunnel fahren lassen. Von Hospental bis nach Oberwald sind es 37 Kilometer mit sehr vielen Kurven und auch landschaftlich schönen Passagen. In Oberwald ist man immer noch auf 1377 Metern, fährt dann weiter bergab bis Brig. Nun sind wir im Rhonetal, fahren auf der gut ausgebauten Kantonstraße 9 10 Kilometer bis Visp und biegen dort links ab Richtung Zermatt bzw. Täsch, denn so weit kann man mit dem Auto oder Motorrad fahren. Von Visp sind es noch einmal gut 30 Kilometer auf einer recht viel befahrenen Straße durch das Tal, das wegen der steil aufragenden Bergflanken keine tollen Aussichten bietet. Aber das ändert sich dann in Zermatt.

EINKEHREN

★ MUOTTAS MURAGL, CELERINA

Die Fahrt mit der alten Zahnradbahn hinauf auf den runden Gipfel auf 2456 Metern ist ein Erlebnis. Die Aussicht auf das obere Engadin ist nicht zu übertreffen. Das einst alte Berggasthaus ist mittlerweile ein Restaurant mit großer Aussichtsterrasse, ein Romantikhotel mit komfortablen Gästezimmern.
www.mountains.ch

★ LA SCUNTRADA, SAVOGNIN

Kurz vor Savognin liegt das moderne Schweizer Restaurant direkt an der Straße. Klassische Schweizer Küche mit internationalen Akzenten. Dezentes zeitgemäßes Interieur
www.lascuntrada.ch

★ GROTTO BUNDI ALLA BELLAVISTA, CAMA

Grotto heißen die traditionsreichen Tessiner Wirtshäuser, die man an schattigen Plätzen baute, damit die Lebensmittel länger hielten. Typisches, renoviertes Grotto etwas oberhalb in schöner Aussichtslage mit bodenständiger regionaler Küche
www.bundiallabellavista.ch

★ GROTTO SAN MICHELE, BELLINZONA

Ein Grotto der gehobenen Art in schöner Aussichtslage am Castelgrande mit Blick auf Bellinzona. Große Aussichtsterrasse und historisches Gewölbe. Gute Tessiner und italienische Küche. Gehört zur Gastronomie des Castelgrande
www.castelgrande.ch

ÜBERNACHTEN

★ HOTEL CHESA SPUONDAS, ST. MORITZ

Traditionsreiches Berghotel der Dreisternekategorie am Milliardärshügel Suvretta am Ostrand von St. Moritz. Schöne Alleinlage, nostalgische Gästezimmer und relativ zivile Preise
www.chesaspuondas.ch

★ HOTEL WALDHAUS, SILS MARIA

Das Fünfsternehotel ragt auf einem Hügel über dem Tal und ist eine stilvolle Zeitreise. Zimmer und Suiten mit viel Nostalgie, Speisesaal und Salons mit dem Charme des Fin de Siècle. Sehr gute klassische Küche, neuer Wellnessbereich und vor allem keine Schickeria. Schon Thomas Mann, Joseph Beuys oder David Bowie logierten in diesem Haus.
www.waldhaus-sils.ch

★ HOTEL ALTE HERBERGE WEISSES KREUZ, SPLÜGEN

Am oberen Rand des alten Bergdorfes Splügen steht das historische Hotel. Stilvoll renoviertes Innenleben mit viel Atmosphäre. Recht unterschiedliche Zimmer, gehobene Preisklasse
www.weiss-kreuz.ch

★ HOTEL LA TURETA, BELLINZONA

In Gubiasco, einem südlichen Vorort von Bellinzona, steht dieses stilvolle historische Hotel direkt an der Piazza Grande. Das Interieur ist sehr individuell mit teils eigenwilligen Dekorationen in den recht geräumigen Zimmern. Küche mit regionalem und mediterranem Schwerpunkt
www.latureta.ch

★ FIREFLY, ZERMATT

Sehr individuelles Boutique-Hotel der Viersternekategorie mit einer kreativen Mischung aus Nostalgie und Moderne. Wellnessbereich mit Innenpool, Sauna, Eisgrotte, Fitness und hoteleigener Kletterwand
www.firefly-zermatt.ch

33 St. Moritz

Das feine Leben auf 1800 Metern Höhe

Ein standesgemäßer Startort für eine klassische Tour durch die Schweizer Berge. Vom Promiort St. Moritz geht es über alle Berge Richtung Zermatt. Die Zeit für einen Besuch sollte man sich jedoch nehmen.

Es gibt Urlaubsorte in den Alpen, die schöner und authentischer sind. Aber was Image und Exklusivität angeht, ist der Traditionsort im Oberen Engadin einzigartig. Das mag damit zusammenhängen, dass es betuchte und meist adlige Engländer waren, die hierherkamen, um sich mit Skifahren und Partys die Zeit zu vertreiben. Dafür sorgte ab 1864 der Hotelier Johannes Badrutt mit seinem Kulm Hotel, der heute als der Tourismuspionier gilt. Das Kulm Hotel ist heute ein klassisches Grand Hotel, das einer griechischen Reederfamilie gehört. Das hochwertige Hotelangebot ist eine Stärke des Ortes, die Südhanglage mit Traumpanorama inklusive Corvatsch und Bernina eine andere. Fast alles in den Geschäften und Lokalen im Ort, dessen Zentrum eher schlicht und funktional wirkt, ist exklusiv und teuer. Man kann sich in St. Moritz mitten ins Getümmel stürzen. Man kann aber auch sehr stilvoll flüchten. Die Umgebung gibt da sehr viel her. Die wirklich Reichen wohnen ja auch nicht zentral, sondern möglichst weit oben entweder an der Corviglia über dem Zentrum oder gleich im Westen an der Suvretta, dem Milliardärshügel, wo 50 Millionen Euro für eine Villa nichts Ungewöhnliches sind.

Die Luxushotels in St. Moritz erstrahlen im Abendlicht.
Rechts: Das berühmte Palace in St. Moritz wurde bereits 1896 eröffnet und hat wahrscheinlich schon fast alle Schönen und Reichen dieser Welt mit seinem Luxus verwöhnt.

TOP ★ ERLEBNISSE

★ MUOTTAS MURAGL

Es gibt spektakulärere Berge als den 2454 Meter hohen Muottas Muragl. Aber die Fahrt mit der über 100 Jahre alten Zahnradbahn und die Aussicht oben beim Hotel sind einfach einzigartig. Man kann dort auch in sehr komfortablen Zimmern übernachten.
www.mountains.ch

★ SEGANTINI MUSEUM

Mehr als 100 Jahre alt ist der Kuppelbau am Rande von St. Moritz, in dem das Museum eingerichtet ist. Giovanni Segantini setzte mit seinen Landschaftsbildern und Porträts im Engadin und mit seinem Alpentriptychon unvergängliche Höhepunkte. Er lebte bis zu seinem Tod im Engadin, verstarb mit nur 41 Jahren in einer Berghütte auf dem Schafberg.
www.segantini-museum.ch

Romantische Seitentäler und grandiose Aussichten

Wenn man St. Moritz noch nicht wirklich kennt, sollte man sich mit dem Hauptort St. Moritz Dorf nicht begnügen. Auch wenn zum Beispiel der Besuch typischer Geschäfte und Lokale etwa der Confiserie Hanselmann oder der Metzgerei und Ustaria Hatecke, durchaus empfehlenswert ist.
Im Gegensatz zu St. Moritz Dorf oben am Hang ist man in St. Moritz Bad unten am See wesentlich entspannter unterwegs, man kann hier Spaziergänge am See unternehmen und sich an ruhige Plätze zurückziehen. Und dann gibt es noch Nachbarorte, deren Zentren auch noch viel von der klassischen Engadiner Architektur besitzen, wie Celerina oder Pontresina.

St. Moritz hat auch kulturell einiges zu bieten. Ein Klassiker wäre das Museum des berühmten Bergmalers Giovanni Segantini und das Engadiner Museum, beide nur wenige Meter voneinander entfernt im Westen des Ortes. Und es gibt rund um St. Moritz so viele Ausflugsmöglichkeiten, die so faszinierend sind wie die ganze Landschaft im oberen Engadin. Dazu gehören eine Fahrt mit der nostalgischen Bahn hinauf zu Muottas Muragl, dem Aussichtspunkt schlechthin, oder eine weitere Fahrt mit der Rhätischen Bahn Richtung Berninapass und ein Ausflug hinauf zur Diavolezza. Ein eindrucksvoller und ruhiger Kontrast zu St. Moritz sind die idyllischen Seitentäler Val Roseg bei Pontresina oder Val Fex bei Sils Maria. Bergromantik auf Engadiner Art.

Bellinzona hat den Ruf, die italienischste Stadt der Schweiz zu sein.
Rechts: Die Burgen von Bellinzona gehören zum UNESCO Weltkulturerbe.

34 Bella Italia in den Schweizer Bergen

Nostalgie auf Tessiner Art

Eine Stadt mir drei Festungen, viel Geschichte und noch mehr italienischer Lebensart. Und das mitten in den Bergen und nahe am Lago Maggiore.

Kaum eine andere Stadt verkörpert so eindrucksvoll den italienischen Charakter des Tessins wie Bellinzona. Die Stadt mit ihren 43.000 Einwohnern liegt strategisch sehr günstig zwischen den südlichen Urlaubsorten Locarno und Ascona am Lago Maggiore und den nördlichen Verbindungen durch das Bleniotal und das Bedrettotal Richtung Zentralschweiz bzw. den wichtigen Pässen Gotthard, San Bernardino und Lukmanier. Bekannt ist Bellinzona für die historische Substanz der Stadt, für die berühmten Tre Castelli, die drei Burgen, die auch zum UNESCO-Weltkulturerbe zählen. Castelgrande, Castello di Sasso Corbaro und das Castello di Montebello sind prachtvolle Festungen, die das Profil der Stadt prägen.

Eine Stadt mit drei Festungen

Dass Bellinzona so wehrhaft gebaut ist, hat wohl viel mit seiner strategisch wichtigen Lage zwischen Nord und Süd zu tun. Bereits die Römer hatten sich hier mit einer Festung stationiert und in späteren Jahrhunderten wurde um Bellinzona oft gestritten und gekämpft. Erst ab 1516 gehörte es dauerhaft zur Schweiz. Das Castelgrande thront auf einem Felsrücken direkt über der Stadt und ist ein idealer Aussichtspunkt. Die Geschichte der

Festung geht bis ins 13. Jahrhundert zurück. Markant sind die beiden Türme, der weiße und der schwarze Turm. Im Inneren ist ein Museum eingerichtet zur Geschichte der Stadt. Ähnlich majestätisch ist auch die Lage des Castello di Sasso Corbaro auf einem steilen Felsvorsprung. Das Castello wurde bereits 1479 erbaut und bietet heute nach mehrjährigen Restaurierungen Platz für zahlreiche Ausstellungen. Die dritte Burg Montebello residiert ebenfalls souverän über der Stadt mit einem Höhenunterschied von 90 Metern. Die Geschichte von Montebello geht bis ins 13. Jahrhundert zurück. Heute ist dort ein archäologisches Museum eingerichtet. Rund um die drei Festungen gibt es ein gut aufbereitetes Netz an Wanderwegen. Das Auto stehen zu lassen und zu Fuß die Festungen besuchen, ist also eine empfehlenswerte Option.

Ein Katzensprung zum Lago Maggiore

Viel historische Atmosphäre bietet neben den Burgen auch die Stadt selbst mit ihren malerischen Gassen, stolzen Patrizierhäusern und der Villa dei Cedri, in der sich eine Ausstellung mit regionaler Kunst befindet. Bellinzona bietet dazu die für das Tessin so typische Melange aus Schweizer Charakter mit starken italienischen Einflüssen, man kann hier entspannt durch das Zentrum flanieren vorbei an eleganten Boutiquen, lebendigen Bars und Ristoranti. Sehr beliebt ist auch der historische Wochenmarkt jeden Samstag. Man genießt hier die Vorzüge beider Kulturen in Kombination mit einem ungewöhnlich vielseitigen Freizeitprogramm von alpinen Exkursionen bis zu Abstechern Richtung Lago Maggiore inklusive Strand und Schiffsausflügen. Bis zum Seeufer sind es von Bellinzona nur 16 Kilometer.

TOP ★ ERLEBNISSE

★ ESSEN IM CASTELGRANDE

Fein speisen in historischem Gemäuer. Gleich zwei Lokale gibt es dafür in der Festung Castelgrande. Sowohl das Gourmetrestaurant mit 14 Gault&Millau-Punkten als auch das bodenständigere Grotto San Michele inklusive Panoramaterrasse werden von der lokalen Tourismusfachschule SSSAT betreut, die Studenten können hier erste Erfahrungen in der Praxis sammeln. www.castelgrande.ch

★ VILLA DEI CEDRI

In Ravecchia, einem noblen Vorort von Bellinzona, steht diese elegante Villa in einem Park und beherbergt die Städtische Kunstgalerie mit Werken des 19. und 20. Jahrhunderts im lombardisch-tessiner und schweizerischen Raum, dazu eine Bibliothek zum Thema Kunst. Zum Programm gehören auch wechselnde Ausstellungen. www.villacedri.ch

35 Einsame Bergseen und eine geheimnisvolle Festung

Kurvenreich über den Gotthardpass

Es ist nicht nur das großartige Panorama, das die Fahrt über den Gotthardpass interessant macht. Malerische Bergseen rechts und links, einige kulinarische Preziosen und eine verborgene Festung sind gute Gründe für Sightseeing-Pausen.

Der Gotthardpass ist eine der wichtigsten Verbindungen in den Schweizer Bergen. Die alte Straße über den Gotthard schlängelt sich zwischen Andermatt und Airolo bis auf 2107 Meter hoch. Bekannt ist der Name in der jüngsten Vergangenheit vor allem wegen des neuen gigantischen Eisenbahntunnels. Die alte Passstraße ist natürlich die aufwendigste und anstrengendste Art, den Pass zu überwinden, aber auch die schönste und aussichtsreichste. Der alternative Straßentunnel, den es seit 1980 gibt, ist knappe 17 Kilometer lang. Und der Eisenbahn-Basistunnel, der 2016 eingeweiht wurde, hat eine Länge von 57 Kilometern und ist weltweit der längste Eisenbahntunnel. Er verläuft zwischen Erstfeld im Norden und Bodio im Süden, wo er wieder mit der Gotthardstraße zusammenkommt. Für den Straßentunnel ist keine Maut erforderlich, aber man braucht die Schweizer Autobahnvignette.

Oben am Berg locken kostbare Spezialitäten

Auf der Fahrt Richtung Airolo könnte man einen kleinen Abstecher zu einer landschaftlichen Schönheit oberhalb der Straße machen.

Die Fahrt über den Gotthardpass ist eine echte Panoramatour.
Rechts: Das St. Gotthard Hospiz stammt aus dem Jahr 1237 und ist heute ein komfortables Hotel.

Das Val Piora ist ein Hochtal mit insgesamt 20 sehr idyllischen Bergseen und einigen kulinarischen Preziosen. Ausgangspunkt ist das Dorf Piotta, wo die Talstation der Funiculare Ritom steht. Mit einer der steilsten Standseilbahnen Europas geht es dann bergauf. Bei einem Spaziergang oben kann man die Käserei besichtigen, wo der berühmte Piora-Käse produziert wird. Hier kann man den teuren Käse auch verkosten und kaufen. Ganz in der Nähe reifen in alten Steinhütten die Piora-Schinken, die offensichtlich von der Bergluft besonders gut getrocknet werden. In den Hütten rund um die Seen stehen beide Spezialitäten natürlich auf der Speisekarte. Wenn es gut schmeckt, kann man hier oben auch einer der mehreren Hütten nächtigen.

Die unterirdische Festung ist heute ein Museum

Viel zu sehen gibt es auch auf der Fahrt zwischen Airolo und Andermatt auf der Passstraße, die mit zahlreichen Kurven, aber ohne allzu steile Passagen bis zum Pass führt, dabei außer Airolo keine größeren Siedlungen passiert. Oben auf der Passhöhe gibt es Gastronomie und einige Ferienhäuser, einige kleine Seen und dazwischen das Museum zur Geschichte der Passstraße. Ein paar Minuten zu Fuß geht man von der Passhöhe zu einer kuriosen Sehenswürdigkeit. Denn dort ist der Zugang zu der ehemaligen Gotthardfestung, einer umfangreichen unterirdischen Verteidigungsanlage, die bis 2001 genutzt wurde. Heute ist diese Festung ein historisches Museum, man fährt mit der Standseilbahn in die Stollen und kann auf dem Weg vorbei an den alten Unterkünften und Geschützräumen historische Dokumentationen und seltene Bergkristalle besichtigen. Im Anschluss auf dem Abschnitt hinunter bis Hospental bei Andermatt passiert man die Grenze zwischen Tessin und Kanton Uri, landet also wieder in der deutschsprachigen Schweiz.

TOP★ERLEBNISSE

★ FUNICOLARE RITOM

Die Ritom-Standseilbahn, die von Piotta hinauf zum Ritomsee und zu zahlreichen anderen, schön gelegenen Bergseen führt, ist ein Kuriosum. Die Bahn, die heute im Prinzip noch genauso in Betrieb ist, wie sie erbaut wurde, zählt zu den steilsten Standseilbahnen Europas mit einer maximalen Steigung von 87,8 Prozent. Zwölf Minuten dauert die Fahrt mit der leuchtend roten Bahn bis zur Bergstation auf 1850 Metern Höhe.

www.ritom.ch

★ SASSO SAN GOTTARDO

In der ehemaligen unterirdischen Festung am Gotthardpass kann man nicht nur die alten Stellungen besichtigen. Hier werden auch Führungen angeboten, darunter spezielle Familientouren mit Kristallsuche. Außerdem gibt es dort Konzerte und Modenschauen, Fotoshootings sowie Bankette. Sogar heiraten kann man in der alten Festung.

www.sasso-sangottardo.ch

36 Höhenflüge und nostalgische Erinnerungen

Eine Etappe mit überraschenden Begegnungen

Auf dem Weg ins Wallis begegnen wir ungewöhnlichen Geschichten über die wundersame Verwandlung des Bergdorfs Andermatt und wilde Verfolgungsjagden mit James Bond.

Wenn man vom Gotthardpass Richtung Furkapass und Wallis unterwegs ist, streift man praktisch den traditionsreichen Wintersportort Andermatt. Vom Kreisverkehr in Hospental, wo es links Richtung Furkapass weiter geht, sind es rechts nur knappe 3 Kilometer bis Andermatt. Das Bergdorf auf 1447 Metern Höhe war bis vor wenigen Jahren eher ein verschlafenes Nest, das man als Heimatort der Schweizer Skilegende Bernhard Russi und als Geheimtipp für Freerider kannte. Das änderte sich rasch, als der ägyptische Milliardär und Tourismusunternehmer Samih Sawiri kam und seine Pläne umsetzte, aus Andermatt ein Premiumresort für betuchte Gäste zu machen.

Auf den Spuren von James Bond

Sawiri ließ nicht nur zahlreiche Luxushotels und Appartementhäuser sowie private Villen und mehrere Sportanlagen auf einer Fläche von 1,5 Quadratkilometern bauen, es kamen auch eine Konzerthalle und ein 18-Loch-Golfplatz hinzu. Andermatt, das vorher mit eher bodenständigen Gastbetrieben sehr beschaulich war, machte eine 180-Grad-Wende. Und es wurden mit zusätzlichen Liftanlagen zwei benachbarte

Das legendäre Hotel Belvedere am Furkapass hat seine besten Zeiten hinter sich. Rechts: An der Kreuzung von Furka- und Grimselpass liegt die Bahnstation Gletsch. Hier verkehrt die Dampfbahn Furka-Bergstrecke.

Skigebiete miteinander verbunden, die jetzt als SkiArena Andermatt-Sedrun fungieren. Glamour gab es in Andermatt bislang kaum. Einzig die Erinnerung an Dreharbeiten für den James-Bond-Film »Goldfinger« im Jahr 1963 geht in diese Richtung. Damals lieferte sich James Bond alias Sean Connery im silbernen Aston Martin eine Verfolgungsjagd Richtung Furkapass mit einer Blondine in einem weißen Ford Mustang Cabrio, beobachtet von Gert Fröbe, dem Film-Bösewicht, im alten Rolls-Royce Phantom. Die Straße zum Furkapass mit den vielen engen Kurven rund um Realp war ein perfekter Drehort. Die Kurve heißt auch heute noch James-Bond-Goldfinger-Kurve, dazu gibt es auch noch Infotafeln.

Über den Furkapass ins Wallis

Der Furkapass ist mit 2429 Metern nicht nur einer der höchsten Pässe in der Schweiz, sondern auch einer der geschichtsträchtigsten. Bereits zu Römerzeiten verlief hier eine wichtige Handelsstraße. Von Hospental bis Oberwald auf der Walliser Seite sind es immerhin 40 kurvenreiche Kilometer. Vor allem die Fahrt hinunter ins Wallis ist wegen der schönen Aussichten hinaus ins Rhonetal Richtung Westen ein Fall für Genießer. Bekannt ist der Pass auch für den 4K-Basistunnel, der 15 Kilometer lang ist und 1982 in Betrieb genommen wurde. Der Tunnel wird ganzjährig genutzt, was vor allem im Winter wichtig ist, weil die Passstraße dann für den Verkehr gesperrt ist. Wer im Sommer die vielen Kurven meiden möchte, kann auch mit der Bahn durch den Tunnel ins Wallis kommen, wobei das dann aber meist länger dauert und nicht gerade romantisch ist. Dank dieses Tunnels fährt der Glacier Express zwischen St. Moritz und Zermatt auch ganzjährig. Sollte es vorkommen, dass der Pass gesperrt ist, was eher in der Nebensaison im Frühjahr oder Herbst sein kann, dann kann man mit Auto oder Bike bequem auf die Bahnverladung ausweichen.

TOP★ERLEBNISSE

★ JAMES-BOND-STRASSE

Dort, wo James Bond den Aston Martin parkte und Bösewicht Gert Fröbe beobachtete, heißt es heute James-Bond-Straße mit einem entsprechenden Hinweisschild. Eine andere Szene spielte direkt beim altehrwürdigen Hotel Belvedere, das in einer engen Kehre auf der Walliser Seite nach der Passhöhe steht. Ein weltweit als Poster oder Karte verkauftes Fotomotiv zeigt Bond-Darsteller Sean Connery an seinem Aston Martin lehnend am Furkapass.

★ HOTEL GLACIER DU RHÔNE

Etwas weiter unten im Weiler Gletsch findet man ein Stück Schweizer Hotelgeschichte. Das Grand Hotel Glacier du Rhône war in Zeiten, in denen man mit Postkutschen unterwegs war und Autofahrten über den Pass noch ein Abenteuer waren, ein legendäres Spitzenhaus für die bessere Gesellschaft. Heute hat es viel Patina angesetzt, ist nur sehr beschränkt in Betrieb, wirkt aber mit seiner melancholischen Noblesse sehr eindrucksvoll.
www.glacier-du-rhone.ch

Zermatt, die Stadt am Fuß des Matterhorns, ist nicht nur bei Alpinisten beliebt. Die Innenstadt lockt mit Boutiquen und Restaurants. Rechts: Das Matterhorn ist für viele nicht nur der berühmteste, sondern auch der schönste Berg der Schweiz. Das Museum »Zermatlantis« erzählt von seiner Geschichte.

37 Besuch beim berühmtesten Alpengipfel

Eine Ankunft mit großer Kulisse

Das Finale dieser Tour ist standesgemäß. Direkt unter dem schönsten und berühmtesten Gipfel der Schweiz, dem Matterhorn, endet die Reise. Auch wenn die letzten Kilometer mit der Bahn absolviert werden, lohnt es sich allein schon wegen der Landschaft und der vielen Geschichten rund um das Matterhorn.

Wohl kein anderer Ort in der Schweiz und vermutlich auch in den Alpen wird so sehr im Zusammenhang mit einem Berg gesehen, wie Zermatt mit dem Matterhorn. Obwohl Zermatt am Ende eines Sacktals auf rund 1600 Metern Höhe liegt, hat es eine ungewöhnlich lange Historie. Erstmals erwähnt wurde es 1280 und entwickelte sich als Station eines Handelswegs von den südlichen Nachbarn in Italien über den Theodulpass Richtung Schweiz. Der wurde schon zurzeit der Römer ab dem ersten Jahrhundert genutzt, wie Münzfunde belegen.

Mit der Bahn bis kurz vors Matterhorn

Der Tourismus begann Mitte des 19. Jahrhunderts, in einer Zeit, in der englische Alpinisten immer stärker in den Schweizer Bergen unterwegs waren. Um das Jahr 1850 entstanden die ersten Hotels, es wurde eine Bergführerorganisation gegründet. 1865 kam schließlich der Engländer Edward Whymper und schaffte die Erstbesteigung des Matterhorns, bei der beim Abstieg vier Teilnehmer der Gruppe abstürzten und zu Tode kamen. Die Zermatter bauten in den Folgejahren konsequent das touristische Angebot aus. Ab 1891 gab es die Bahnverbin-

dung von Visp. 1898 wurde schließlich die Bahn zum 3089 Meter hohen Gornergrat erbaut. Aber im Mittelpunkt steht hier fast immer das Matterhorn, das wie eine gigantische Statue in der Landschaft steht.
Wer nach Zermatt mit dem Auto oder Motorrad kommt, kann nur bis Täsch fahren, dort parken und auf die Bahn wechseln. Zermatt ist seit vielen Jahren ein autofreier Ort. Und das ist auch in den engen und meist sehr gut frequentierten Gassen recht angenehm. Zudem ist das Angebot an Seilbahnen ziemlich gut. Zermatt mit seinen 5700 Einwohnern ist heute eine Ganzjahresdestination. Vom Frühjahr bis zum Herbst sind es Wanderer, Bergsteiger und vor allem Besucher, die allein zum Sightseeing kommen, und im Winter die Skifahrer, die auf dem riesigen Skigebiet mit 257 Pistenkilometern bis auf 3800 Metern Höhe unterwegs sind. Dabei ist hier Skifahren auf dem Gletscher das ganze Jahr über möglich. Eine spektakuläre Innovation war 2018 die Eröffnung der 3S-Bahn Klein Matterhorn. Sie verbindet die Station Trockener Steg auf 2939 Metern Höhe mit dem Matterhorn Glacier Paradise auf 3821 Metern.

Auf den Spuren großer Geschichten

Wer sich mehr für die Geschichte von Zermatt interessiert, sollte das neue Matterhorn Museum – Zermatlantis unter einer großen Glaskuppel besuchen. Dort gibt es eine Dokumentation zur Entwicklung vom Bergbauerndorf zur weltberühmten Destination, eine Multivisionsschau inklusive des Filmes »Der Berg ruft« von Luis Trenker aus dem Jahr 1937 zur Erstbesteigung sowie diverse Exponate, wie ein Stück des bei der Erstbesteigung gerissenen Seiles. Eine Zermatter Institution ist der alte Bergsteigerfriedhof, wo 50 verunglückte Alpinisten aus dem 19. und 20. Jahrhundert begraben sind.

TOP ★ ERLEBNISSE

★ GORNERGRAT

Eine Fahrt mit der Zahnradbahn von Zermatt hinauf zum 3089 Meter hohen Gornergrat ist ein Muss für jeden Zermatt-Besucher. Dort oben erwartet einen ein traumhafter Ausblick Richtung Matterhorn, ein Hotel mit Restaurant, das höchste Hotel in der Schweiz und eine Sternwarte. Und bei klarem Wetter ein eindrucksvoller Sternenhimmel.
www.gornergrat.ch

★ MATTERHORN

Um dem Matterhorn ganz nah zu kommen, muss man nicht im Fels klettern. Eine intensive Begegnung ist auch der Ausflug mit der Seilbahn hinauf zum Schwarzsee auf 2583 Metern. Dort startet der Wanderweg zur legendären Hörnlihütte auf 3260 Metern, dem Ausgangspunkt der Gipfeltouren über den Hörnligrat. Unterwegs passiert man im steinigen Gelände beim Hirli einige Metalltreppen und hat zum Schluss einen steilen und felsigen Zickzackkurs bis zur Hütte. Die Gehzeit hin und zurück beträgt rund 3 bis 4 Stunden.
www.zermatt.ch

Auf den Steirischen Weinstraßen

Wo die Berge nicht hoch, aber sehr verlockend sind

Echte Genusstouren sind die Weinstraßen in der Steiermark am südlichen Rand der Alpen. Kurvige Landstraßen von Weindorf zu Weindorf über das hügelige Land mit vielen reizvollen Einkehrmöglichkeiten.

Die Steiermark ist nicht nur das zweitgrößte Bundesland in Österreich, sie ist doch bekannt für den Weinanbau und für die Weinstraßen. Vor allem im Süden der Steiermark entlang der Grenze zu Slowenien verteilen sich mehrere Weinstraßen auf dem hügeligen Land und bieten viele interessante Sehenswürdigkeiten und vor allem Einkehrmöglichkeiten. Begünstigt wird das attraktive Angebot auch dadurch, dass es bei Weingütern und Buschenschanken viele kleine Familienbetriebe gibt.

Von Gamlitz auf die Südsteirische Weinstraße

Insgesamt sind es acht Weinstraßen in der Steiermark, entlang derer zusammengerechnet rund 2000 Weinbaubetriebe liegen. Für diese Tour haben wir vier Weinstraßen ausgewählt, die man gut miteinander verbinden kann, weil sie alle praktisch nebeneinander ganz im Süden der Steiermark verlaufen. Außerdem kann man diesen Ausflug auf die Weinstraßen gut mit der Reise entlang der Mur vom Lungau durch die Steiermark bis nach Bad Radkersburg kombinieren.

Die Reise beginnt mit der 1 **Südsteirischen Weinstraße**, für die Spielfeld direkt neben der Autobahn ein idealer Startort ist. Die 25 Kilometer lange Südsteirische Weinstraße ist auch die älteste unter den Weinstraßen in der Steiermark, sie wurde bereits 1956 gegründet. Von Spielfeld geht es in südwestlicher Richtung

Der Wein spielt in der Südsteiermark die Hauptrolle.

Unten: Ein beliebtes Fotomotiv ist die Herzerlstraße. Sie liegt in Špičnik (Slowenien), nur 10 Autominuten von Gamlitz entfernt.

Tourinfo

Start: Gamitz
Ziel: Ligist
Länge: 20/20/13/40 Kilometer
Fahrtzeit: 2 Stunden
Beste Reisezeit: April bis Oktober

über Gaßnitzberg bis zur Grenze nach Slowenien, dann fährt man weiter durch das hügelige Weinanbaugebiet in südlicher Richtung bis Zieregg und folgt dort auf der Weinstraße dem Verlauf der Grenze, man befindet sich kurz sogar mal ein paar Meter auf slowenischem Territorium. Von Ratsch geht es dann nordwärts durch den Ratscher Graben bis Gamlitz mit dem Schloss Gamlitz, wo die Weinstraße dann westwärts bis Kranach verläuft und dann nach Süden Kurs auf den Zielort Leutschach nimmt. Unterwegs begegnen einem immer wieder die traditionellen Klapotetz, die bei Wind laut knatternden hölzernen Vogelscheuchen.

Auf der Sausaler Weinstraße bis Leibnitz

Die nächste Weinstraße ist die 2 **Sausaler Weinstraße**. Sie beginnt in Maierhof, wofür wir gut 16 Kilometer nordwärts unterwegs

Der Klapotetz (oben) ist das Wahrzeichen der steirischen Weinregion, zu der auch Bad Radkersburg gehört (unten).

sind. Bei diesem Ausflug fahren wir vom Maierhof durch das Sonnental in östlicher Richtung bis nach Freising, machen dort links einen Abstecher nach Kitzeck, das nicht nur ein typisch steirischer Weinort ist, sondern mit 564 Metern auch der höchstgelegene im Bundesland. Von Kitzeck führt die Reise vorbei an steilen Weingärten auf ruhigen Nebenstraßen über Gauitsch wieder zur Sulmtalstraße und ostwärts vorbei am Sulmsee bis zum Zielort Leibnitz.

Auf der Klapotetz-Weinstraße nach Süden

Für die dritte Weinstraße, die 3 **Klapotetz-Weinstraße** von Langegg nach Arnfels, machen wir nun einen gut 20 Kilometer langen Abstecher wieder nach Süden über Gamlitz bis Langegg. Dort startet die Klapotetz-Weinstraße nach Westen. Früher hieß sie Rebenland-Weinstraße, wurde aber wegen der vielen Klapotetze, die entlang der Straße zu sehen sind, umbenannt. Die schlaksige Vogelscheuche ist ja auch ein Symbol für die Weinstraßen in der Südsteiermark. Auf dem Weg von Langegg über Glanz geht es ab Glanz nordwestlich entlang des Glanzer Baches bis zur L613, wo man links abbiegt und gleich wieder rechts, dann auf dem Fötschacher Höhenweg bleibt bis zur Bundesstraße 69, dort weiter nordwestlich bis zur Trautenburg Stub'n und nach einer Linkskurve südwärts etwa 5 Kilometer bis Maltschach. Dort geht es rechts noch knapp 2 Kilometer bis zum Ziel in Arnfels.

Und auf der Schilcherstraße wieder nach Norden

Die vierte Weinstraße von Eibiswald bis Ligist ist dem Schilcher gewidmet, dem für die Steiermark so typischen Roséwein aus der roten Rebsorte Blauer Schildbacher, ein echtes Nationalheiligtum. Für den Start fahren wir westwärts von Arnfels bis Eibiswald. Von dem gemütlichen kleinen Ort in der sanft hügeligen Gegend führt die insgesamt 40 Kilometer lange 4 **Schilcherstraße** nun gut 20 Kilometer nach Norden über Hollenegg bis Deutschlandsberg auf der B76. Die Bezirkshauptstadt Deutschlandsberg liegt inmitten von Weingärten und Wiesen und gilt als Schilcherhauptstadt. Über Bad Gams geht es weiter nordwärts bis Stainz, das auch zu den prominenten Weinorten der Steiermark zählt und bekannt für seine önologischen und kulinarischen Qualitäten ist. Mit einem Schlenker nach Greisdorf führt die Reise abseits der Bundesstraße über Gundersdorf weiter zum Zielort, dem gemütlichen Weindorf Ligist.

EINKEHREN

★ TSCHEPPES LANG-GASTHOF, LEUTSCHACH

Einer der bekanntesten Gasthöfe in der Südsteiermark in Leutschach. Die Küche setzt auf steirische Klassiker, die teils traditionell, teils auch etwas kreativer zubereitet werden. Dass Leutschach auch ein Hopfenanbaugebiet ist, diesem Umstand verdankt der Gast die Möglichkeit, hier ein Hopfenbad zu nehmen. Zum Haus gehören 26 Zimmer der Viersternekategorie.
www.langgasthof-tscheppe.at

★ SABATHIHOF, LEUTSCHACH

Ganz oben auf dem Weinberg mit besten Aussichten steht das Weingut, das nicht nur Wein, sondern viele andere Genüsse zu bieten hat. Dazu gehören der Weingasthof mit schöner Terrasse und Spezialitäten aus der Region, die Winzerzimmer und der Infinitypool.
www.sabathihof.com

★ STUPPERHOF, KITZECK

Einen herrlichen Ausblick über die Weinberge hat man von dieser Buschenschank in Kitzeck. Hier gibt es neben den eigenen Weinen der Domäne Kilger nicht nur die klassischen kalten Speisen wie in Buschenschanken üblich, sondern auch warme Fleischgerichte mit Zutaten aus der eigenen Zucht von Bison und Wasserbüffel. Es gibt auch Gästezimmer und einen Streichelzoo.
www.stupperhof.at

ÜBERNACHTEN

★ LOISIUM, EHRENHAUSEN

Großzügiges Haus der Viersternekategorie in schöner Lage am Schlossberg unweit des Ufers der Mur. Wein steht hier im Mittelpunkt. Vinothek mit 400 Weinen aus der Region. Wine Spa auf 1400 Quadratmetern mit großem Außenpool. Idealer Ausgangspunkt für die verschiedenen Weinstraßen
www.loisium.com

★ SATTLERHOF, GAMLITZ

Renommiertes Weingut mit vielen Auszeichnungen bei Gamlitz. Zum Weingut gehören ein Gasthaus, ein Haubenrestaurant und ein Hotel. Traditionsreicher Familienbetrieb in ruhiger Alleinlage
www.sattlerhof.at

★ HOTEL SCHLOSS SEGGAU, LEIBNITZ

Außerhalb von Leibnitz steht dieses Hotel der mittleren Kategorie, das Teil der Schlossanlage in Seggau ist. Acht Zimmer hat das Haus, die recht klassisch diskret ausgestattet sind und teils etwas klein ausfallen. Zum Schloss gehören auch eine Taverne mit regionaler Küche und ein Bischöflicher Weinkeller.
www.seggau.com

★ GOLDEN HILL COUNTRY CHALETS, SAUSAL

Nur wenige Jahre alt ist das exklusive Chalet Hotel bei Sausal, das rund um einen renovierten steirischen Bauernhof entstanden ist. Sechs Chalets mit Private Spa, Schwimmteichen und Infinity Pools. Zahlreiche Auszeichnungen.
www.golden-hill.at

38 Die Südsteirische Weinstraße

Genusstour entlang der slowenischen Grenze

Der Klassiker unter den steirischen Weinstraßen verwöhnt seine Besucher mit Wein, guter Küche und einer Bilderbuchlandschaft.

Auf knapp 24 Kilometern führt uns die Südsteirische Weinstraße durch das grenznahe Anbaugebiet. Direkt neben der Autobahn taucht man in die hügelige Landschaft ein und kann gut nachvollziehen, warum die Südsteiermark auch die Toskana Österreichs genannt wird. Zum Start in Spielberg bietet sich ein Besuch vom Schloss Spielberg an, einem prachtvollen Renaissancebau mit einem Innenhof mit romantischen Laubengängen und Gewölberäumen. Das Schloss mit seiner 800-jährigen Geschichte ist eine beliebte Location für Hochzeiten und andere Events. Grassnitzberg und Ratsch sind typische Dörfer an der Weinstraße, wo sich ein Weingut an das andere reiht und gemütliche Buschenschanken locken. Beliebt sind die Ausflüge zu Fuß oder mit dem Rad, wobei E-Bikes hier in der Gegend mit vielen Höhenunterschieden offensichtliche praktische Vorzüge haben. Mit dem ständig gewachsenen Tourismus entlang der Weinstraßen hat sich auch das gastronomische Angebot prächtig entwickelt. Es gibt zahlreiche kreative Gastgeber, wie Mahorko in Glanz. Ein traditionsreicher Familienbetrieb, zu dem neben dem Weingut auch ein feines Wellnesshotel gehört und der sich auf Wasserbüffel spezialisiert hat, die hier auf den Wiesen grasen und deren mageres und cholesterinarmes Fleisch im Restaurant zum Einsatz kommt. Dass die Weinstraße hier entlang der Grenze und teils darauf und darüber verläuft, dafür gibt es ein interessantes Symbol. Etwas östlich von Glanz steht der Grenztisch, der zur einen

Sanfte Weinberge bei Ratsch an der Weinstraße
Rechts: Entlang der Weinstraße laden viele Weingüter zu einer Besichtigung ein, wie hier das Weingut Erwin Sabathi in Leutschach.

TOP★ERLEBNISSE

★ HEILIGENGEISTKLAMM

Der Weg von Spitzmühle südlich von Leutschach in die Klamm ist anspruchsvoll, aber mindestens genauso sehenswert. Nicht umsonst wurde die Klamm 2015 zum schönsten Platz der Steiermark gewählt. Die Gehzeit bis zur Grenze beträgt ca. 3 Stunden.

★ BÄRENHOF BERGHAUSEN

Ein anderes beliebtes Ausflugsziel, das ausnahmsweise mal nichts mit Wein zu tun hat, ist der Bärenhof Berghausen westlich von Grassnitzhausen. Dort leben elf Braunbären, die man hier recht nah erleben kann. In der Bärenhütte bekommt man hausgemachte Säfte und Wein. www.baerenhof-berghausen.com

Hälfte auf dem Gemeindegebiet von Leutschach, also in der Steiermark, und zur anderen Hälfte im Gebiet von Kungota und damit auf slowenischem Territorium steht.

Von Weinbauer zu Weinbauer

Von Glanz sind es nur noch wenige Kilometer bis zum Ziel unseres Ausflugs in Leutschach. Und das ist ein standesgemäßes Ziel, schließlich ist Leutschach die größte Weinanbaugemeinde der Steiermark. Hier gibt es nicht nur zahlreiche Weinbauern und Buschenschanken, sondern auch etliche Betriebe, in denen das berühmte Kürbiskernöl produziert wird. Dass die Leute hier auch etwas anderes können als Wein, das beweist die Brauerei Leutschach eindrucksvoll. Hier kann man nicht nur das Hopfenmuseum besichtigen, sondern auch im Lokal Naturbier vom Fass verkosten, wie etwa Ginsengdrache, Weinbier, Kürbisbier, Maronibier, Bockbier, Dinkelbier oder Krenbier. Überraschend ist das ja nicht, schließlich befinden wir uns in einem großen Hopfenanbaugebiet. Zum Abschluss könnte man noch einen kurzen Abstecher etwas südwestlich von Leutschach zur Schlossbergwarte beim Montikogel machen. Von dem 23 Meter hohen hölzernen Aussichtsturm hat man einen herrlichen Blick über die Hügel und Dörfer entlang der Südsteirischen Weinstraße.

Die Sausaler Weinstraße ist ein Geheimtipp mit viel Fahrspaß auf hügeligen Straßen. Rechts: Schloss Seggau ist eine herrliche Unterkunft, wenn man Kraft tanken und die Ruhe genießen möchte.

39 Sausaler Weinstraße

Der Geheimtipp unter den Weinstraßen

Etwas weiter nördlich und parallel zur Südsteirischen Weinstraße verläuft die nicht ganz so bekannte, aber sehr reizvolle Sausaler Weinstraße mit vielen kulinarischen und kulturellen Sehenswürdigkeiten.

Nun fahren wir von Maierhof bis Leibnitz und besuchen die Sausaler Weinstraße. Mit dem Namen Sausal bezeichnet man das Hügelland zwischen den Flüssen Laßnitz und Sulm. Die Sausaler Weinstraße ist nicht so bekannt wie die benachbarte Südsteirische Weinstraße und zur Hochsaison auch deutlich weniger frequentiert. Charakteristisch für diese Gegend sind die ungewöhnlich steilen Weingärten, die einerseits schön anzuschauen sind, die Arbeit für die Weinbauern aber recht beschwerlich machen. Die Hauptsorte ist hier der Riesling.
Bei Fresing machen wir links einen Abstecher nach Kitzeck. Dort gibt es das erste Steirische Weinmuseum, das stilgerecht in einem historischen Bauernhof eingerichtet ist. Drinnen ist viel historisches Inventar ausgestellt; so kann man nachvollziehen, wie sich die Arbeit der Weinbauern über Generationen entwickelt hat. Abgesehen davon hat man hier einen herrlichen Ausblick auf die hügelige Landschaft um Kitzeck.

Zwischenstopp im Renaissanceschloss

Auf dem Weg Richtung Osten nach Leibnitz könnte man noch eine Badepause am Silbersee einlegen. Ein interessanter Platz ist direkt daneben der Frauenberg. Auf dem 381 Meter hohen Hügel steht die barocke Wallfahrtskirche aus dem 17. Jahrhundert. Der Frauenberg hat eine lange Geschichte, es gibt Fundstücke aus der Steinzeit, die ebenso wie spätere Funde im benachbarten Tempelmuseum ausgestellt sind. Auch interessant: Das denkmalgeschützte Haus, in dem sich das Museum befindet, steht auf den Grundmauern eines römischen Gebäudes. Kulturell hat Leibnitz eine Menge zu bieten. Da steht ganz oben das

Schloss Seggau. Das Renaissanceschloss war früher Bischofssitz und zählt heute zu den bedeutendsten Kongresszentren der Steiermark. Sehenswert sind der Innenhof mit dem römischen Lapidarium, die Schlosskapelle und die Seggauer Liesl, die größte Glocke der Steiermark. Einkehren kann man in der Schlosstaverne. Und es gibt auch einen Hotelbetrieb beim Schloss mit einem historischen und einem modernen Teil.

Spaziergang mit Wein und Kunst

Schloss Seggau wäre zum Beispiel ein guter Ausgangspunkt für Touren zu Fuß oder mit dem Rad in der Umgebung. Die herrliche Landschaft in Verbindung mit der guten Küche legt es nahe, dass man sich hier nicht nur mit dem Auto bewegt. Für einen ausgiebigen Spaziergang im Sausal bietet sich die Panoramagalerie Sulmtal Sausal an. Eine Wanderung von Heimschuh hinauf zum höchsten Ort der Sausal-Weinstraße in Kitzeck mit einer Länge von 14 Kilometern und über 400 Metern Höhenunterschied. Zu sehen gibt es unterwegs genügend. Man läuft durch Wälder und vorbei an Weingärten. Begleitet wird der Weg von zahlreichen Kunstwerken internationaler Künstler und natürlich auch von Weingütern und Buschenschanken. Von dem Weg gibt es eine West- und eine Ostvariante, man kann ihn als Rundweg absolvieren.

TOP ★ ERLEBNISSE

★ DEMMERKOGEL

Der 671 Meter hohe Demmerkogel ist die höchste Erhebung im Sausal und ein beliebtes Ausflugsziel. Dafür sprechen die herrliche Aussicht, die bekannte Schmetterlingswiese mit einer außergewöhnlichen Vielfalt an Schmetterlingen und der riesige Klapotetz mit einer Höhe von rund 16 Metern. Die Aussichtswarte ist von einem Feuer zerstört worden und soll demnächst erneuert werden.

★ WEINLEHRPFAD SILBERBERG

Eine reizvolle Einführung in die Welt des Weines ist der Erlebnis-Weinlehrpfad der Weinbauschule Silberberg bei Leibnitz. Auf der 2,5 Kilometer langen Strecke hinauf zur Silberberg-Warte begegnet man 21 Stationen zum Thema Wein und acht Stationen zum Thema Obst und bekommt einen Überblick über die europaweite Weinproduktion.
www.silberberg.at

40 Klapotetz-Weinstraße

Unterwegs mit dem steirischen Wahrzeichen

Von Ost nach West führt diese Tour abseits der belebten Straßen auf dem sehenswerten Fötschacher Höhenweg bergauf und bergab, vorbei an Weingärten und idyllischen Dörfern.

Diese mit rund 20 Kilometern recht kurze Weinstraße hat ihren Namen von einem Symbol der steirischen Weinstraßen, das eigentlich ein simpler Gebrauchsgegenstand war. Der Klapotetz ist ein Holzgestell, das aus verschiedenen Holzarten zusammengezimmert und vom Wind angetrieben wird. Das Klappern, das dabei entsteht, soll die Vögel aus den Obst- und Weingärten verscheuchen. Der Name kommt aus dem Slowenischen. Klopotati bedeutet so viel wie Klappern, und das trifft es ja auch genau. Heute sind Klapotetz mitunter Sehenswürdigkeiten und Kunstgegenstände, können bis zu 16 Meter groß sein. Das hat viel mit Tradition zu tun. Deshalb ist das Aufstellen der Klapotetz zu Jakobi Ende Juli ein alter Brauch. Die Klapotetz stehen und klappern dann bis Martini am 11. November.

Die größte Weintraube der Welt

Beginnen wir die Reise mit einem Superlativ. Ein paar Kilometer westlich von Langegg gibt es am 483 Meter hohen Eorykogel die weltweit größte Darstellung einer Weintraube. Diese Konstruktion aus Glas und Edelstahl ist 5 Meter hoch, 4 Meter breit und 2 Meter tief. Geschaffen hat sie der Glaskünstler Wilhelm Trojan. 365 Glasperlen, 52 Teile mit Blättern, Stamm

Der Klapotetz wird aus vier verschiedenen Holzsorten hergestellt und verscheucht zwischen Ende Juli und Allerheiligen die Vögel aus den Weingärten.
Rechts: Schloss Arnfels

TOP ★ ERLEBNISSE

★ SCHMANKERLTAGE

In dem Bauernladen Klapothek in Arnfels werden im Sommer regelmäßig Schmankerltage organisiert, bei denen man regionale Spezialitäten verkosten kann. Wein, Säfte, Kernöl, Brot vom Atschko und vieles mehr gibt es das ganze Jahr über. www.klapothek.at

★ PANORAMATHERAPIE AM WURZENBERG

Panoramatherapie nennen die Anbieter den Aufenthalt in ihren Naturparkzimmern und Lodges oben auf dem Hügel am Fötschacher Höhenweg. Auf Wunsch gibt es Frühstückskisterl, Picknickkorb und Brettljause. Und dazu gibt es viel Ruhe und schöne Aussichten www.wurzenberg.at

und Traube beziehen sich auf die Tage und Wochen des Jahres.
In Glanz könnte man noch bei einem ungewöhnlichen Weinproduzenten Station machen. Beim Weingut & Brothof Atschko gibt es nicht nur Weine und Säfte, sondern auch exzellentes Brot aus hausgemachtem Sauerteig. Das Sortiment umfasst Roggen-, Dinkel-, Buchweizen- und Körndlbrot. Gebacken wird täglich.
Eine reizvolle Zwischenstation ist zudem der Weinkulturgarten in Eichberg beim Weingut Kollerhof. Dort erfährt man bei einem Spaziergang allerhand über den Wein weltweit mit Schautafeln zur Weinkultur von China bis Kalifornien und kann sich vor allem mit steirischem Wein beschäftigen – natürlich nicht nur theoretisch, sondern auch ganz praktisch. Insgesamt 2 Kilometer ist der Weinkulturweg lang, der auch kinderwagentauglich ist.

Kleines Weindorf mit großer Kultur

Der letzte Ort dieser Tour ist Arnfels, ein reizvolles kleines Weindorf mit einem sehenswerten historischen Ortszentrum und einer barocken Pfarrkirche. Kulturell wird hier ziemlich viel geboten, was vor allem mit dem Schloss Arnfels zu tun hat. Der mächtige Bau mit der gelben Fassade geht bis auf das 11. Jahrhundert zurück und befindet sich heute in Privatbesitz. Hier finden die Arnfelser Schlossspiele mit zahlreichen Theateraufführungen im Kino statt, im September gibt einen großen Hobbykünstlermarkt sowie zahlreiche andere Veranstaltungen.

Das Schloss in Stainz war früher ein Augustiner Chorherrenstift.
Rechts: Mitten im Weingebiet Schilcher liegt die Burg Deutschlandsberg. In ihrem Bergfried ist das Burgmuseum Archeo Norico untergebracht.

41 Schilcherstraße

Ein steirischer Klassiker

Den bekannten und beliebten Roséwein gibt es nur in der Steiermark und natürlich vor allem entlang der Schilcherstraße mit vielen kulturellen Attraktionen.

Zum Abschluss dieser Rundreise durch das südsteirische Weinland wartet noch eine klassische Tour von Süd nach Nord, die dem Schilcher gewidmet ist. Der Wein, der wie kaum etwas anderes für die südliche Steiermark steht, wird aus der roten Traube der Sorte Blaue Wildbacher gewonnen, gilt eigentlich als Rosé, wird aber durchaus auch als Roter gesehen. Man trinkt ihn dank seines frischen und säurehaltigen Charakters auch als Aperitif.

Waffensammlung und Folterkammer

Die rund 40 Kilometer lange Tour beginnt in Eibiswald. Der Ort ist bekannt für sein schönes Erlebnisbad und für ein großes Weinlesefest in den ersten Oktobertagen. Im Schloss, dessen Geschichte bis auf das 12. Jahrhundert zurückgeht, ist eine Landesberufsschule untergebracht. Weiter geht die Fahrt gut 20 Kilometer nordwärts über Hochgrail bis nach Deutschlandsberg. Die Bezirksstadt wirkt gegenüber den vielen kleinen Weindörfern mit seinen 11.000 Einwohnern direkt urban. Sehenswert sind der Marktplatz mit der Mariensäule und die Burg Deutschlandsberg, die über der Stadt thront und in der das Museum Archeo Norico eingerichtet ist – mit einer historischen Ausstellung inklusive Waffensammlung und Folterkammer.
Wir fahren weiter nach Norden bis Stainz, einem der bekanntesten Orte in der Weinregion Südsteiermark. Über allem thront hier das

Schloss, das früher ein Augustiner Chorherrenstift war und heute in Privatbesitz ist. Im Schloss mit seinem schönen Arkadenhof befindet sich ein Jagd- und Landwirtschaftsmuseum. Im Stift hatte früher Erzherzog Johann gewohnt, der in der Steiermark auch heute noch sehr verehrt wird. Sehenswert sind in dem Ort auch die zahlreichen historischen Bauten. Wer die Umgebung erkunden will, für den gibt es in Stainz ein seit Jahren sehr erfolgreiches Angebot. Das hiesige Traktormuseum hat eine umfangreiche Flotte an historischen Fahrzeugen, mit denen man geführte Ausflüge in die Umgebung und dabei auch in Buschenschanken Station machen kann. Eine perfekt entschleunigte Genusstour. Dem Erzherzog Johann gewidmet ist auch die alte Heilquelle Bad Sauerbrunn nordwestlich von Stainz. Früher gab es hier ein Kurbad, heute ist nur noch ein Brunnenbetrieb vorhanden.

Wie das Leben vor 6000 Jahren war

Der Zielort Ligist ist ein schön gelegenes Weindorf, wo sich fast alles um Schilcher dreht. Aber nur fast, denn sehenswert und besuchenswert ist auch das Heimatmuseum in einer 250 Jahre alten Hammerschmiede, in der 6000 Jahre Siedlungsgeschichte mit Exponaten, wie keltische Grabbeigaben und viele historische Handwerksgegenstände, dokumentiert sind. Das alte Hammerwerk Roob ist ein eindrucksvolles Beispiel für die frühere Bedeutung von Hammerwerken, von denen es einst sieben im Ort gab.

TOP★ERLEBNISSE

★ BUSCHENSCHANKEN-ERLEBNISWEG

Wandern und einkehren ist hier im Schilcherland eine sehr sinnvolle Kombination. Die idyllische Landschaft mit vielen Weingärten und die gemütlichen Buschenschanken sind ein herrliches Programm für Genießer. So wie der Buschenschanken-Erlebnisweg rund um St. Stefan ob Stainz im Schilcherland auf 10,8 Kilometern mit 331 Höhenmetern.
www.schilcherland.at

★ TRAKTORMUSEUM

Viele kleine und große Traktoren, 29 verschiedene Marken bis zum Jahrgang 1928 stehen im Traktormuseum in Stainz. Die Mitglieder des Vereins Stainzer Oldtimerfreunde hatten dazu eine gute Idee. Sie bieten Traktoren für Ausfahrten in der Umgebung an. Die Preise beginnen mit Halbtagstouren ab 56 Euro.
www.traktormuseum.at

Die Tiroler Runde

Von Innsbruck zu alpinen Klassikern

Eine Rundfahrt durch die Tiroler Bergwelt ohne Autobahn und Staus scheint schwer möglich. Aber das geht, und zwar besonders reizvoll, wenn man auf einige schöne und weniger bekannte Nebenstraßen ausweicht.

Innsbruck ist nicht nur die Tiroler Landeshauptstadt. Die Stadt am Inn liegt auch sehr zentral und ist ideal für Ausflüge ins Tiroler Land. Hier teilt sich Tirol auf in das Oberland innaufwärts bis zu den Nachbarn im Vorarlberg und das Unterland innabwärts bis Kufstein. Für unseren Ausflug haben wir 1 **Innsbruck** als Startort gewählt: eine Runde ins Oberland, die dann zu Füßen der Zugspitze endet, wo man nach Innsbruck zurückkehren oder über Ehrwald und Garmisch-Partenkirchen Richtung München fahren kann. Von Innsbruck geht es ein kurzes Stück am Inn entlang Richtung Westen. Dabei hat man die Wahl zwischen der Inntal-Autobahn bis zur Ausfahrt Zirl-Ost oder, was gemütlicher ist, parallel auf der Völser Landesstraße. Bei Kematen geht es südwärts auf der Sellrainer Straße und in ein malerisches Bergtal hinein, das viele Innsbrucker selbst aus Ausflugsziel schätzen. Bald hat man die Gewerbegebiete nahe der Autobahn hinter sich gelassen und fährt auf der Straße immer sanft bergauf und dabei flankiert von steilen Bergen. Nach Sell-

Das Goldene Dachl, das fotogene Wahrzeichen der Tiroler Hauptstadt Innsbruck
Unten: Blick über Kappl, das im Winter ein gefragtes Skigebiet ist und im Sommer Wanderer und Mountainbiker anlockt.

Tourinfo

Start: Innsbruck
Ziel: Lermoos
Länge: 322 Kilometer
Fahrtzeit: 6 Stunden
Beste Reisezeit: Mai bis Oktober

rain wird es allmählich kurviger, man passiert bald das Bergdorf Gries und fährt weiter hinauf auf der gut ausgebauten Straße mit einigen Galerien bis zum bekannten Skiort Kühtai auf 2000 Metern Höhe. Kühtai ist eigentlich ein Hoteldorf und der höchste Punkt auf dieser Rundfahrt. Vorbei am Stausee auf der Westseite des Ortes führt die Straße dann kontinuierlich bergab mit ein paar Kurven bis zur kleinen Siedlung Ochsengarten. Normalerweise fährt man geradeaus weiter bis ins Ötztal und zur Ortschaft Ötz, aber wir biegen hier nur rechts ab und nehmen Kurs nach Norden auf der Straße am Haimingerberg. Denn das ist eine traumhaft schöne Panoramastraße hinunter ins Inntal mit vielen Kurven und sehr wenig Verkehr.

Nach rund 12 Kilometern kommt man unten im Inntal an bei Haiming, biegt links ab Richtung Westen auf die B171 und fährt über Roppen bis

Zu den populärsten Tiroler Sehenswürdigkeiten zählen die Zugspitze von Lermoos aus (oben) und die Hungerburgbahn in Innsbruck mit dem Design von Zaha Hadid (unten).

Imst, umgeht so den wenig unterhaltsamen Roppener Tunnel auf der Autobahn. Direkt vor Imst biegen wir links ab und fahren ein Stück in das Pitztal bis Wenns, halten uns dort rechts und folgen der Piller Landesstraße. Die Straße verläuft anfangs noch recht gemütlich, wird bald steiler und kurviger und erreicht nach wenigen Kilometern die Pillerhöhe auf 1580 Metern. Eine faszinierende Bergstraße, deren Höhepunkt der herrliche Ausblick auf das Inntal beim Sattel nahe des Naturparkhauses Kaunertal ist. Vom Parkplatz führt ein kurzer Weg zur Aussichtsplattform. Von der Pillerhöhe zieht sich dann eine ziemlich kurvenreiche Straße auf 15 Kilometern mit engen Serpentinen hinunter zum Inn.

Über die Silvretta zum Arlberg

Unten im Tal biegen wir rechts ab, fahren talauswärts bis nach Landeck und folgen dort ein kurzes Stück der Schnellstraße S16 Richtung 3 **Arlberg** bis zur Abfahrt in das 2 **Paznaun**. Die gut ausgebaute Talstraße bringt uns in südlicher Richtung über See und Kappl bis zum bekannten Wintersportort Ischgl nach insgesamt 24 Kilometern. Die Straße mit zahlreichen Tunneln erreicht nach weiteren 9 Kilometern Galtür und steigt dann steil hinauf zur Bielerhöhe, einem Pass auf 2027 Metern. Nun folgt ein kurzer Abstecher ins Bundesland Vorarlberg und in das Montafon talauswärts bis Bludenz. Nach einer Passage auf der Landstraße geht es ostwärts auf der alten Straße zum Arlberg bis Langen. Dort könnte man in den Arlbergtunnel abbiegen, wir bleiben aber auf der Landstraße und fahren weiter Richtung Arlbergpass. Die Straße führt kontinuierlich bergauf, umrundet das kleine Dorf Stuben und erreicht nach weiteren 2 Kilometern die Abzweigung links nach Lech am Arlberg. Nach einer Passage durch einen engen Tunnel öffnet sich der Blick auf die gerade Straße bis Zürs, einem noblen Ableger von Lech, und weiter nach Lech. Nach dem Nobelort kommen wir schließlich ins Lechtal nach Warth, biegen dort rechts ab und fahren gemütlich durch das anfangs enge, dann immer breiter werdende Lechtal bis Stanzach, biegen dort rechts auf die kurvenreiche Berwang-Namloser Landesstraße ab. Die Straße schlängelt sich über die Berge und ist ein Hochgenuss für Kurvenliebhaber. Kurz nach dem Skiort Berwang führt die Tour bergab bis Bichlbach. Nun geht es weiter auf der Bundesstraße rechts Richtung Fernpass bis Lermoos und zur 4 **Zugspitze**. Dort kann man sich entscheiden, ob man über den Fernpass nach Innsbruck oder links nach Ehrwald und weiter Richtung Garmisch-Partenkirchen und München fahren will. Die Tiroler Runde jedenfalls ist hier zu Ende.

EINKEHREN

★ PLANÖTZENHOF, INNSBRUCK

Die Anreise ist zugegebenermaßen etwas aufwendiger. Aber es lohnt sich in mehrfacher Hinsicht. Einmal liegt der Planötzenhof ziemlich weit oben an der Nordkette mit sensationeller Aussicht auf Innsbruck, Inntal und Wipptal. Und dann kann man in dem Erlebnisbauernhof mit Gasthaus erstklassige Tiroler Küche genießen.
www.planoetzenhof.at

★ OILERS69, HAIMING

Ehemalige Tankstelle an der Bundesstraße etwa einen Kilometer östlich vom Eingang ins Ötztal, die zu einem Burgerlokal in amerikanischem Stil umfunktioniert wurde. Verspielt nostalgisch mit einer Ausstellung ausrangierter Straßenkreuzer im Außenbereich
www.oilers69.com

★ POSTGASTHOF GEMSE, ZAMS

Keine fünf Fahrminuten östlich von Landeck in Zams steht dieser bekannte Traditionsgasthof direkt an der Straße. Schöne alte Stuben und eine klassische Tiroler Küche mit vielen Zutaten aus eigener Landwirtschaft und Jagd
www.postgasthof-gemse.at

★ RESTAURANT STÜVA

Das Gourmetrestaurant im Hotel Yscla im Zentrum von Ischgl ist derzeit die Nummer 1 in der Tiroler Gastroszene. Küchenchef Benjamin Parth wurde von Gault&Millau für seine kreative Küche mit vier Hauben und 18,5 Punkten von maximal 20 belohnt.
www.yscla.at

★ GASTHAUS KREUZ, NAMLOS

Ein wirklich traditionsreiches Gasthaus in dem abgelegenen Bergdorf Namlos, das für seine gute und authentische Tiroler Küche bekannt ist. Schlichtes und originales Interieur
Tel.: +43 5674 82 56

ÜBERNACHTEN

★ NALA INDIVIDUELLHOTEL, INNSBRUCK

Ein sehr ungewöhnliches und kreativ eingerichtetes Hotel nahe der Altstadt in einer ruhigen Seitenlage. Die Zimmer sind verspielt und sehr unterschiedlich im Stil. Das Angebot reicht vom Garden Appartement bis zum Loft Hideaway.
www.nala-hotel.at

★ SILVRETTAHAUS, BIELERHÖHE

Direkt am Stausee auf der Passhöhe mit grandiosem Bergpanorama befindet sich das sehr gepflegte Dreisternehotel. Gute Küche und saubere, etwas puristische Zimmer. Besonders reizvoll abends mit der alpinen Ruhe und einem grandiosen Sternenhimmel
www.silvretta-bielerhoehe.at

★ KRÄUTERHOTEL & WIRTSHAUS STERN, STEEG

Die regionale Küche mit einheimischen Kräutern steht, wie der Name andeutet, im Mittelpunkt. Hier kann man nicht nur gut und gesund speisen, sondern sich auch mit hausgemachten Säften und Tinkturen Gutes tun. Die Zimmer sind wie das Wirtshaus klassisch rustikal eingerichtet.
www.der-stern.at

★ HOTEL POST, LERMOOS

Klassisches Viersterne-Superiorhotel im Zentrum von Lermoos mit sehr gutem Wellnessangebot, Gourmetküche und einem Außenpool mit dem besten Ausblick auf die Zugspitze
www.post-lermoos.at

42 In der Tiroler Landeshauptstadt

Innsbruck aus der Vogelperspektive

Innsbruck ist nicht nur bei Touristen und Studenten sehr begehrt. Kein Wunder, hat die Stadt doch viele kulturelle Attraktionen und eine ganzjährig hohe Freizeitqualität zu bieten.

Innsbruck ist der Startort dieser Runde, aber die Tiroler Landeshauptstadt hat so viel Kultur und Lebensqualität, dass man hier unbedingt Zeit investieren sollte. Bevor man sich auf den Weg in die Altstadt entlang des Innufers macht, könnte man einige Sehenswürdigkeiten am Stadtrand besichtigen, die leicht zu erreichen sind. Das gilt zum Beispiel für die Bergiselschanze am Südrand der Stadt, die man bereits von Weitem erkennen kann. Am Bergisel gibt es gute Parkmöglichkeiten, und man kann sich mit dem Lift bis zum höchsten Punkt auf der Schanze hochfahren lassen, wo man eine exzellente Aussicht auf Innsbruck und Umgebung hat. Viel zur Geschichte der Stadt erfährt man nebenan im Kaiserjägermuseum. Eine andere sehr sehenswerte und historisch bedeutsame Attraktion ganz in der Nähe der Schanze ist Schloss Ambras. In dem Renaissanceschloss, das von einem 20 Hektar großen Park mit Wildgehege umgeben ist, ist das älteste Museum der Welt eingerichtet mit vielen Exponaten zur Geschichte Tirols, mit allerhand Waffen und Rüstungen. Und fährt man noch ein paar Kilometer weiter östlich nach Wattens, gibt es mit den Kristallwelten eine der bedeutendsten Sehenswürdigkeiten Österreichs. Der grüne Riese am Eingang ist das Erkennungszeichen der Er-

Die mächtige Sprungschanze am Bergisel in Innsbruck ist auch außerhalb der Vierschanzentournee einen Besuch wert. Rechts: Nichts für schwache Nerven – die Bergiselschanze aus der Perspektive der Skispringer

lebniswelt des Kristallherstellers Swarovski, der von André Heller gestaltet worden ist.

Vom Goldenen Dacherl zum Hafelekar

Doch nun ins Zentrum von Innsbruck. Gute Parkmöglichkeiten hat man in Bahnhofsnähe, von dort gelangt man rasch in die Altstadt. Ein Klassiker ist das Goldene Dacherl in der Herzog-Friedrich-Straße, das vergoldete Dach der ehemaligen Residenz der Tiroler Landesfürsten, das sich Kaiser Maximilian I. bauen ließ, um selbst einen standesgemäßen Logenplatz bei Turnieren zu haben. Ähnlich prominent ist die Hofburg, die ursprünglich eine mittelalterliche Burg der Grafen von Tirol war und auf Wunsch von Maria Theresia in der Mitte des 18. Jahrhunderts im Rokokostil umgebaut wurde. Von den rund 400 Räumen kann man zahlreiche Prunkräume, wie den Riesensaal, den Gardesaal und den Andreas-Hofer-Saal, besichtigen. Rund um die Hofburg und das Goldene Dacherl verteilen sich in der Altstadt viele kleine Gassen mit interessanten Boutiquen, Geschäften und Lokalen für einen kleinen Shoppingausflug. Eine Alternative dafür ist die breite Maria-Theresien-Straße.

Was die Innsbrucker selbst lieben, das sollte man sich auch nicht entgehen lassen. Und zwar einen Ausflug mit der von der Stararchitektin Zaha Hadid gestalteten Hungerburgbahn zur Nordkette und dort weiter mit der Seilbahn zur Seegrube auf 1900 Metern Höhe. Von dort hat man eine sensationelle Aussicht, kann gut einkehren und auch alpine Wanderungen unternehmen. Die Nordkette ist für die Einheimischen ein großer Freizeitpark. Noch weiter geht es mit der Seilbahn auf das Hafelekar auf 2334 Metern Höhe.

TOP ★ ERLEBNISSE

★ MARKTHALLE

Ein Geheimtipp ist das schlichte Gebäude am Herzog-Siegmund-Ufer am Inn. Drinnen eröffnet sich eine feine Genusswelt mit regionalen Spezialitäten, Bioküche, klassischen Tiroler Gerichten und mediterranen Angeboten. Schöne Terrasse auf der Innseite
www.markthalle-innsbruck.at

★ BERGISELSCHANZE

Auch wenn es kein Gourmetlokal ist, das Restaurant ganz oben im Turm der Bergiselschanze ist einen Besuch wert. Der Blick hinunter auf die Schanze und die Stadt ist sehr respekteinflößend.
www.bergisel.info

Oberhalb von Galtür liegt die berühmte Jamtalhütte, Ausgangspunkt vieler Bergtouren.
Rechts: Weg zur Bielerhöhe, der Verbindung zwischen dem Montafon und dem Tiroler Paznaun

43 Unterwegs im Paznaun

Im Westen Tirols gibt es nicht nur Après-Ski

Eine lange Fahrt durch die hochalpine Bergwelt vorbei am berühmten Ischgl bis zur Bielerhöhe und den Gipfeln der Silvretta: eine Strecke voller Gegensätze.

Das Paznauntal ganz im Westen Tirols kennt man weniger unter seinem Namen als für den bekannten Wintersportort Ischgl. Nur wenige Kilometer westlich von Landeck an der Schnellstraße S16 Richtung Arlberg zweigt links das Tal ab und zieht sich auf 40 Kilometern Länge in südwestlicher Richtung bis zur Grenze von Tirol zum Nachbarbundesland Vorarlberg. Anfangs wirkt die Passage durch das Tal noch recht eng, wird aber dann ab Kappl weiter und offener. Kappl und See sind noch recht bodenständige Bergdörfer, auch wenn hier der Tourismus ganz klar die Hauptrolle spielt. Kappl ist bekannt für seine vielen Kirchen und Kapellen, darunter die Pfarrkirche zum Heiligen Antonius der Einsiedler, deren Historie bis auf das 14. Jahrhundert zurückgeht. Richtung Ischgl häufen sich die Tunnelpassagen. Nach dem Lawinenunglück 1999 wurde hier viel für die Sicherheit verbaut.

Von Galtür auf die Silvretta-Hochalpenstraße

Ischgl selbst, dessen Zentrum links von der Talstraße liegt, ist eine dicht bebaute Ansammlung von Hotels und Lokalen, in architektonischer Hinsicht nicht gerade reizvoll.

Andererseits ist das touristische Angebot sehr umfangreich, es gibt Hotels in allen Kategorien, Gasthäuser und Restaurants in allen Preisklassen. Im Sommer ist der Partytourismus eher nebensächlich, dann dreht sich hier viel um sportliche Aktivitäten am Berg. Höhepunkt der Sommersaison ist der Ischgl Ironbike im August, ein Festival mit MTB-Rennen mit bis zu 75 Kilometern und 3700 Höhenmetern.
Nun bleiben noch 9 Kilometer bis nach Galtür und zum offiziellen Talschluss dahinter. Galtür ist ganz anders als Ischgl. Das stille Dorf liegt auf 1500 Metern Höhe am Ende der Talstraße, bevor es steil hinaufgeht Richtung Silvretta und Bielerhöhe. Im Winter gibt es hier ein Skigebiet mit Verbindung ins Montafon. Im Sommer ist Galtür Ausgangsort für Bergtouren. Beliebt sind zum Beispiel Wanderungen ins Jamtal zur Jamtalhütte. Einen Stopp wert ist hier das Alpinarium an der Westseite des Dorfes. Nach dem großen Lawinenunglück 1999 entstand im oberen Ortsbereich, wo die Lawine niederkam, das Ausstellungsgebäude Alpinarium als Bestandteil einer 354 Meter langen und 19 Meter hohen Schutzmauer.

Ein Ausflug zu den Nachbarn im Vorarlberg

Kurz hinter Galtür beginnt dann die Auffahrt zur Bielerhöhe auf der berühmten Silvretta-Hochalpenstraße. Gute 500 Höhenmeter sind es, auf denen einem durchaus mal eine Kuhherde auf der Straße begegnen kann. Man sollte also nicht zu sehr aufs Gaspedal drücken. Oben auf der Bielerhöhe auf 2031 Metern ist die Aussicht auf die Bergwelt der Silvretta sehr eindrucksvoll. Es bietet sich ein Spaziergang entlang des Stausees an oder hinunter zum Madlenerhaus auf der Westseite des Stausees, wo schon Ernest Hemingway einkehrte. Hier sind wir bereits in Vorarlberg und haben nun eine längere Abfahrt ins Montafon mit vielen Kurven vor uns.

TOP ★ ERLEBNISSE

★ ALPINARIUM GALTÜR

Nach dem Lawinenunglück 1999 entstand im oberen Ortsbereich das Alpinarium als Bestandteil einer 354 Meter langen und 19 Meter hohen Schutzmauer. Drinnen gibt es eine Dauerausstellung über Galtür und die hochalpine Landschaft, ein Kaffeehaus, eine Aussichtsplattform auf dem Dach und eine Kletterwand.
www.alpinarium.at

★ WALSERSTUBE IN MATHON

Eine sehr rustikale Kombination aus Wirtshaus und Bergbauernmuseum ist das Lokal mitten in dem kleinen Dorf Mathon auf dem Weg von Ischgl nach Galtür.
www.wirtshaus-walserstube.at

44 Der alpine Klassiker

Bei den Pionieren des Skifahrens

Eine gediegene Kombination aus Tradition und Luxus repräsentiert der Arlberg, was sich bei einer Fahrt quer über das hochalpine Gebiet gut nachvollziehen lässt.

Lech am Arlberg ist eine der privilegiertesten Adressen in den Alpen.
Rechts: Der Formarinsee auf 1793 Metern Höhe bildet sich jedes Jahr aus dem Schmelzwasser der umliegenden Berge.

Für die Begegnung mit dem Arlberg haben wir eine sehr traditionelle Annäherung ausgesucht. Wir fahren abseits der Autobahn über das Klösterle und Langen bergauf bis Stuben, dem ersten Arlberger Dorf. Stuben ist der Geheimtipp am Arlberg vor allem im Winter, weil man hier exzellente Tiefschneeabfahrten vorfindet. Außerdem hat das Dorf sich seinen alpinen Charme weitgehend erhalten und ist auch Geburtsort der Arlberger Skilegende Hannes Schneider. Mit ein paar engen Serpentinen kommt man schließlich zur Alpe Rauz und zur Abzweigung nach Lech und Zürs.

Die schöne Seite des Arlbergs ist oben

Wir sind hier immer noch auf der Vorarlberger Seite des Arlbergs. Selbiger ist ja auch zweigeteilt mit einer westlichen Seite, die zum Vorarlberg gehört, und einer östlichen Seite, die in Tirol liegt. Die Hauptorte in touristischer Hinsicht sind Lech mit Zürs auf der Westseite und Sankt Anton mit Sankt Christoph auf der Ostseite. Der Großteil der Reisenden, die den Arlberg passieren, nutzen dabei den 14 Kilometer langen Arlbergtunnel, der bereits 1884 eröffnet wurde. Wer sich mehr für die Geschichte des Arlbergs interessiert, kann dies mit einem Ab-

stecher nach Sankt Anton zum offiziellen Museum verbinden, das in der stattlichen Villa Trier etwas oberhalb des Zentrums eingerichtet ist. Die Villa ließ ein deutscher Unternehmer vor über 100 Jahren erbauen. Heute gehört sie der Gemeinde und bietet einen guten Einblick in die Historie des Skilaufs und des Ortes.
Eine Besonderheit gibt es auch in Sankt Christoph, das kurz hinter der Alpe Rauz auf dem Weg Richtung Sankt Anton liegt. Das Hospiz in Sankt Christoph hat eine lange Historie, es entstand im 14. Jahrhundert und war bis zum Bau des Arlbergtunnels 1884 eine wichtige Station für Reisende, die damals nur den Arlbergpass hatten. Die benachbarte Christophoruskapelle erinnert an die frühere Funktion. Heute ist es ein renommiertes Nobelhotel direkt an der Piste und Sitz der Bruderschaft.
Die Bruderschaft Sankt Christoph wurde im Jahr 1386 von Heinrich Findelkind, einem Waisenkind und einfachen Viehhirten, gegründet. Sie zählt heute mit über 20.000 Mitgliedern aus aller Welt zu den größten caritativen Einrichtungen des Alpenraumes.

Vom mondänen Arlberg ins beschauliche Lechtal

Unsere Fahrt führt uns jedoch von der Alpe Rauz oben am Berg links mit einigen engen Kurven durch eine alte Galerie nach Zürs hinauf, das exklusive Hoteldorf kurz vor Lech, und dann weiter nach Lech. Beide Orte sind im Winter ausgesprochene Nobeldestinationen und entsprechend teuer. Die Tour führt direkt durch Lech, vorbei an Luxushotels und teuren Geschäften und weiter nordwärts bis Warth, ebenfalls ein bekannter Skiort, der seit ein paar Jahren auch eine direkte Luftverbindung nach Lech hat. Unsere Tour zweigt nun rechts ab in das Lechtal.

TOP ★ ERLEBNISSE

★ RÜFIKOPF

Eine Fahrt mit der Seilbahn hinauf zum 2350 Meter hohen Rüfikopf bietet einen perfekten Ausblick auf die Bergwelt rund um Lech. Außerdem kann man dort oben auch gut im Panoramarestaurant einkehren. Im Winter ist der Rüfikopf Startplatz des berühmten Skirennens »Der Weiße Ring«.
www.ruefikopf.at

★ ZUG

Der kleine Weiler westlich von Lech ist im Sommer ein schönes Ausflugsziel und Ausgangspunkt für reizvolle Wanderungen Richtung Gasthaus Älpele, einem empfehlenswerten Gasthaus, und zum Formarinsee mit der schön gelegenen und recht rustikalen Freiburger Hütte. Bekannt ist Zug auch für das Viersternehotel Rote Wand mit Gourmetrestaurant.
www.aelpele-lech.at, www.rotewand.com

Spannende Perspektiven bietet die Highline 179 bei der Burgruine Ehrenberg nahe Reutte.
Rechts: Blick auf Ehrwald und die Zugspitze

45 Die schönere Seite der Zugspitze

Der berühmte Gipfel gehört auch den Tirolern

Auf der Südseite der Zugspitze, der Tiroler Seite, wirkt der berühmte Gipfel viel mächtiger als drüben bei Garmisch-Partenkirchen. Dazu gibt es in der Zugspitzregion noch ein sehr gutes gastronomisches Angebot und interessante Freizeitangebote.

Zwar ist die Zugspitze Deutschlands höchster Gipfel, doch haben auch die Tiroler ihre Zugspitzregion. Und die ist gar nicht so schlecht. Über den gesamten Berg läuft die Grenze zwischen Deutschland und Österreich. Das erklärt auch, warum es insgesamt drei Bahnen auf den 2962 Meter hohen Gipfel gibt. Eine Zahnradbahn und eine neue Seilbahn von der bayerischen Seite und eine Seilbahn von der Tiroler Seite bei Ehrwald. Wir erreichen auf unserer Rundfahrt die Zugspitzregion über die schöne kurvenreiche Straße vom Lechtal über Berwang. Man könnte auch einen Abstecher Richtung Reutte machen mit einem Besuch der Burgruine Ehrenburg und dem Fort Claudia, der Festung am Schlosskopf und der Ehrenberger Klause, die mit gut ausgebauten Wanderwegen verbunden sind. Luftige Ausflüge verspricht die große Fußgänger-Hängebrücke zwischen der Ruine Ehrenberg und dem Fort Claudia. 115 Meter über dem Boden hängt die schmale Brücke auf 406 Metern Länge über dem Tal. Übrigens ist sie laut »Guinessbuch der Rekorde« die längste Fußgänger-Hängebrücke der Welt.

Bayerisch-Tiroler Grenzverkehr

Erster Ort vor der Zugspitze ist Lermoos. Geografisch betrachtet, sind wir damit im Außerfern, wie es der Tiroler nennt. Es ist die Gegend jenseits des Fernpasses – von Innsbruck aus gesehen. Die Nähe zum Allgäu und damit

zum Schwäbischen nach Norden und zum Vorarlberg nach Westen macht sich hier auch im Dialekt bemerkbar.
Lermoos zu Füßen des Grubigsteins, wo im Winter ein reizvolles kleines Skigebiet ist, ist also der erste Ort. Hier gibt es ebenso wie im Nachbarort Biberwier ein auffallend gut sortiertes Angebot an Hotels mit ansprechendem Wellnessangebot. Das mag vielleicht auch damit zusammenhängen, dass die Zugspitze hier von der Südseite wesentlich mächtiger und attraktiver wirkt als von der nördlichen bayerischen Seite in und um Garmisch-Partenkirchen. Von Lermoos sind es nur wenige Kilometer bis nach Ehrwald. Dazwischen, auf der flachen baumlosen Ebene, breitet sich im Sommer ein Golfplatz aus, der im Winter zum Langlaufen genutzt wird. An der rechten Flanke des Zugspitzmassivs kann man mit der Seilbahn oder zu Fuß die Ehrwalder Alm erreichen, ein beliebtes Skigebiet bzw. Wandergebiet. Auf der linken Flanke sieht man die Seilbahn der Tiroler Zugspitzbahn, die mit großen Kabinen direkt zum Gipfel hinauffährt. Hier in Ehrwald kann man nun entscheiden, ob man am Ende der Tour heimwärts Richtung Deutschland fährt oder die Runde schließt und über den Fernpass zurück nach Innsbruck möchte.

TOP ★ ERLEBNISSE

★ TIROLER ZUGSPITZBAHN

Vom Weiler Obermoos nördlich von Ehrwald startet die Tiroler Zugspitzbahn Richtung Gipfel. Die großen Panoramagondeln mit Platz für 100 Leute bieten herrliche Aussichten. Oben gibt es ein Museum, ein Restaurant und das Erlebnismuseum »Faszination Zugspitze«. Im Sommer werden auch Sonnenaufgangsfahrten inklusive Frühstück angeboten.
www.zugspitze.at

★ BADEN MIT ZUGSPITZBLICK

Der Pool im Hotel Post Lermoos ist nicht nur zum Baden schön. Er bietet den perfekten Blick zur Zugspitze. Zugänglich ist er nicht nur für Gäste des Fünfsternehotels. Externe Besucher können im Rahmen eines Day-Spa-Angebots den Wellnessbereich nutzen und haben Zugang zum Frühstücks-, Mittags- und Kuchenbuffet.
www.post-lermoos.at

Vom Chiemsee zum Wörthersee

Auf reizvollen Nebenstraßen durch den Chiemgau bis Kärnten

Bekannte Alpenstraßen haben den Nachteil, dass sie von vielen Menschen geschätzt werden und entsprechend frequentiert sind. Bei dieser Tour ist es etwas anders. Es ist keine berühmte etablierte Route, sondern eine Reise von einem berühmten See zu einem anderen – auf schönen Nebenstraßen und weniger bekannten Pässen.

Die Idee ist eigentlich simpel. Es soll eine Reise werden, die durch besonders schöne Gegenden in Bayern und Österreich führt und dabei stark befahrene und überlastete Straßen meidet. Als Startort wurde der 1 **Chiemsee** ausgewählt, weil er zum einen ein bekanntermaßen schöner und beliebter See und dazu über die Autobahn A8 von München aus recht einfach erreichbar ist. Das Ziel ist der nicht minder bekannte Wörthersee in Kärnten. Normalerweise absolviert man diese Strecke ausschließlich über die Autobahn A8 bis Salzburg und weiter über die Tauernautobahn Richtung Süden mit den beiden langen Passagen im Tauern- und Katschbergtunnel. Nicht gerade eine romantische Strecke. Die hier ausgewählte Tour ist da ganz anders. Sie ist länger, kurvenreicher und wirklich attraktiv, mit einigen schönen Plätzen mit Geheimtippstatus.

Vom Badestrand zu den Tiroler Bergen

Unsere Reise beginnt in Bernau am Chiemsee. Von München kommend, hat man auf der Autobahn kurz vor der Ausfahrt noch einen herrlichen Blick auf den gesamten Chiemsee mit den berühmten Inseln Herrenchiemsee und Frauenchiemsee. Von Bernau fährt man auf der Deutschen Alpenstraße südwärts über Rottach bis Grassau und dort weiter bis Marquartstein. Kurz nach Marquartstein biegt man rechts ab Richtung Schleching und fährt eine kurvenreiche Straße durch die idyllische Berglandschaft bis zu dem schön gelegenen Bergdorf Schleching unterhalb des Geigelsteins. Nach Schleching

Bayerische Idylle in den Chiemgauer Bergen, die Kirche Sankt Remigius in Schleching

Unten: Der Ritzensee mit Saalfelden und dem Steinernen Meer im Hintergrund

Toureninfo

Start: Bernau am Chiemsee
Ziel: Velden am Wörthersee
Länge: 342 Kilometer
Fahrtzeit: 6 Stunden
Beste Reisezeit: Mai bis Oktober

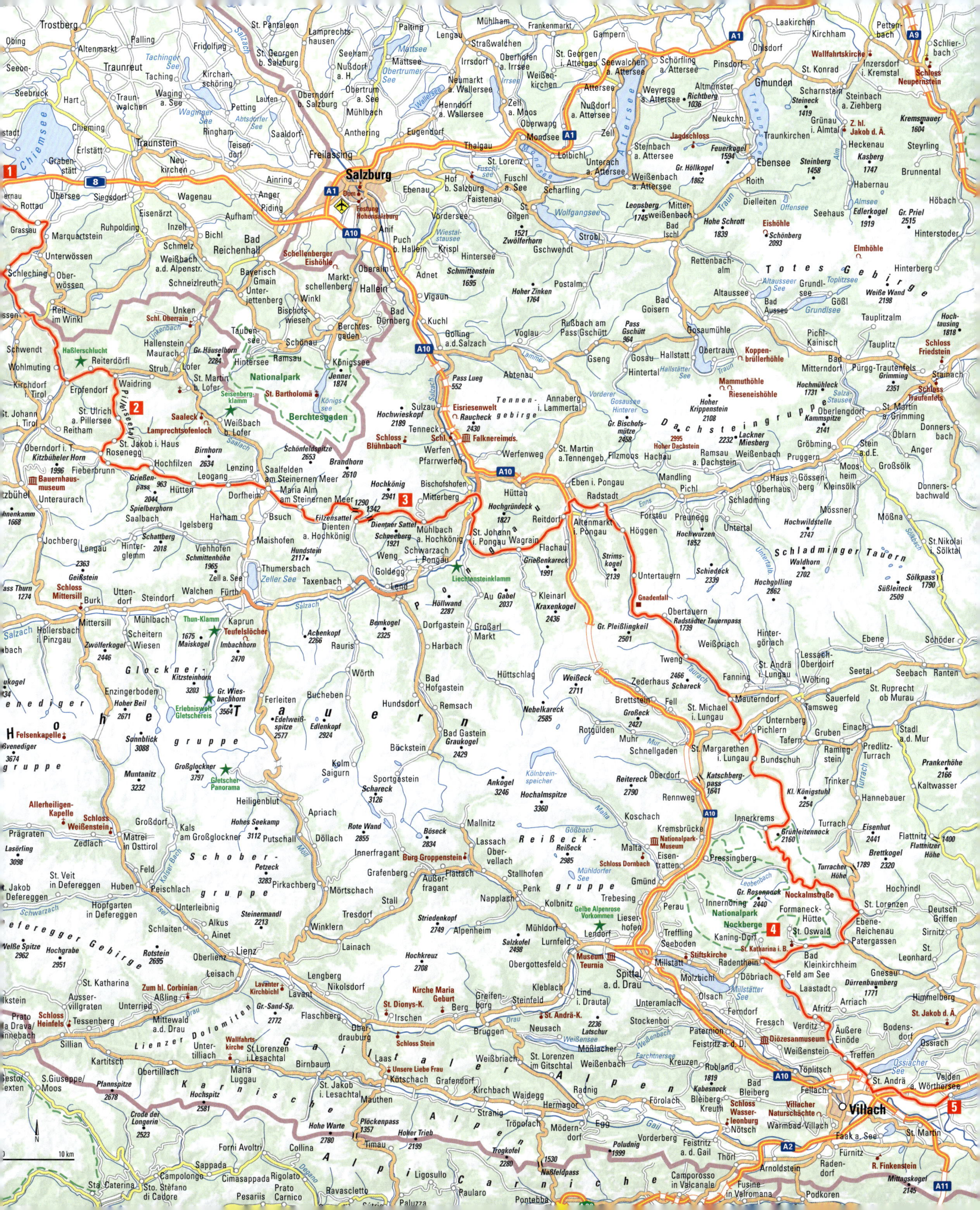

Salzburg
Freilassing
Traunstein
Traunreut
Trostberg
Chiemsee
Bad Reichenhall
Berchtesgaden
Nationalpark Berchtesgaden
Königssee
Hallein
Golling a.d.Salzach
Mondsee
Attersee
Gmunden
Traunsee
Ebensee
Bad Ischl
Wolfgangsee
Strobl
St. Gilgen
Hallstatt
Bad Goisern
Bad Aussee
Altaussee
Grundlsee
Totes Gebirge
Dachsteingruppe
Schladming
Schladminger Tauern
Radstadt
Eben i. Pongau
Bischofshofen
Werfen
St. Johann i. Pongau
Schwarzach i. Pongau
Saalfelden am Steinernen Meer
Maria Alm am Steinernen Meer
Zell a. See
Zeller See
Kaprun
Mittersill
Lofer
Unken
Waidring
Fieberbrunn
Hochfilzen
Leogang
Kitzbühel
St. Johann i. Tirol
Kössen
Reit im Winkl
Bad Hofgastein
Bad Gastein
Dorfgastein
Großarl
Hohe Tauern
Glocknergruppe
Großglockner 3797
Heiligenblut
Matrei in Osttirol
Lienz
Lienzer Dolomiten
Gailtaler Alpen
Karnische Alpen
Spittal a. d. Drau
Millstatt
Millstätter See
Nationalpark Nockberge
Nockalmstraße
Bad Kleinkirchheim
Radenthein
Villach
Ossiacher See
Wörthersee
Arnoldstein
Hermagor
Mauterndorf
St. Michael i. Lungau
Tamsweg
Obertauern
Radstädter Tauernpass
Katschbergpass
Gmünd
Malta
Obervellach
Mallnitz
Reißeckgruppe
Tarvisio
Sappada
A1
A8
A9
A10
A2
A11
10 km

Idylle mit Seeblick am Chiemsee (oben) und beim berühmten Schlosshotel in Velden am Wörthersee (unten)

passiert man die ehemalige Grenzstation und kommt entlang der Tiroler Ache in eine kurvenreiche Talenge vorbei am alten Wallfahrtsort Klobenstein, der etwas unterhalb der Straße liegt. Kurz danach öffnet sich der Blick auf den Tiroler Grenzort Kössen und rechts auf das mächtige Massiv des Wilden Kaiser. Bei Kössen geht es am Kreisverkehr links Richtung Reit im Winkl bis zum Ortsende, dann rechts etwas bergauf auf die Erpfendorfer Landesstraße. Die nächsten 11 Kilometer sind eine schöne, fast gerade Straße durch eine sehr ursprüngliche Berglandschaft mit sehr wenig Verkehr, wo aber bei Dunkelheit immer mit Wildwechsel zu rechnen ist. In Erpfendorf geht es links Richtung Waidring, vorbei an Gewerbebauten und einer großen Hotelanlage bis zur Südseite des Skigebiets Steinplatte. Hier biegen wir in Waidring rechts ab in das beschauliche 2 **Pillerseetal**. Auch die nächsten Kilometer bis Fieberbrunn sind eine echte Genusstour – vorbei am Pillersee und an der Buchsteinwand links nach Sankt Ulrich mit dem riesigen und begehbaren Gipfelkreuz. In Fieberbrunn führt die Tour ostwärts über den bekannten Biathlon-Wettkampfort Hochfilzen bis Leogang und weiter nach Saalfelden. Dort fahren wir über die Bundesstraße ins Zentrum und weiter nach Osten Richtung 3 **Hochköniggebiet**. Nun beginnt wieder eine Genussstrecke über Maria Alm, vorbei am wirklich eindrucksvollen Hochkönigmassiv mit etlichen Kurven und herrlichen Aussichten über den 1342 Meter hohen Dientner Sattel, der bei einheimischen Motorradfahrern recht beliebt ist. Auf der Ostseite warten etliche Kurven bis Mühlbach.

Über die Nockberge Richtung Süden

Von dort führt die Reise weiter über Sankt Johann im Pongau und Wagrain bis zum bekannten Wintersportort Flachau mit einem kurzen Haken nach links nach Altenmarkt vorbei an der Skifabrik Atomic bis Radstadt. Dort zweigt nach Süden die Straße ab hinauf nach Obertauern und weiter in den Lungau bis Mauterndorf und vorbei an der sehenswerten Burg Mauterndorf. Über den weiten und offenen Talboden im Lungau führt die Strecke auf der Bundschuh Landesstraße über Bundschuh bis Innerkrems. Dort beginnt die herrliche Nockalmstraße, eine Mautstraße mit 34 Kilometern Länge quer durch die 4 **Nockberge** und über das legendäre Bauernbad Karlbad bis zur Ebene Reichenau. Hier gönnen wir uns noch einen reizvollen Umweg, fahren über Bad Kleinkirchheim bis Radenthein und dort links Richtung Villach und über Feldsee und Afritzer See bis zum Ossiacher See. Dort sind es nur noch wenige Kilometer auf der Bundesstraße B3 vorbei an Villach bis zum Westufer des 5 **Wörthersees** in Velden.

RESTAURANTS ★ ÜBERNACHTUNGEN

EINKEHREN

★ GASTHOF ZELLERWAND, SCHLECHING

Der bayerische Traditionsgasthof in denkmalgeschütztem Gemäuer steht direkt an der Straße nach Schleching und bietet feine regionale Küche mit Zutaten aus der hiesigen Landwirtschaft.
www.gasthof-zellerwand.de

★ HOTEL GASTHOF POST, KÖSSEN

Echter Traditionsgasthof im Zentrum von Kössen an der Grenze von Tirol zu Bayern. Tiroler Ambiente und klassische Küche in historischen holzgetäfelten Stuben. Es gibt auch Gästezimmer im Haus.
www.hotelgasthofpost.at

★ ADOLARIWIRT

Im Pillerseetal ein paar Meter oberhalb der Straße steht das Wirtshaus, eines der ältesten seiner Art in Tirol. Traditionsreiche Pilgergaststätte mit klassischer Tiroler Küche und gemütlichen Zimmern im Obergeschoss
www.tirolerwirt.at

★ GASTHOF HINTERREIT, MARIA ALM

Kurz vor Maria Alm führt eine Straße mit einigen Kurven zu dem aussichtsreich gelegenen Berggasthof. Gute regionale Küche und gemütliche Zimmer. Das Besondere ist, dass hier im Winter die Skiweltelite trainiert und wohnt und die Wände voll mit Postern und Danksagungen sind von Hermann Maier bis Felix Neureuther und Lindsey Vonn.
www.hinterreit.at

★ DAS MESNERHAUS, MAUTERNDORF

Hochdekoriertes Gourmetrestaurant in einem historischen Gebäude im Zentrum von Mauterndorf. Kreative regionale Küche. Moderne Zimmer im Nachbarhaus
www.mesnerhaus.at

★ KARLBAD, NOCKALMSTRASSE

Eines der letzten originalen Bauernbäder befindet sich in dem Berggasthof direkt neben der Nockalmstraße. Gebadet wird hier wie in alten Zeiten in ausgehöhlten Lärchenholzstämmen, in denen das Wasser mit glühenden Steinen aufgeheizt wird. Rustikale Küche und schlichte Gästezimmer
Tel.: +43 664 968 39 26.

ÜBERNACHTEN

★ HOTEL BONNSCHLÖSSL, BERNAU AM CHIEMSEE

Romantisch nostalgisches Schlosshotel mitten in Bernau am Chiemsee etwas abseits der Hauptstraße an der zentralen Kreuzung. Klassisch eingerichtete Zimmer und Suiten, kleines Wellnessangebot
www.hotel-chiemsee-bonnschloessl.de

★ KIRCHENWIRT, LEOGANG

Renommiertes Edelgasthaus mitten im Zentrum von Leogang mit einer Historie bis ins 14. Jahrhundert und gediegener Kombination aus Nostalgie und modernem Design. Verschiedene Themenzimmer, Restaurant mit gehobener regionaler Küche
www.hotelkirchenwirt.at

★ HOTEL WAGRAINERHOF, WAGRAIN

Viersternehotel im Zentrum von Wagrain mit umfangreichem Wellnessangebot und Komfortzimmern sowie hauseigenem Streichelzoo.
www.wagrainerhof.com

★ DAS KOHLMAYR, OBERTAUERN

Modernes Designhotel mit vier Sternen in Obertauern an der Hauptstraße. Edle Zimmer und sehr gediegener Wellnessbereich
www.daskohlmayr.at

★ SEESCHLÖSSL, VELDEN

Das romantische Hotel in einem kleinen Landschloss direkt am nördlichen Seeufer am Rand von Velden ist ein perfektes Hideaway. Umgeben von einem Park mit einem direkten Seezugang. Es gibt luxuriösere Hotels am Wörthersee, aber kaum stilvollere.
www.seeschloessl.at

46 Am Bayerischen Meer

Badespaß und Kultur vor dem Start

Der Chiemsee ist Startort und zugleich eine der Hauptattraktionen dieser Tour mit den beiden Inseln und dem berühmten Königsschloss. Direkt zu Beginn der Reise könnte man noch einen Ausflug einbauen.

Der Start dieser Tour befindet sich in Bernau am Südwestufer des Chiemsees. Mit knapp 80 Quadratkilometern ist er der drittgrößte See in Deutschland. Das Bayerische Meer, wie er auch gern genannt wird, bietet sich für eine Sightseeing-Pause an. Bernau ist dafür ideal, denn von der Autobahnausfahrt sind es nur 2 bis 3 Minuten mit dem Auto bis zum Uferbereich in Felden. Dort gibt es viele Parkplätze, man kann direkt zum Ufer laufen, eine Badepause machen, sich ein Boot oder ein Rad für einen Ausflug leihen oder auf die Schiffe der Chiemsee-Schifffahrt warten und einen längeren Ausflug auf dem See machen. Denn die beiden bekannten Inseln Frauenchiemsee und Herrenchiemsee sind populäre Ausflugsziele.

Mit dem Schiff zum Märchenschloss

Auf Herrenchiemsee befindet sich das von König Ludwig II. erbaute, aber nie vollendete Schloss nach dem Vorbild von Versailles, das man auch im Rahmen einer Führung besichtigen kann. Reizvoll ist ein Spaziergang von der Anlegestelle beim Augustiner Chorherrenstift über die sehr grüne und weitläufige Insel. Bei der Anlegestelle hat man einen guten Blick hinüber nach Frauenchiemsee, der Insel, die im Gegensatz zu Herrenchiemsee von Privatleuten bewohnt ist. Die kleine Insel mit dem nostalgischen Fischerdorf hat als Zentrum die im 8. Jahrhundert gegründete Benediktinerinnenabtei. Ein paar Meter entfernt stehen der gotische Glockenturm und der kleine beschauliche Friedhof. Rund um die Insel gibt es einen Wan-

Inselleben mit aristokratischer Vergangenheit auf der Fraueninsel (unten) und vor dem Königsschloss auf der Herreninsel auf dem Chiemsee (rechts)

derweg, mehrere Gasthäuser mit Nächtigungsmöglichkeiten und einige Fischer, die ihre Produkte verkaufen. Bekannt ist die Insel für das Töpferhandwerk. Zwischen den beiden Inseln befindet sich mit der Krautinsel noch ein kleines unbewohntes Eiland, das seinen Namen daher hat, dass dort früher Gemüse für die Bewohner der anderen Inseln angebaut wurde.

Ein Naturschutzgebiet neben der Autobahn

Der Besuch der Inseln ist der klassische Chiemsee-Ausflug. Sehenswert sind dazu noch die bekannten Ausflugsorte mit ihren Badestränden, wie Feldwies am Südufer, Chieming am Ostufer und Seebruck am Nordufer. Der größte und wirtschaftlich bedeutendste Ort am Chiemsee ist Prien am Chiemsee am Westufer. Dort haben die Schiffe der Chiemsee-Schifffahrt auch ihren Heimathafen. In touristischer Hinsicht hat Prien am Chiemsee mehrere Badestrände im Ortsbereich, ein Erlebnisbad direkt neben dem Hafen sowie zahlreiche Hotels und ein umfangreiches gastronomisches Angebot. Eine Besonderheit des Chiemsee ist das Achendelta im Südosten. Der Mündungsbereich der Tiroler Ache in den Chiemsee ist seit 1954 ein Naturschutzgebiet mit einer ungewöhnlich großen biologischen Vielfalt. Seit der Gründung des Naturschutzgebiets wurden hier rund 340 Vogelarten registriert.

TOP★ERLEBNISSE

★ RUDERBOOTAUSFLUG AM SEE

Mit dem Ruderboot zu schönen Stränden und einsamen Buchten. Eine organisierte Tour von der Harrasser Straße aus, einem südlichen Ortsteil von Prien am Chiemsee. Dauer ca. 3 Stunden
www.chiemsee-alpenland.de

Blick über die Grenzen von der Aussichtsplattform auf der Steinplatte bei Reit im Winkl
Rechts: Der Pillersee ist durch einen Bergsturz vor rund 15 000 Jahren entstanden.

47 Tiroler Idylle im Pillerseetal

Ruhiges Landleben gleich hinter der Grenze

Nur wenige Kilometer von Kitzbühel entfernt gibt es ein Tal ganz ohne Stress und Society-Klamauk, in dem das Leben noch ruhig und weitgehend authentisch abläuft.

Wer von Norden ins Pillerseetal fährt, muss etwas Geduld mitbringen. Erst kurz hinter Waidring nach einigen Kurven zeigt sich das Pillerseetal von seiner schönsten Seite. Beim alten Gasthaus neben der Wallfahrtskirche St. Adolari, deren Historie auf das Jahr 1200 zurückgeht und die im frühen 15. Jahrhundert im Auftrag des Chiemseer Bischofs neu erbaut wurde, öffnet sich das Tal. Nun reicht der Blick über den Pillersee und den weiten Talgrund Richtung Süden. Das Gasthaus Adolari ist eine offizielle Pilgerherberge.

Ein riesiges Gipfelkreuz

Der Pillersee ist ein flaches Gewässer mit beliebten Wanderwegen im Uferbereich. Der obere Teil des Sees ist ein Schutzgebiet, wo sich im Sommer gern die Kühe im ufernahen Wasser aufhalten. Ganz im Norden hat ein Gastwirt einen stattlichen Holzbau im Uferbereich bauen lassen und hier eine Fischzucht eingerichtet, in der ziemlich große Forellen schwimmen, die später auf den Tellern hungriger Wanderer landen. Am Uferweg sind Wanderer unterwegs und auf der Talstraße rollen die Radurlauber. Auf den ersten Blick ist es eine ganz normale Fahrt durch ein typisches Tiroler Bergtal. Aber irgendwann reiben sich die Besucher die Augen, greifen die Leute zur Brille oder zum Ferngas und wundern sich. Irgendetwas stimmt da nicht. Es sind die Proportionen, die die Reisenden verwirren. Das Gipfelkreuz auf dem grünen Grasberg über dem Pillersee steht gigantisch groß über dem Tal und zieht die Blicke der Menschen auf sich. Das gut 30 Meter hohe Jakobskreuz mit seinen vier Elementen sprengt alle gängigen Konventionen. Gebaut worden ist es vor allem für die Pilger auf dem Jakobsweg. Der schlanke und sich dezent nach oben verjüngende Bau ist mit Holzschindeln verkleidet, besitzt große Fensterflächen an den Querbauten und empfängt seine Besucher mit der Option, an die 150 Stufen oder den Lift für den Weg nach ganz oben zu wählen. Das Treppenhaus und die vier Räume in dem Doppelkreuz sind schlicht eingerichtet und beherbergen Kunstausstellungen. Über dem Kreuz und auf der Spitze gibt es Aussichtsterrassen mit Blick über das gesamte Tal.

Eine ruhige Alternative zu Kitzbühel

Das nur 14 Kilometer lange Tal hat sich in den letzten Jahren zu einem Geheimtipp entwickelt. Das liegt nicht nur an seiner idyllischen Landschaft und der Ruhe, sondern auch daran, dass immer mehr Menschen genau diese Natürlichkeit und Bodenständigkeit suchen, viele vor den extremen Kosten in Kitzbühel und Umgebung hierher geflüchtet sind. Feudale Luxushotels gibt es immer noch nicht. Stattdessen kleine Pensionen, Mittelklasseunterkünfte und viele Einfamilienhäuser im traditionellen Landhausstil. Im Sommer kann man entspannt baden und wandern. Im Winter gibt es an der Buchensteinwand ein kleines Skigebiet, dazu ein exzellentes Langlaufangebot.

TOP ★ ERLEBNISSE

★ JAKOBSKREUZ

Man muss es einfach gesehen haben. Das riesige 30 Meter hohe Gipfelkreuz auf der Buchensteinwand ist ein Erlebnis. Noch dazu mit Zimmern mit XXL-Fenstern und tollen Aussichten. Unten am Boden steht nebenan ein Tiroler Wirtshaus. Hinauf kommt man zu Fuß oder mit dem Lift von St. Jakob aus.

★ LATSCHENÖLBRENNEREI MACK

Die älteste Latschenölbrennerei der Welt versteckt sich am Westrand des Tales bei Sankt Ulrich. Hier kann man die traditionelle Herstellung der Latschenkiefernöle kennenlernen. Dazu gibt es ein Brennereimuseum und – typisch Tirol – auch einen Schnapsladen.
www.macknatur.de

48 Rund um den Hochkönig

Besuch bei einem majestätischen Berg

Die Fahrt nach Osten von Saalfelden Richtung Salzachtal quert die Gegend um den Hochkönig, einem der bemerkenswertesten Gipfel in Österreich mit vielen ungewöhnlichen Geschichten.

Es ist eine sanfte Annäherung an diesen majestätischen Berg. Von Saalfelden führt die Straße zunächst gemütlich und fast schnurgerade bis nach Maria Alm, erst dann wird es etwas alpiner und kurviger. Der 2941 Meter hohe Hochkönig ist der absolut dominante Berg in dieser Region und deshalb auch der Namenspatron. Es gibt nur wenige Gipfel in den Alpen, die eine derart überragende Position haben. Man kann sich hier also kaum verfahren, denn der Gipfel des Hochkönig ist immer im Blickfeld. Auf unserer Fahrt queren wir das Gebiet in West-Ost-Richtung, passieren dabei die Orte Maria Alm, Hinterthal und Dienten, bevor es dann hinaufgeht zum Dientner Sattel, der 1370 Meter hohen Passhöhe. Die Höhe mag etwas bescheiden erscheinen, aber oben wirkt es sehr viel dramatischer, genießt man die schönen Kurven und den Blick über die Almwiesen zu Füßen des großen Berges. Nach dem Sattel taucht die Straße hinunter, passiert schattige Waldpassagen und mit einer etwas engen Durchfahrt die Ortschaft Mühlbach am Hochkönig. Die zahlreichen Kurven und dazu der Blick über die Almen mit dem Hochkönig als dramatische Kulisse machen diese Strecke zu einer echten Genusspassage. Übrigens gibt es auf dem Gipfel des Hochkönig auch eine Übernachtungsmöglichkeit im Matrashaus.

Der Hochkönig ist das eindrucksvollste Bergmassiv in den Ostalpen.
Rechts: Auch so etwas findet man am Hochkönig!

TOP ★ ERLEBNISSE

★ TRIEFEN WASSERFÄLLE

Bei Hinterthal gibt es mit den Triefen Wasserfällen ein spektakuläres Naturerlebnis. Als Triefen bezeichnet man regenartige Wasservorhänge. Seit 2001 sind die Triefen offizielles Naturdenkmal.
www.hochkoenig.at

★ HINTERREIT

Der einsam und sehr aussichtsreich über dem Tal gelegene Gasthof mit Landwirtschaft ist mehr als ungewöhnlich. Zum Haus gehören drei Skilifte, von denen einer den ganzen Winter über von den weltbesten Skirennläufern als Trainingsstrecke genutzt wird. Im Gasthaus hängen viele Dankschreiben und Poster mit Widmungen an den Hausherrn Peter Hörl.
www.hinterreit.at

Geheimtipp für Skifans

Aber es lohnt sich auch, noch einen weiteren Blick auf die Gegend um den Hochkönig und die Dörfer zu werfen. Denn es gibt hier einiges zu entdecken. Rechts und links der Straße findet man zahlreiche reizvolle Gasthäuser und bewirtschaftete Almhütten. In dieser Gegend hat man sich auf besondere kulinarische Angebote spezialisiert, viele Hüttenwirte bieten eine ungewöhnlich gute Küche an. Kein Wunder, dass die Gegend um den Hochkönig ein beliebtes Wanderrevier ist. Im Winter gibt es hier zudem ein sehr gutes und abwechslungsreiches Skigebiet.
Die Gegend ist auch bekannt für ungewöhnliche Einrichtungen. So gibt es bei Maria Alm das winzige Skigebiet Hinterreit, wo im Winter fast durchgehend die internationale Skiweltcupelite trainiert und im Gasthaus der Besitzerfamilie wohnt. Auf dem Gipfel des 2117 Meter hohen Hundstein findet seit vielen Jahren im Juni das traditionelle Hundstoa-Ranggeln statt, ein archaisches Ringkampfturnier, das trotz des beschwerlichen Weges hinauf mehrere tausend Zuschauer anlockt.

Ungewöhnliche Wallfahrt

Eine lange Tradition hat die sogenannte Almer Wallfahrt, die jedes Jahr im August rund 2000 Wanderer begehen. Dabei wandern über Nacht mehrere tausend Menschen von Maria Alm aus über das Steinerne Meer bis zum Königssee und zur Wallfahrtskirche Sankt Bartholomä. Es ist eine der ältesten alpinen Wallfahrten weltweit, die bis auf das frühe 17. Jahrhundert zurückgehen soll.

Mit vielen schönen Kurven lockt die Nockalmstraße in Kärnten.
Rechts: Der Biosphärenpark Salzburger Lungau & Kärntner Nockberge besticht durch seine große Artenvielfalt und eine reiche Kultur.

49 Bergauf und bergab durch die »Nocky Mountains«

Schöne Straßen und sanfte Berge

Eine der schönsten Bergstraßen Österreichs führt durch die sanften Grashügel der Nockberge, flankiert von urigen Hütten und garniert mit erstaunlichen Geschichten.

Schöne Berge müssen nicht unbedingt steil und felsig sein. Die Nockberge in Kärnten sind ein gutes Beispiel dafür. Diese eher sanft geformten und mit Gras bewachsenen Gipfel wirken alles andere als bedrohlich, eher gemütlich. Dabei können sie, wie der Rosennock mit 2440 Metern dennoch recht hoch sein. Die Nockberge sind ein Kärntner Phänomen, wobei es auch Ausläufer bei den Nachbarn in Salzburg und der Steiermark gibt. Die harmonische Topografie macht sie zu einem idealen Revier für Wanderungen und Radtouren, sie sind aber auch ein gutes Terrain für Autotouren. Seit 2012 sind die Kärntner Nockberge UNESCO Biosphärenpark. Der Name assoziiert schon eine gewisse Gemeinsamkeit mit den knödelähnlichen Nockn. Man denkt an Salzburger Nockerl oder an die Kärntner Kasnockn. Die Einheimischen nennen die Nockberge auch gern »Nocky Mountains«.

Kurvenreich durch die Nockberge

Unsere Tour führt auf einer sehr reizvollen Strecke durch die Nockberge. Und die beginnt in Innerkrems. Dort geht es auf die Nockalmstraße, die auf einer Länge von 34 Kilometern und vielen Bergauf- und Bergabpassagen mit zahlreichen Kurven Richtung Süden führt und dabei einige interessante Begegnungen bereithält. Die Nockalmstraße ist eine absolute Panoramastrecke und schlängelt sich durch die Nockberge bis zur Ebene Reichenau. Unterwegs gibt es mehrere Indoor- und Outdoor-Ausstellungen zum Thema Biosphärenpark. Wichtig zu wissen: Es ist eine Mautstraße, die von Anfang Mai bis Ende Oktober geöffnet ist. Der höchste Punkt der Nockalmstraße ist die Eisentalhöhe auf 2042 Metern. Dort kann man auf einer Aussichtsplattform einen perfekten Rundblick auf die Nockberge genießen. Dazu gibt es einen kleinen Imbiss und die Möglichkeit zu kurzen, halbstündigen Wanderungen, etwa auf den nahen Königsstuhl.

Baden wie die alten Bauern

Die Gefahr, an Hunger und Durst zu leiden, ist auf der Nockalmstraße gering. Hier befinden sich zahlreiche Berggasthäuser entlang der Strecke. Dazu gehören die Zechneralm auf 1900 Metern Höhe, zu der auch ein Almwirtschaftsmuseum gehört, und die Pfandlhütte auf 1877 Metern mit ihrer Tierschau »Wilde Nockberge«. Die berühmteste Einkehrstation ist freilich das Karlbad direkt an der Straße. Das Berggasthaus ist wegen seines archaischen Bauernbads eine echte Berühmtheit. Dazu kann man sich dort auch die herzhafte Kärntner Kost schmecken lassen.
Eine andere Berühmtheit in den Nockbergen ist die Speikpflanze. Diese alte Baldrianart hat man vor einigen Jahren wiederentdeckt und neu kultiviert. Sie wird nun vor allem als Seife für die Körperpflege verwendet. Früher hat man sie in großem Stil in den Orient exportiert. Ein Fußbad nach anstrengender Wanderung ist eine sehr beliebte Anwendung der Speikpflanze, die aufwendig ganz oben in den Bergen geerntet wird.

TOP★ERLEBNISSE

★ BIOSPHÄRENPARK-ZENTRUM NOCKALMHOF

Nach den ersten engen Kurven bergauf auf der Nockalmstraße gelangt man zum Nockalmhof auf 1700 Metern Höhe. Hier gibt es eine eindrucksvolle Fossilienausstellung mit Multimedia und 3D-Filmdokumentation, eine Ausstellung über Fledermäuse, einen Spielplatz für Kinder und gastronomische Angebote.
www.nockalmhof.at

★ KARLBAD

Es ist eine intensive Zeitreise, wenn man im Badehaus in den ausgehöhlten Lärchenholzstämmen liegt, das Wasser mit glühenden Steinen aufgeheizt wurde und man dann zugedeckt mit Brettern im Quellwasser entspannt. Im Karlbad kann man auch einkehren und nächtigen. Reservieren ist unbedingt empfehlenswert.
Fam. Aschbacher, Tel.: +43 664 968 39 26

50 Badespaß und Glamour am Wörthersee

Ein See mit vielen Facetten

Der berühmteste und wahrscheinlich auch wärmste See in Kärnten hat viele Qualitäten: Society-Destination mit langer Tradition, populärer Filmdrehort oder einfach nur ein schöner Badesee.

Eine Spezialität des österreichischen Bundeslandes Kärnten ist die Kombination aus Bergen und Seen. Der bekannteste der Kärntner Seen ist der Wörthersee, der sich auf einer Fläche von knapp 20 Quadratkilometern zwischen Velden und Klagenfurt ausbreitet. Der Wörthersee hat wegen seiner windgeschützten Lage im Sommer recht milde Wassertemperaturen bis über 25 Grad. Das macht ihn zu einem beliebten Badesee, der aber auch eine Tradition als Destination der besseren Gesellschaft besitzt. Legendär sind die Milliardärsvillen am Südufer ebenso wie die historischen Villen am Ortsrand von Velden und in Krumpendorf. Man kann sich aber auch als Durchschnittsverdiener am Wörthersee gut erholen. Dafür gibt es ein umfangreiches Angebot an Hotels und Pensionen und vor allem am Nordufer viele öffentliche Badestrände.

Der Society-Hotspot

Der erste Ort am Seeufer auf unserer Tour ist Velden. Bekannt ist der Ort, der recht idyllisch an einer weiten Bucht liegt, für das Schlosshotel, das einst Thema einer TV-Serie war und früher dem berühmten Playboy Gunter Sachs gehörte. Die Serie mit Roy Black war kein Einzelfall. Der Wörthersee war und ist Schauplatz vieler Filmproduktionen, bei denen es sich meist um Komödien und Romanzen han-

Viel Romantik bietet die Halbinsel Maria Wörth (unten). Mondänen Charme hingegen das Schloss Velden am Wörthersee (rechts).

delt. Am Nordufer führt eine gut ausgebaute Straße über Pörtschach und Krumpendorf, beides traditionsreiche Urlaubsorte, bis nach Klagenfurt. Das Zentrum der Kärntner Hauptstadt liegt etwas landeinwärts. Direkt am See gibt es weitläufige Badestrände, die zum Stadtgebiet gehören, und den Themenpark Minimundus mit Miniaturen berühmter Bauwerke. Auf der Südseite fährt man von Klagenfurt aus kurz eine Schleife abseits des Sees, dann bei Maiernigg am Komponierhäuschen von Gustav Mahler vorbei bis Reifnitz, Schauplatz der berühmt-berüchtigten GTI-Treffen.

Es geht auch romantisch

Eine Sonderrolle hat Maria Wörth, das samt gotischer Wallfahrtskirche recht malerisch auf einer Halbinsel liegt und seit einigen Jahren auch für Gesundheitstourismus bekannt ist, was an dem Medical Spa Vivamayr liegt, wo man sich für gutes Geld nach der F.-X.-Mayr-Methode betreuen lassen kann. Auf dem Weg zurück nach Velden kommt man am Badeort Vellach und zahlreichen Strandbädern vorbei. Unterbrochen wird das von den kaum einsehbaren und sehr weitläufigen Villen von Flick und Piëch. Die letzten Meter bis Velden und zum Schlosshotel sind gesäumt mit herrschaftlichen Villen mit Seeblick. Man kann den See mit dem Auto oder auch mit dem Rad umfahren. Letzteres ist vor allem an Wochenenden eine beliebte Freizeitbeschäftigung. Oder klassisch und eher gemütlich mit Schiff oder Motorboot. Die Wörthersee-Schifffahrt bedient insgesamt zehn Anlegestellen zwischen Velden und Klagenfurt. Außerdem gibt es zahlreiche Anbieter, bei denen man sich Elektroboote leihen oder mit Chauffeur über den See schippern lassen kann.

TOP ★ ERLEBNISSE

★ PYRAMIDENKOGEL

Die Aussicht ist nicht zu übertreffen. Von dem weltweit höchsten hölzernen Aussichtsturm auf 920 Metern Höhe am Pyramidenkogel sieht man auf den Wörthersee und halb Kärnten. Dazu gibt es die höchste Trockenrutsche Europas mit 51 Metern und eine Erlebnisgastronomie. Hinauf kommt man entweder zu Fuß von Maria Wörth oder mit dem Shuttle-Bus von Reifnitz aus.
www.woerthersee.com

★ HOTEL STREKLHOF

Keine 2 Kilometer vom Seeufer bei Velden entfernt liegt dieses feine Landhotel mitten im Grünen und vor allem sehr ruhig. Gute regionale Küche, ansprechendes Wellnessangebot und ein schöner Pool vor dem Haus sorgen für Erholung und entspanntes Landleben.
www.streklhof.at

Der Kozjak-Wasserfall im Nationalpark Triglav
Unten: Blick auf den Vršič-Pass mit der Berghütte Tičarjev Dom (1620 m) und der Hütte Postarski Dom (1688 m)

Triglav und Soča-Tal

Naturschönheiten im Nordwesten Sloweniens

Ein kleiner Grenzverkehr rund um das Dreiländereck Österreich, Slowenien und Italien mit Ausflügen in den Nationalpark Triglav und in das malerische Soča-Tal.

Ganz im Nordosten Sloweniens und in nächster Nähe zu den österreichischen und italienischen Nachbarn zeigt sich das Land von seiner allerbesten und auch populärsten Seite. Das Skigebiet in 1 **Kranjska Gora** und die legendäre Skiflugschanze im nahen Planica setzen sportliche Highlights. Daneben bieten der Triglav und der gleichnamige Nationalpark viele faszinierende Naturerlebnisse. Damit und mit dem 2 **Soča-Tal**, das bekannt ist für malerische Schluchten und Wasserfälle und zu den schönsten Flussläufen in Europa zählt, ergibt sich ein wirklich attraktives Programm für eine Rundtour. Das lässt sich noch ein wenig aufpeppen, indem man es in Tarvisio, dem traditionsreichen Grenzort direkt am Dreiländereck startet und es mit einem Ausflug in das ursprüngliche Val Resia und das Kanaltal am Ende der Runde ausklingen lässt.

Von Tarvis zur berühmten Skiflugschanze

Von Tarvisio fährt man nach Osten auf der kurvenreichen Strada Statale bergauf und gut 12 Kilometer bis zur Grenze bei Rateče. Nur einen Kilometer nach der Grenze zweigt rechts die Straße nach Planica ab. Der Abstecher zu der berühmten Skiflugschanze inklusive Sport-

Toureninfo

Start: Tarvisio
Ziel: Tarvisio
Länge: 150 Kilometer (155 Kilometer mit Sella Nevea)
Fahrtzeit: 3,5 Stunden
Beste Reisezeit: Mai bis Oktober

park und Skisprungmuseum ist nicht nur für Sportfans interessant. Im Museum kann man sich selbst auch am Skisprungsimulator versuchen. 7 Kilometer nach der Grenze erreicht man Kranjska Gora, den größten und berühmtesten Wintersportort Sloweniens. Weiter geht die Reise nach Süden Richtung Vršič-Pass. Nur wenige Kilometer nach Kranjska Gora kommt man in den Nationalpark Triglav, der mit 880 Quadratkilometern den Großteil des nordwestlichen Winkels Sloweniens einnimmt. Der 2864 Meter hohe Triglav ist der höchste Gipfel Sloweniens und unterwegs auch ein guter, weithin sichtbarer Orientierungspunkt. Die Straße verläuft nun direkt südwärts vorbei am idyllischen Jasna-See und weiter bis zum Vršič-Pass. Dabei schlängelt sich die Straße durch die waldreiche Gegend und wird immer kurviger, je näher man dem Pass kommt. Wer also viele Kurven liebt, wird hier glücklich. Nur die

Der Wallfahrtsberg Monte Lussari bei Tarvisio (oben) und die Russische Kapelle bei Kranjska Gora (unten)

zahlreichen Kopfsteinpflasterpassagen sind dann nicht so angenehm.

Ein Paradies für Kajak, Rafting und Canyoning

Nach dem Vršič-Pass verläuft die Straße lange und kurvenreich bergab, zum Glück nun weitgehend ohne Kopfsteinpflaster, bis zur kleinen Ortschaft Soča. Wir sind nun in dem Tal des gleichnamigen Flusses, das berühmt ist für seine herrliche Landschaft mit vielen Schluchten und Wasserfällen und das deshalb von vielen Wassersportlern geliebt wird. Entsprechend findet man hier auch viele Angebote einheimischer Firmen zum Wildwasserkajak, Rafting und Canyoning. Auch viele Angler zieht es in das Tal, vor allem wegen der typischen Marmorata-Forelle. Bovec ist die nächste größere Ortschaft, dann folgen wir der Soča, die drüben in Italien Isonzo heißt, bis Žaga. Dort verlassen wir das Soča-Tal und fahren rechts Richtung Westen bis zur italienischen Grenze. Dort beginnt das Val Resia. Die nächsten Kilometer führen nun durch das ursprüngliche Tal, das bekannt ist für seinen guten Knoblauch, für das sommerliche Knoblauchfest und seine slawisch geprägte Kultur und Sprache. In Resiutta geht es dann in das Kanaltal rechts und neben der Autobahn auf der Strada Statale 13 über Pontebba und Malborghetto vorbei am Wallfahrtsberg Monte Lussari bis Tarvis.

Eine Alternative ist die Fahrt von Chiusaforte im Kanaltal über die Sella Nevea und vorbei am Predilsee bis nach Tarvisio. Eine reizvolle Strecke durch das dünn besiedelte Val Raccolana mit zahlreichen Wasserfällen neben der Straße bis zum Skigebiet auf der Sella Nevea und weiter bergab bis Tarvisio.

RESTAURANTS ★ ÜBERNACHTUNGEN

EINKEHREN

★ RESTAURANT LAČNI KEKEC, KRANJSKA GORA
Typisches slowenisches Restaurant mit herzhafter regionaler Küche. Spezialität sind Würste und Schinken. Das rustikale Lokal befindet sich am südwestlichen Ortsrand direkt beim Skilift.
www.lacni-kekec.si

★ RESTAURANT LIPA
Gutes, elegant eingerichtetes Restaurant im Hotel Lipa im Zentrum von Kranjska Gora. Schwerpunkte sind regionale Küche und Meeresfrüchte.
www.hotel-lipa.si

★ AL BOTTON D'ORO, RESIATAL
Abgelegenes Berggasthaus auf dem Weg von Bovec Richtung Kanaltal im italienischen Resiatal. Rustikale Atmosphäre und gute herzhafte Küche
Tel.: +39 380 344 12 55

ÜBERNACHTEN

★ HOTEL KOTNIK, KRANJSKA GORA
Solides Viersternehotel in zentraler Lage in Kranjska Gora. Das Haus hat 15 Zimmer, ein Restaurant mit slowenischer Küche und eine Pizzeria sowie eine Tiefgarage.
www.hotel-kotnik.si

★ VILA TRIGLAV
Familienfreundliches Mittelklassehotel mit rustikalem Ambiente direkt beim Jasna-See südlich von Kranjska Gora. Gemütliche Zimmer und Suiten, kleines Wellnessangebot mit Pool
www.vila-triglav.si

★ HOTEL SANJE, BOVEC
Modernes Hotel mit geschmackvoller Innenausstattung im Zentrum von Bovec. Doppelzimmer zum Teil mit Jacuzzi. Sauna und Whirlpool im Haus
https://sanjeobsoci.com

★ HOTEL BOKA, BOVEC
Stilvolles Mittelklassehotel nahe des Soča-Ufers mit gutem gastronomischem Angebot. Geräumige Familienzimmer und reizvolles Wellnessangebot von Yoga bis Massagen und japanischem Facelifting
www.hotel-boka.si

Das Zentrum von Kranjska Gora, einem alpinen Ferienort am Rand des Nationalparks
Rechts: Der Vršič-Pass ist der höchste asphaltierte Gebirgspass in Slowenien und verbindet Kranjska Gora mit Trenta im Soča-Tal.

51 Von Kranjska Gora in den Nationalpark

Eine abwechslungsreiche Runde im Dreiländereck

Skifahrer und Biker sind hier in Kranjska Gora gern unterwegs. Der kleine Urlaubsort am Rand des Nationalparks ist aber auch für Naturliebhaber ein guter Ausgangspunkt für Ausflüge in das Gebiet rund um den Triglav.

Rund 6 Kilometer nach der Grenze von Italien zu Slowenien erreicht man Kranjska Gora. Den meisten Menschen ist Kranjska Gora bekannt wegen des Skigebiets, das auch regelmäßig Austragungsort von Weltcuprennen ist. Kranjska Gora ist ein sehr idyllisch gelegener, relativ kleiner Ort mit nur etwa 1500 Einwohnern. Der Hausberg von Kranjska Gora ist der 1637 Meter hohe Vitranc. In touristischer Hinsicht ist der Ort eine beliebte Ganzjahresdestination mit Schwerpunkt auf Outdoor-Aktivitäten. Im Winter stehen Ski und Langlauf im Mittelpunkt. Prominentes Highlight ist das Nordic Ski Center Planica, das nur 7 Kilometer entfernt ist und zur Gemeinde Kranjska Gora gehört. Von Frühjahr bis Herbst ist der Ort Ausgangspunkt für Wanderungen, Bergtouren und Bike-Ausflüge. Wo im Winter die Skifahrer starten, sind im Sommer die Biker unterwegs. Bei der Talstation des Sessellifts Vitranc 1 ist die Homebase des Bikeparks Kranjska Gora. Dort geht es dann am Haken des Sessellifts bergauf mit dem Bike. Oben stehen fünf verschiedene Trails zur Wahl, vom leichten Family Trail bis zum Veetraz, der auch schon Strecke bei internationalen Wettkämpfen war.

Kleine Seen und große Gipfel

Eine deutlich ruhigere Freizeitbeschäftigung findet man an der Straße Richtung Vršič-Pass. Auf dieser Strecke gelangt man einen Kilometer

nach Kranjska Gora in den Triglav-Nationalpark und kommt zum schön gelegenen Jasna-See. Der See am Zusammenfluss von Mala und Velika Pišnica ist ein künstlich angelegtes Gewässer und zum Baden gut geeignet. Der Hauptteil des Ufers ist zwar Kieselstrand, aber es gibt auch einige Rasenflächen. Außerdem befinden sich hier noch einige Kaffeehäuser und Restaurants sowie Übernachtungsmöglichkeiten inklusive einer Jugendherberge.
Der Jasna-See ist direkt an der Grenze zum Nationalpark Triglav. Der 838 Quadratkilometer große Park ist nach dem 2864 Meter hohen Gipfel benannt und die größte Schutzzone Sloweniens sowie der einzige Nationalpark im Land. Zahlreiche Fernwander- und Themenwege kreuzen den Nationalpark. Dazu gehören der Weg des Friedens auf den Spuren der Schlachten im Ersten Weltkrieg, der Alpe-Adria-Trail und der Slowenische Höhenweg, der zwischen Maribor und Triest verläuft. Die Symbolfigur des Nationalparks ist der Zlatorog, der Steinbock mit den goldenen Hörnern. Eine Fabelfigur, die einst der Herrscher hier in den Julischen Alpen gewesen sein soll.

Eine russische Kapelle neben der Straße

Gute 5 Kilometer fährt man weiter auf der kurvigen Straße durch den Bergwald Richtung Vršič-Pass und kommt zu einer ungewöhnlichen Sehenswürdigkeit. Ein paar Schritte abseits der Straße, wo auch ein Parkplatz ist, steht die russische Kapelle, die 1917 von russischen Kriegsgefangenen errichtet wurde in Gedenken an die beim Bau der Passstraße verstorbenen Landsleute.

TOP ★ ERLEBNISSE

★ PLANICA NORDIC CENTRE

Die Skiflugschanze in Planica ist natürlich die Attraktion schlechthin. Immerhin liegt der Schanzenrekord hier bei 252 Metern, aufgestellt vom Japaner Ryōyū Kobayashi. Aber rundherum gibt es nicht nur im Winter viel zu sehen und zu tun – von Bergwanderungen im Nationalparkgebiet bis zu einem Besuch des Museums inklusive Skisprungsimulator.
www.kranjska-gora.si

★ GEOMINERALIENPARK UND BERGBAUMUSEUM

Die Geschichte des fast vergessenen und einst blühenden Bergwerksortes Cave di Predil auf der italienischen Seite mit einem Ausflug in die Unterwelt samt Begehung eines Stollens ist ein absolutes Highlight dieser Tour. Täglich geöffnet und auch mit Führungen möglich.
www.discoveralpigiulie.eu/de

52 Viele Kurven und viel Wasser im Soča-Tal

Intensive Naturerlebnisse rund um Bovec

Bevor die Soča Richtung Italien fließt und dort Isonzo heißt, verwöhnt sie auf der slowenischen Seite Naturliebhaber mit viel Romantik und exzellenten Wassersportmöglichkeiten.

Die Soča ist ein ungewöhnlicher Fluss. Sie entspringt in den Julischen Alpen, fließt durch den Triglav-Nationalpark, wechselt dann an der Grenze zu Italien Namen und Geschlecht und sucht sich den Weg als Isonzo bis zur Adriaküste bei Triest. Ganze 138 Kilometer absolviert der Fluss auf diesem Weg und ist im slowenischen Teil berühmt für seine wildromantische Landschaft mit vielen Schluchten und Wasserfällen. Ein gefragtes Revier für Sportler, die sich hier beim Wildwasserkajak, beim Rafting oder Canyoning versuchen. Man kann natürlich auch ganz konventionell auf Wanderwegen den verspielten Lauf des Flusses erkunden. Auch Angler zieht es an die Soča, wo die Marmorata-Forelle zuhause ist, die marmorierte Forelle, die hier durchaus mehr als 1 Meter lang und bis zu 20 Kilogramm schwer werden kann.

Nicht nur für Wassersportler reizvoll

Nach dem Vršič-Pass beginnt eine lange Abfahrt durch den Bergwald, die in einige enge Serpentinen mündet bis direkt zum Ufer der Soča. Nach etwa 3 Kilometern kommt man zur Siedlung Trenta, wo es neben einem Supermarkt und der Tourist Information auch einige Übernachtungsmöglichkeiten inklusive Campingplatz gibt. Rund um Trenta queren einige eindrucksvolle Hängebrücken den Fluss. Von Trenta sind es schließlich 20 Kilometer bis Bovec, einem Hauptort des Soča-Tals. Bovec ist

Die spektakuläre Bergstraße hinauf zum Mangartsattel in den Slowenischen Bergen
Rechts: Im Frühjahr nach der Schneeschmelze ist der Wasserfall Boka am wasserreichsten.

eine locker verstreute Gemeinde mit 3000 Einwohnern, in der der Naturtourismus im Soča-Tal die Hauptrolle spielt. Rund um Bovec gibt es eindrucksvolle Wasserfälle, wie den Virje-Wasserfall, nur 3 Kilometer entfernt bei Pluzna, und den Boka-Wasserfall, etwa 6 Kilometer südwestlich von Bovec mit einer stolzen Höhe von 144 Metern. Zahlreich sind hier auch die Relikte aus dem Ersten Weltkrieg, wie die Festung Kluze 3 Kilometer nördlich von Bovec, sowie die Freilichtmuseen in Celnik und Ravelnik. Eine Kuriosität ist der Kaiser-Franz-Josef-Hilfsstollen neben der Straße Richtung Mangartsattel, der den Predilpass Richtung Italien unterirdisch auf knapp 5 Kilometern passiert. Vor allem Motorradfahrer versuchen sich auf der steilen und kurvigen, ehemaligen Militärstraße hinauf zum Mangartsattel, die dort oben auch endet. Die Straße ist mit maximal 14 Prozent nicht sehr steil, aber schmal und mit etlichen unbeleuchteten Tunneln. Im Winter ist sie logischerweise gesperrt und wird mitunter für organisierte Rodelpartien genutzt.

Wer hier eine längere Pause machen möchte, findet in Bovec eine umfangreiche Auswahl an Unterkünften. In kulinarischer Hinsicht pflegt man es hier auch eher rustikal und herzhaft. Eine Spezialität ist der aus der Milch der einheimischen Schafe hergestellte Bovec-Käse.

TOP ★ ERLEBNISSE

★ RAVELNIK OPEN AIR MUSEUM

Das Grauen der Schlachten während des Ersten Weltkriegs ist hier wie auch in anderen Gegenden entlang des Isonzo noch sehr präsent. Ein eindrucksvolles Dokument dafür ist das Open Air Museum neben der Straße von Bovec Richtung Trenta. Auf dem Hügel sind noch Schützengräben, Maschinengewehrstellungen, Kavernen und Bunker der österreichisch-ungarischen Truppen, hier werden auch Führungen angeboten. Das Museum ist ganzjährig geöffnet, der Eintritt ist frei.
www.soca-valley.com

★ ÖKOHOF BOGATA

Etwas außerhalb von Bovec steht der Ökohof, dessen Schafe den Rohstoff für den Bovec-Käse liefern. Dort kann man über die Produkte mehr erfahren, sie auch verkosten und den Käse wie auch andere regionale Spezialitäten einkaufen.
www.mlekarna-planika.si/en/organic-estate-bogata-bovec/

★ HOTEL DOBRA VILA

Ein kleines, sehr nostalgisch und romantisch eingerichtetes Hotel in Bovec. Gemütliche Zimmer, eine kleine Bibliothek und eine schöne Terrasse gehören zur Ausstattung.
www.dobra-vila-bovec.si

Blick über den Genfer See Richtung Frankreich

Route des Grandes Alpes

Vom Genfer See mit vielen Pässen ans Mittelmeer

Vom Genfer See ans Meer quer durch die französischen Alpen mit vielen großen Pässen und zahllosen Kurven. Die Route des Grandes Alpes ist eine Legende.

Unter den bekannten und beliebten Alpenstraßen ist sie ein Superlativ, wird gern auch als die »Königin der Alpenstraßen« gelobt. Die Route des Grandes Alpes beeindruckt allein schon mit ihrer Statistik. Auf dem Weg vom **1 Genfer See** bis ans Mittelmeer absolviert sie 684 Kilometer mit 16 Pässen, von denen mehr als ein Drittel über 2000 Meter hoch liegen. Darunter sind legendäre Straßen, die auch Höhepunkte der Tour de France waren und sind, wie über den Col du Galibier, den Col du Lautaret und den Col de l'Iseran, der mit 2770 Metern der höchste Punkt auf der Strecke ist. Allein diese Höhenangaben machen klar, dass das Zeitfenster für die Route des Grandes Alpes deshalb begrenzt ist, und zwar von Juni bis Oktober, dass man bei der Tourenplanung die Wetterlage und den Zustand der Straßen sorgfältig kontrollieren sollte, denn auf über 2700 Metern kann es auch im Hochsommer Schnee geben.

Vom noblen Badeort ins Hochgebirge

Die Reise beginnt aber recht mild und entspannt in Thonon-les-Bains am Genfer See. Von dem traditionsreichen Kurort am Südufer des Genfer Sees führt die Reise auf der D902 Richtung Süden bis Cluse; D steht für Departementstraße. Dabei passiert man die bekannten Skiorte Morzine und Les Gets und mit dem Col de Gets mit 1163 Metern eine erste bescheidene Passhöhe. Eine eher gemütliche Etappe mit 60 Kilometern und einigen Kurvenpassagen bei Morzine und kurz vor Cluses. Auf dem knapp 40 Kilometer langen Weg von Cluses nach Flumet auf der D909 kommen die ersten etwas höheren Pässe mit dem Col de Colombière mit 1613 Metern und dem Col des Aravis mit 1487 Metern. Das Bergdorf Le Grand-Bornand, Schauplatz großer Biathlonwettbewerbe, ist eine Zwischenstation. Später passiert man das bekannte Skigebiet von La Clusaz. Allmählich nähert man sich dem Montblanc-Massiv.

Viele große Pässe auf dem Weg nach Süden

Nächstes Zwischenziel ist **2 Val d'Isère**. Dazwischen liegen gut 100 kurvenreiche Kilometer über Bourg-Saint-Maurice auf der D925 und der D902 vorbei am Skigebiet Espace Diamante und dem Lac de Roselend. Nach Bourg-Saint-Maurice zieht die D902 nun recht geradlinig vorbei am Skizirkus von Les Arcs und zielstrebig über den Lac du Chevril direkt nach Val d'Isère. Eine Pause in dem Wintersportort auf knapp 1800 Metern Höhe ist durchaus sinnvoll, denn gleich danach wartet ein erster großer Pass und dann nach einem eher gemütlichen Abschnitt bis Saint-Michel-de-Maurienne drei weitere Pässe bis zum nächsten größeren Ort **3 Briançon**. Von Val d'Isère schraubt sich die Straße auf 17 Kilometern hinauf bis zum 2770 Meter hohen Col de l'Iseran, dem höchsten Punkt der Tour. Oben auf der Passhöhe gibt es ein kleines Lokal und neben der Straße die aus Stein gebaute Kapelle Notre-Dame-de-Toute-Prudence, die 1939 gebaut wurde, aber älter aussieht. Die Fahrt von Saint-Michel-de-Maurienne ist mit drei Pässen zweifellos die härteste Etappe der Tour. Zuerst geht es gleich nach dem Ort hinauf zum Col du Télégraphe, der mit 1566 Metern noch überschaubar ist. Ein Pass zum Aufwärmen. Danach passiert man die Skistation Valloire und fährt weiter hinauf zum Galibier auf 2642 Metern. Die zahlreichen Aufschriften auf dem Asphalt dokumentieren, dass hier die Tour de France unterwegs ist. Auch deshalb ist der Galibier bei Rennradfahrern sehr populär.

Toureninfo

Start: Thonon-les-Bains
Ziel: Menton
Länge: 680 Kilometer
Fahrtzeit: 15 Stunden
Beste Reisezeit: Juni bis September

Genfersee
Château de Ripaille
Thonon-les-Bains
Evian-les-Bains
Montreux
Nyon
St-Claude
GENÈVE/GENF
Meyrin
Onex
Carouge
Versoix
Oyonnax
Nantua
Bourg-en-Bresse
Bellegarde-s-Valserine
Bonneville
Cluses
Scionzier
Sallanches
Passy
Chamonix-Mt.-Blanc
Megève
Annecy
Rumilly
Aix-les-Bains
Chambéry
Ugine
Albertville
Bourg-St. Maurice
Moutiers
Val d'Isère
Parc National de la Vanoise
Col de l'Iseran
Massif de la Vanoise
Maurienne
St-Jean-de-Maurienne
Orelle
Modane
Bessans
Col du Lautaret
Col du Galibier
Briançon
Parc National des Écrins
GRENOBLE
Voiron
Vizille
La Mure
Gap
Embrun
Col de Vars
Jausiers
Barcelonnette
Col de Larche (Colle della Maddalena)
Parc National du Mercantour
Parc Regional Naturel du Queyras
Sisteron
Digne-les-Bains
Manosque
Castellane
Entrevaux
Grotte du Chat
Daluis
Gorges du Cians
Col de Turini
Moulinet
Lantosque
Madonne Citadelle
Mont Razet
Contes
Sospel
Montreux
Aigle
Sion/Sitten
Sierre/Siders
Visp
Brig
Martigny
Col de la Forclaz
Großer St.-Bernhard-Pass/Colle del Gran San Bernardo
Zermatt
Domodóssola
Aosta/Aoste
Courmayeur
Parco Nazionale del Gran Paradiso
Ivrea
Biella
Susa
TURIN
Collegno
Moncalieri
Chivasso
Pinerolo
Saluzzo
Carmagnola
Bra
Alba
Asti
Fossano
Cuneo
Mondovì
Borgo San Dalmazzo
Alpi Marittime
Alpes Maritimes
Albenga
Alássio
Imperia
Sanremo
Arma di Tàggia
Diano Marina
Savona
10 km

Oben auf der Passhöhe gibt es nur einen Parkplatz. Ein paar Kehren weiter südlich steht rechts bei der Tunnelausfahrt das Restaurant Les Chalets du Galibier. Gut 8 Kilometer nach der Passhöhe erreicht man die Kreuzung mit der D1091 auf dem Col du Lautaret auf 2058 Metern Höhe mit Hotel, Restaurant und einem Alpingarten etwas abseits der Straße. Hier geht es nun links Richtung Briançon. Die letzten 35 Kilometer bis Briançon fährt man auf einer gut ausgebauten Straße vorbei am großen Skigebiet Serre Chevalier.

Schöne Aussichten am Genfer See (oben) und starke Kurven am Galibier (unten)

Auf kurvenreichen Straßen der Sonne entgegen

Briançon ist eine längere Pause wert – allein wegen seiner historischen Altstadt oberhalb des modernen Zentrums. Der schnellste Weg zum nächsten größeren Ort Barcelonnette führt direkt südwärts auf der N24. Die Route des Grandes Alpes nimmt aber die längere und kurvenreiche Variante auf der D902 südostwärts auf den Pass Col d'Izoard auf 2360 Metern Höhe mit insgesamt 100 Kilometern. Dort gibt es einen kleinen Laden und ein Monument, das an den Bau der Straße erinnert. Auf der Südseite bergab warten einige enge und dunkle Tunnel. Vor Guillestre könnte man noch einen Abstecher links zum mächtigen Fort Queyras machen. Nach Guillestre bleiben wir auf der D902 und fahren hinauf zum Col de Vars. Die Strecke ist relativ einfach mit einer maximalen Steigung von 10 Prozent. Oben auf 2108 Metern gibt es einen Bergsee, zwei Restaurants und die Grenze zwischen den Departements Hautes-Alpes und Alpes-de-Haute-Provence. Auf der D902 geht es weiter südwärts bis zur D900, die nach Südwesten direkt nach Barcelonnette kommt. Dort geht es auf der D902 weiter Richtung Süden, vorbei am Skigebiet von Praloup bis zum nächsten Pass, dem Col de la Cayolle auf 2326 Metern, wo es außer einem Parkplatz nichts weiter gibt. Mit vielen Kurven fährt man weiter bis Guillaumes und auf der D2202 am Fluss Var entlang bis Entrevaux und weiter auf der D6202 ostwärts. Typisch für die Routes des Grandes Alpes ist, dass man viele Umwege nimmt. Das gilt auch für die letzte Etappe, wenn man bei Saint-Jean-la-Rivière links abbiegt und bis zum berühmten **4 Col de Turini** fährt, Schauplatz der Rallye Monte-Carlo. Danach sind es nur noch etwas mehr als 40 kurvenreiche Kilometer über Sospel und Castillon bis ans Ziel in Menton und an die Küste.

EINKEHREN

★ RESTAURANT RAPHAEL VIONNET, THONON-LES-BAINS
Modernes Restaurant in Hafennähe mit schönem Blick auf den Genfer See. Gute Fischküche und internationale Spezialitäten. Von Michelin gelobt
www.raphaelvionnet.fr

★ SKI GALLERY & FONDUE FACTORY, VAL D'ISÈRE
Das neue Lokal hat sich auf Fondue spezialisiert und ist auch eine Ski Gallery mit zahlreichen Exponaten mit Ski und Skistiefeln. Highlight ist das Paar Rennski, mit denen Jean-Claude Killy 1967 sieben Abfahrtsrennen gewonnen hat. Die beiden Wirte sind Neffen von Killy. 15 verschiedene Fondues auf der Karte von klassisch savoyardisch bis schweizerisch mit Champagner und Trüffeln aufgewertet
www.killy-sport.com

★ AU PLAISIR AMBRÉ, BRIANÇON
Mitten in der Altstadt von Briançon in der Grande Rue Cité Vauban steht das kleine, gemütliche Restaurant, dessen Spezialität eine feine regionale Küche ist.
www.auplaisirambre.com

★ JR BISTRONOMIE, MENTON
Beliebtes modernes Restaurant im Zentrum von Menton mit mediterraner Küche, die zum klassisch Französischen auch italienische und asiatische Akzente setzt.
www.jr-bistronomie-restaurant-menton.com

ÜBERNACHTEN

★ HOTEL RESTAURANT DU PORT, THONON-LES-BAINS
Charmantes kleines Hotel mit nostalgischer Atmosphäre direkt beim Hafen im Nachbarort Yvoire etwa zehn Fahrminuten entfernt. Kleine gemütliche Zimmer, sehr gute Küche und beste Aussichten auf den See
www.hotelrestaurantduport-yvoire.com

★ HOTEL LE VERMONT, LE GRAND-BORNAND
Ein Dreisternehotel im Chaletstil im Wintersportort Le Grand Bornand mit reichlich Holz im Innenleben, einem Außenpool und Jacuzzi
www.hotelvermont.com

★ HOTEL MONT-BLANC, VAL D'ISÈRE
Relativ neues Viersternehotel im Chaletstil im alten Teil von Val d'Isère. 30 relativ geräumige Zimmer, dazu Pool, Sauna und Fitness
www.hotel-chalet-mont-blanc.com

★ HOTEL VAUBAN, BRIANÇON
Traditionsreiches Mittelklassehotel in zentraler Lage. Elegante renovierte Zimmer. Hotelgäste erhalten Vergünstigungen beim benachbarten Ahimsa Spa.
www.hotel-vauban-briancon.com

★ HOTEL PRINCESS & RICHMOND, MENTON
Das moderne Viersternehotel liegt sehr günstig nahe der Altstadt und vieler Sehenswürdigkeiten und dazu direkt am Meer mit bestem Ausblick.
www.princess-richmond.com

53 Start am Genfer See

Entspannte Momente vor den großen Pässen

Thonon-les-Bains, der traditionsreiche Badekurort am Südufer des Sees mit seinen schönen Villen und Schlössern, ist ein stilgerechter Ausgangspunkt für diese Tour.

Die Metropole Genf ist einen Abstecher durchaus wert.
Rechts: Das luxuriöse Hotel Château d'Ouchy in Lausanne wurde in neogotischem Stil erbaut.

Unsere Reise beginnt am Genfer See, der mit 580 Quadratkilometern der zweitgrößte See in Mitteleuropa ist. Er gehört zu 60 Prozent zum Schweizer und zu 40 Prozent zum französischen Territorium. Das Hinterland des Südufers ist das Chablais, das Voralpengebiet, das am See noch flach ist und gegen Süden immer hügeliger und alpiner wird bis zu den Skigebieten Morzine und Avoriaz.

Eleganz und Romantik an Seeufer

Der traditionsreiche Badekurort Thonon-les-Bains ist der Ausgangspunkt der Routes des Grandes Alpes. Die Stadt liegt am Südufer des Genfer Sees und gehört zum Département Hautes-Savoie. Dank der Lage direkt am See mit der schönen Aussicht war das immer schon ein beliebter Wohnort und ein gefragtes Urlaubsziel. Davon zeugen auch zahlreiche historische Bauten, von denen das Schloss Ripaille das bekannteste und auffälligste ist. Das 1434 erbaute Schloss liegt auf einer Halbinsel, war einst auch ein Kartäuserkloster und ist heute im Besitz einer Stiftung und kann besichtigt werden. Sehenswert ist auch der Hafen mit dem Fischerviertel Rives mit seinen historischen Häusern und dem mittelalterlichen Schloss Rives, das aber nur von außen besichtigt werden

kann. Nebenan steht das Ökomuseum, das sich mit dem See und der Tradition der Fischerei beschäftigt. Der Region, ihrer Geschichte und Kultur gewidmet ist das Chablais-Museum in Thonon-les-Bains. Und wer eine besonders schöne Aussicht genießen will, nimmt die 1888 gebaute und 1989 renovierte Standseilbahn, die Funiculaire, direkt beim Hafen und fährt mit ihr in höhere Lagen.

Sightseeing am See

Grundsätzlich könnte man sich vor dem Start zu der kurvenreichen Tour etwas Sightseeing am Genfer See gönnen. Da wären der Nachbarort Évian-les-Bains, der für seine Mineralwasserquelle und die Marke Evian bekannt ist. Westlich von Thonon-les-Bains liegt der kleine, charmante Ort Yvoire, einst ein militärischer Wachtposten am See und heute ein bezauberndes mittelalterliches Dorf.
Das Sightseeing am See muss sich nicht auf das Südufer beschränken. Ein Ausflug mit Auto oder Schiff an die Schweizer Nordküste, die mit den Städten Genf, Lausanne und Vevey wesentlich mehr von der Wirtschaft geprägt ist, bietet viele Attraktionen und vor allem Shoppingmöglichkeiten. Eine Fahrt um den See mit Stopps in den bekannten Metropolen, zum Beispiel mit einem Besuch des Nestlé-Museums und der prachtvollen Villa von Charlie Chaplin inklusive Museum in Vevey könnte ein gutes Warmup für die Reise sein.

TOP★ERLEBNISSE

★ SCHLOSS RIPAILLE

Inmitten von Weingärten am Westrand von Thonon-les-Bains steht das majestätische Schloss aus dem 15. Jahrhundert, einst Sitz der Grafen von Savoy, dann Kartäuserkloster und heute in Privatbesitz. Man kann Teile des Schlosses, das im Stil der Renaissance dekoriert ist, im Rahmen von Führungen besichtigen. Die Geschichte der Savoyer und auch des Industriellen Frédéric Engel-Gros, der das Anwesen vor über 100 Jahren restaurieren ließ, sind weitere Themen. Außerdem finden hier regelmäßig Veranstaltungen statt. Und zum Schloss gehört eine renommierte Weinproduktion.
www.ripaille.fr

★ RESTAURANT RAPHAËL VIONNET

Modernes Restaurant in Hafennähe mit schönem Blick auf den Genfer See. Gute Fischküche und internationale Spezialitäten. Von Michelin gelobt
www.raphaelvionnet.fr

Plan des Eaux im Nationalpark Vanoise
Rechts: In Val d'Isère dreht sich einfach alles ums Skifahren.

54 In der Welt der Skilegende Jean-Claude Killy

Zwischenstation in einem Wintersportklassiker

Val d'Isère, einer der bekanntesten Skiorte Frankreichs, ist Zwischenstation auf dem Weg nach Süden. Val d'Isère ist nicht nur bekannt wegen des riesigen Skigebiets und der französischen Skilegende Jean-Claude Killy, sondern auch wegen der faszinierenden Bergstrecken rund um den höchsten Pass der Alpen, dem Iseran mit 2770 Metern.

Jean-Claude Killy ist der französische Toni Sailer. Nach ihm ist das riesige Skigebiet rund um Val d'Isère benannt. Killy hatte als einziger neben Sailer alle drei Goldmedaillen bei alpinen Skirennen gewonnen, und zwar 1968 in Grenoble. Killy ist zwar nicht in Val d'Isère geboren, zog aber als Kind mit seinen Eltern hierher. Val d'Isère entwickelte sich, wohl auch mithilfe von Killy, zu einem der bekanntesten und exklusivsten Skiorte in den Alpen mit einem Angebot von offiziell 300 Pistenkilometern im Gebiet Espace Killy. Val d'Isère war 2009 Schauplatz der alpinen Skiweltmeisterschaften. Der Ort auf knapp 1800 Metern Höhe erfüllt dabei die bekannten positiven und auch negativen Klischees französischer Skistationen. Val d'Isère hat rund 1700 Einwohner und 33.000 Gästebetten. Und die befinden sich unter anderem auch in riesigen Bettenburgen, wie man sie auch von anderen französischen Skiorten kennt.

Das alte, authentische Val d'Isère

Aber Val d'Isère hat zum Glück auch einen traditionellen, authentischen Teil. Da ist die Kirche Saint-Bernard-de-Menthon, die im 18. Jahrhundert im Stil des Barock erbaut wurde, deren Vorgängerkirche aus dem 15. Jahrhundert stammt. Die Kirche ist dem Schutzpatron der Bergbewohner geweiht und hat neben romanischen Relikten einen sehenswerten Glockenturm mit Tuffstein aus dem 17. Jahrhundert. Rund um die Kirche findet man zahlreiche klassische Chalets, die mit Stein und Holz erbaut wurden. Ein typisches Gebäude ist das Maison Moris aus dem 17. Jahrhundert, das mit wuchtigen Steinen gemauert wurde und das heute eine Bar beherbergt.

Auf den Spuren der Tour de France

Außerhalb des Winters kommen die Gäste nach Val d'Isère zum Wandern im Nationalpark Vanoise. Das Kerngebiet des Nationalparks umfasst über 1400 Quadratkilometer, 400 Kilometer Wanderwege und 40 bewirtschaftete Hütten. 1400 verschiedene Pflanzenarten wurden hier gezählt. Eine spezielle Wandertour ist der 20 Kilometer lange Rundweg mit sieben Kapellen in der Umgebung. Radfahrer und Motorradfahrer zieht es in das Tal wegen der Pässe Col de l'Iseran und Col du Mont Cenis, wo auch immer wieder die Tour de France gastiert, und natürlich auch wegen der Grande Route des Alpes. Eine reizvolle Ergänzung zu diesen Programmen ist das Aquasportif-Zentrum, ein Erlebnisbad mit diversen Sportangeboten von Basketball bis Yoga. Zu den sommerlichen Aktivitäten, die hier angeboten werden, gehören auch ein Bike Park, Orientierungslauf, Canyoning und Rafting, Fahrkurse für Offroader und Pétanque. Letzteres ist dem Boule ähnlich, wobei zwei Mannschaften antreten, die die Kugeln möglichst nah ans Ziel bewegen sollen.

TOP ★ ERLEBNISSE

★ MUSÉE DE VAL D'ISÈRE

Das Museum von Val d'Isère ist voller interessanter Geschichten und Details zur Entwicklung des Ortes und rund um Jean-Claude Killy. Es befindet sich in der Rue de la Face nahe beim Centre Aquasportif.
www.valdisere.com

★ SKI GALLERY & FONDUE FACTORY

Das neue Lokal hat sich nicht nur auf Fondues in allen möglichen Geschmacksrichtungen spezialisiert. Es ist auch eine Ski Gallery mit zahlreichen Exponaten mit Ski und Skistiefeln. Highlight ist das Paar Rennski, mit denen Jean-Claude Killy 1967 sieben Abfahrtsrennen gewonnen hat. Dass sie dort stehen, ist kein Zufall. Die beiden Wirte sind Neffen von Killy. Dazu stehen 15 verschiedene Fondues auf der Karte von klassisch savoyardisch bis schweizerisch – mit Champagner und Trüffeln aufgewertet.
www.killy-sport.com

55 Die höchste Stadt Frankreichs

Die alte Festungsstadt Briançon

Briançon ist zweifellos die interessanteste Stadt auf dem Weg Richtung Meer. Die mittelalterliche Altstadt und die zahlreichen Festungen versprechen eine eindrucksvolle Zeitreise und bezaubernde Spaziergänge.

Nach so vielen Pässen und Kurven bergauf und bergab ist Bewegung dringend erforderlich. Und dafür ist die Stadt Briançon wie geschaffen. Nach den beiden Pässen Galibier und Lautaret und vorbei an den Liften des Skigebiets Serre Chevalier erreicht man Briançon. Dass hier vier Täler zusammenlaufen, darunter die Verbindungen zum Montgenèvre-Pass und Richtung Col d'Izoard, macht die Stadt zu einem Verkehrsknotenpunkt und bescherte ihr schon früh eine große strategische Bedeutung. Das erklärt auch die enorme Präsenz von Festungsanlagen in der mittelalterlichen Altstadt, der Oberstadt, die direkt an das moderne Zentrum angrenzt und zu der eine relativ steile Zufahrt führt. Erbaut wurde diese Cité Vauban von dem Baumeister Vauban, dessen Namen man hier oft begegnet. Was Briançon so besonders macht, ist nicht nur die Lage auf einer Höhe von 1326 Metern, wodurch sie die höchste Stadt Frankreichs ist, sondern auch das Nebeneinander von modernem Zentrum und mittelalterlicher Festungsstadt. Das weitläufige historische Zentrum besteht einmal aus der Cité Vauban, dann aus dem Fort des Têtes, dem Fort du Randouillet, und dem Pont d'Asfeld, der Brücke, die den Fluss La Durance in 60 Metern Höhe quert.

Unterwegs im Nationalpark Écrins
Rechts: Die befestigte Altstadt gehört seit 2008 zum UNESCO Weltkulturerbe.

Eine Zeitreise durch die Altstadt

Es hat einen besonderen Charme, wenn man sich zu Fuß auf den Weg macht und durch eines der Tore in die Altstadt eintaucht und durch die engen Gassen schlendert, wo es zahlreiche kleine Läden und Lokale gibt. Eine klassische Route wäre zum Port d'Embrun und in die Altstadt hinein. Dort über die Rue Mercerie und den Place Médecin Général Blanchard vorbei am Rathaus zum Pont d'Asfeld und in einem Bogen zurück zur Grande Rue Vauban weiter nach oben bis zum großen Platz Champ de Mars. Besonders sehenswerte Attraktionen sind die Stiftskirche Collégiale de Notre-Dame aus dem 18. Jahrhundert, die Franziskanerkirche l'Église de Cordelier aus dem 14. Jahrhundert und die historischen Wohnhäuser rund um den Place d'Armes. Die Altstadt ist so weitläufig, dass man locker einen ganzen Tag hier verbringen kann. Briançon hat aber auch noch andere Attraktionen. Direkt von der Stadt fährt eine Seilbahn bis auf 2100 Meter Höhe Richtung Notre-Dame des Neiges. Die Stadt ist seit einigen Jahren direkt an das große Skigebiet von Serre Chevalier angeschlossen. Und wer sich mit der Beschaffenheit und der Historie der Gegend um Briançon mehr beschäftigen will, sollte sich das Musée de la Mine am Rande der Altstadt ansehen.

TOP ★ ERLEBNISSE

★ NATIONALPARK ÉCRINS

Stolze 918 Quadratkilometer groß ist das Kerngebiet des Nationalparks Écrins, der direkt an Briançon angrenzt. Der Park rund um die Bergmassive des Mont Pelvoux und Barre des Écrins reicht bis auf 4102 Meter Höhe und ist Heimat wertvoller Tiere und Pflanzen, darunter Steinböcke, Gämsen und Königsadler. Das Nationalparkzentrum befindet sich in Gap. Mehr Infos findet man unter www.ecrins-parcnational.fr

★ AU PLAISIR AMBRÉ

Mitten in der Altstadt von Briançon, in der Grande Rue Cité Vauban, steht das kleine, gemütliche Restaurant, dessen Spezialität eine feine regionale Küche ist. www.auplaisirambre.com

★ LE CHALET DE PRA LONG

Eine besonders gute Aussicht auf die Gegend um Briançon hat man, wenn man mit der Seilbahn Prorel bis zur ersten Station fährt und dort im Chalet de Pra Long einkehrt. Gute bodenständige regionale Küche und aussichtsreiche Terrasse. www.chaletdepralong.fr

Die ungewöhnlich bunten Häuser im historischen Teil von Menton
Rechts: Über den aussichtsreichen Col de Turini führt eine Etappe der Rallye Monte-Carlo.

56 Über den Col de Turini ans Meer

Der Rallyeklassiker als letzter Höhepunkt

Dramatisch wird die letzte Etappe, die über den kurvenreichen Col de Turini auf den Spuren der Rallye Monte-Carlo vorbei an malerischen Bergdörfern direkt ans Meer führt. Gut, dass man sich in dem mediterranen Menton mit seinen vielen Kulturschätzen stilvoll entspannen kann.

Die letzte Etappe bis nach Menton an der Küste beginnt mit einer Legende und ist auch von dieser sehr geprägt. Der Col de Turini ist im Vergleich zu den anderen Pässen auf der Strecke mit 1607 Metern Höhe direkt mickrig. Aber er hat es in sich und er ist berühmt. Motorsportfans sprechen mit Ehrfurcht von ihm, weil er der absolute Höhepunkt der Rallye Monte-Carlo ist und war. Die Anfahrt durch das Tal der Vésubie ist noch relativ konventionell. Doch ab der Passhöhe bis Sospel kommt ein Feuerwerk der Kurven und Serpentinen auf der schmalen Straße mit senkrechten Felswänden auf der einen und steilen Abgründen auf der anderen Seite. Die Nacht der langen Messer nannte man diese Etappe, weil dabei die Rallye oft entschieden wurde. Von dem beschaulichen, mittelalterlichen Bergdorf Sospel mit einer Mautbrücke aus dem 13. Jahrhundert sind es dann nur noch 17 Kilometer hinunter nach Menton. Unterwegs hat man immer wieder herrliche Ausblicke auf die Küste.

Viele Kurven bis Menton

Dort wo man die A8 kreuzt, bietet sich rechts ein kurzer Abstecher nach Sainte-Agnès an. Das Bergdorf ist eines der schönsten entlang der Küste mit einer perfekten Sicht auf das Meer und mit einer bemerkenswerten Ge-

schichte. Ursprünglich stand hier ein römisches Kastell, später eine mittelalterliche Burg. In den 1930er-Jahren bauten die Franzosen eine massive unterirdische Festung zur Verteidigung gegen die italienischen Faschisten. Heute kann man die Überreste der Festung als Museum besichtigen.
Menton ist schließlich der stilgerechte Zieleinlauf. Die Stadt der Gärten und der Zitronen ist mit ihren schönen Stränden die perfekte Stimulation. Wohlhabende Briten entdeckten die Stadt an der Grenze zu Italien im 19. Jahrhundert als ideale Sommerresidenz und als erfrischende Abwechslung zum regnerischen Wetter in der Heimat. Das hat bis heute Spuren hinterlassen, wie etwa die Parks und Grünanlagen, die eleganten Stadthäuser und etliche Straßennamen. Auch der Schriftsteller und Maler Jean Cocteau hat die Stadt sehr geprägt. Cocteau ist nicht nur in zwei Museen verewigt, er hat auch einen Saal im Rathaus gestaltet. Dass die Zitronen hier dank des milden Klimas ganzjährig gedeihen, hat auch zur Folge, dass es einige Zitronengärten gibt und im Frühjahr alljährlich ein großes Zitronenfest gefeiert wird. Einen schönen Blick über Menton und die Küste hat man von Kapuzinerkloster l'Annonciade, das auf einem Hügel über der Stadt thront und das man mit einem Spaziergang von gut 20 Minuten erreicht.

TOP ★ ERLEBNISSE

★ MUSÉE DU BASTION JEAN COCTEAU

Die verlassene Festung am Hafen wurde auf Initiative von Jean Cocteau und des damaligen Bürgermeisters Ende der 1950er-Jahre zum Museum, das Cocteau selbst gestaltete und das sich ständig weiterentwickelte. Mittlerweile umfasst die Sammlung rund 2000 Werke.
www.museecocteaumenton.fr

Register

Oben links: Blick von der Oberen Seescharte über das Debanttal auf die Lienzer Dolomiten; rechts: der Markusplatz von Venedig
Unten von links: San Felice del Benaco (Gardasee); saurer Presssack in einer Gamlitzer Buschenschank; Andermatt im Winter; das Interconti-Hotel in Davos; die Rhätische Bahn auf ihrem Weg durch die Winterlandschaft bei St. Moritz; Mufflons im Fassatal in den Dolomiten.

Impressum

Verantwortlich: Susanne Kaufmann
Redaktion: Franka Virteburch
Layout: BUCHFLINK Rüdiger Wagner
Umschlaggestaltung: Alexander Knoll
Repro: LUDWIG:media
Kartografie: Kartographie Huber, Heike Block
Herstellung: Alexander Knoll
Printed in Türkiye by Elma Basim

★★★★★

Sind Sie mit diesem Titel zufrieden? Dann würden wir uns über Ihre Weiterempfehlung freuen.
Erzählen Sie es im Freundeskreis, berichten Sie Ihrem Buchhändler oder bewerten Sie bei Onlinekauf. Und wenn Sie Kritik, Korrekturen oder Aktualisierungen haben, freuen wir uns über Ihre Nachricht an: Bruckmann Verlag, Postfach 40 02 09, D-80702 München oder per E-Mail an lektorat@verlagshaus.de

Unser komplettes Programm finden Sie unter www.bruckmann.de

In diesem Buch wird aus Gründen der besseren Lesbarkeit das generische Maskulinum verwendet. Weibliche und anderweitige Geschlechteridentitäten werden dabei ausdrücklich mitgemeint, soweit es für die Aussage erforderlich ist.

Empfehlung der Redaktion Sie sind auf der Suche nach weiterführender Literatur? Dann empfehlen wir Ihnen den Titel »Roadtrips Deutschland« für 80 unvergessliche Touren mit dem Auto.

Umschlagsvorderseite: Die Maloja Passstraße in den Schweizer Alpen bei Sonnenuntergang (Shutterstock/Nick Fox)
Umschlagsinnenseite:Ausblick vom Col de Vars auf das Dorf Guillestre (Shutterstock/Andrew Mayovskyy)
Umschlagsrückseite: Oben v.l.n.r.: Almkühe liegen am Straßenrand des Timmelsjoch (Bildagentur Look/Karl Johaentges); Der Kirchturm von Meran (Bildagentur Look/Christoph Jorda); Der alte Fiat 500 ist in den engen Gassen der Trentiner Bergdörfer ideal.
Unten: Sonnenuntergang am Grödner Joch (Bildagentur Look/Thomas Stankiewicz)
Vorsatz: Frühling am Col de Vars
Seite 1: In den Dolomiten unterwegs
Seite 2/3: Sonnenuntergang am Grödner Joch
Nachsatz: Die kurvenreiche Straße am Stilfser Joch

Die Deutsche Nationalbibliothek verzeichnet diese Publikation in der Deutschen Nationalbibliografie; detaillierte bibliografische Daten sind im Internet über http://dnb.d-nb.de abrufbar.

Infanteriestraße 11a, 80797 München

ISBN: 978-3-7343-2100-9

Bildnachweis

Alle Bilder stammen vom Autor mit folgenden Außnahmen: Lookphotos: S. 2/3, 8, 59 u., 67, 73 u., 79 o., 88 u., 91 u., 95 u., 97 o., 98, 135 u., 136 o., 183 u.li. (Stankiewicz, Thomas); 4 u.li, 9 o., 26, 47 o., 51 u., 54, 55 o., 70, 76 u., 77 u., 82, 84, 85, 105 o., 108, 109 u., 117 u., 120, 182 u.li, 183 u.re (ClickAlps); 4 u.re., 5 u.re., 10, 12/13 o., 16 u., 19 o./u., 23 u., 35 u., 39 o., 43 u., 46, 58, 63 o., 73 o., 81 u., 88 o., 89 u., 100 o., 102, 107 u., 138 u., 145 o., 146, 151, 172 o., 179 u., 182 o., 183 u.M. (Strauß, Andreas); 6 u.li., 35 o., 52 o., 99 o., 130, 182 u.M. (Frei, Franz Marc); 6 u.M. (Mueringer, Christian); 7 u.M., 78, 123 o., 174, 175 o. (Pompe, Ingolf); 7 u.re., 150 u. (Ralf Greiner Fotografie); 9 u., 182 u li. (Avalon.red2); 11, 91 o., 97 u., 140 (Bischof, Manuel); 12, 38, 52 u., 55 u., 66 u. (Rier, Helmuth); 18, 25 o. (Seer, Ulli); 20 (Bayerl, Günther); 21 o., 27 u. (von Felbert, Peter); 21 u., 23 o., 31 (Wothe, Konrad); 24 (Gasser, Wolfgang); 25 u. (Widmann, Thomas Peter); 28 o. (Jorda, Christoph); 28 u. (Hoppe, Steffen); 34, 64 o. (Daniel Schoenen); 36 (Furlan, Lukas); 37 o., 77 o. (Greune, Jan); 37 u., 61 u., 62, 64 u., 68, 71 o., 74 u., 89 o., Nachsatz (robertharding); 40 o. (Machalett, Heiner); 40 u. (Lehmann, Herbert); 43 o., 51 o., 109 o. (age fotostock); 56, 115 o. (Martini, Rainer); 57 u. (Seehauser, Othmar); 66 o., 154 (Eisele-Hein, Norbert); 74 o., 79 u., 114 (Standl, Günter); 80 (van Dierendonck, Bernard); 86 o., 116, 128 (Wrba, Ernst); 86 u., 124 u., 147 o., 160, 161 o., 176 (Mirau, Rainer); 92 (Lamm, Tom); 96, 99 u., 124 o. (Eisenberger, Harald); 105 u. (Cephas Picture Library); 106 (Derbis, Dave); 107 o. (Lubenow, Sabine); 110 o. (Frumolt, Christian); 117 o., 153 (Werner, Florian); 129 o. (Langlotz, Tim); 139 (Maier, Norbert L.); 172 u., 175 u. (Hemis); 182 u.re. (Eiben, Hans Georg)
Shutterstock: S. 1 (Ekaterina Kondratova); S. 4 u.M. (ako photography); 4/5 o., 131 o., 131 u. (Przemek Iciak); 5 u.li. (romeovip_md); 5 u.M. (MisterStock); 6 u.re., 7 u.li. (trabantos); 14 o. (Inese Dali); 14 u. (VOJTa Herout); 32, 33 o. (Sina Ettmer Photography); 33 u., 155 u. (Eder); 39 u. (Kiian Oksana); 44 (Raymond Thill); 45 (Pawel Kazmierczak); 47 u. (Gianluca Piccin); 48, 49 u. (pio3); 49 o. (William. Vaccaro); 50 (milosk50); 59 o. (faber1893); 69 o. (VasquezLaboratorium); 69 u. (princeztl); 71 u. (Goldilock Project); 72 (PierFax); 76 o. (Michal Stipek); 81 o. (Altrendo Images); 83 (Linda Blazic-Mirosevic); 85 o. (Giovanni Del Curto); 93 u. (Menno van der Haven); 94 (Wirestock Creators); 95 o. (Jean-Philippe Navarro); 104, 183 (StevanZZ); 110 u. (emperorcosar); 112 o. (WebGuNet); 112 u. (Buffy1982); 113 (GlennV); 115 u. (michelangeloop); 118, 119 o. (Yehonatan Richter Levin); 119 u. (Peter Stein); 121 o. (Walkingmap); 121 u. (Francesco Bonino); 122 (Petr Pohudka); 123 u. (Keitma); 126 o. (Lunghammer); 126 u. (Roman Babakin); 127, 129 u. (Rene Walter); 132 (novama); 133 u. (mharzl); 134, 135 o. (Richard Semik); 136 u., 152 (Mikalai Nick Zastsenski); 138 o. (Christian Rueger); 141 o. (Anibal Trejo); 141 u. (80-20); 142 (IndustryAndTravel); 143 (imageBROKER.com); 144, 145 u. (ErichFend); 147 u. (Matt Elliott); 148 o. (Danita Delimont); 148 u. (nodrama_llama); 150 o., 158 (FooTToo); 155 o. (Martin Erdniss); 156 (Pavlo Glazkov); 157 u. (Patrick Daxenbichler); 159 u. (DeepGreen); 161 u. (Cortyn); 162 o. (ZGPhotography); 162 u. (Xseon); 164 o. (Fabio Lotti); 164 u., 165 (ninopavisic); 166, 167 (Haidamac); 168 (Foto Matevz Lavric); 169 o. (Geza Kurka Photos); 169 u. (ununuinius photo); 170 (olrat); 173 (leoks); 177 o. (Gail Johnson); 177 u. (Dani Berszt); 178 (RudiErnst); 179 o. (Boris Stroujko); 180 (Nella); 181 (Obatala-photography)
Weitere: S. 16 o. (Christian Bäck Fotografie); S. 17 (Go Images/Wolfgang Ehn); S. 60, 61 o. (Mattia Rizzi); S. 133 (Wikipedia/Guenther Kuerb)